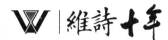

维诗十年

谨以此书献给北京市维诗律师事务所成立十周年

知识产权
经典案例
研读与评析

杨安进　等◎著

知识产权出版社
全国百佳图书出版单位
—北京—

图书在版编目（CIP）数据

知识产权经典案例：研读与评析/杨安进等著. —北京：知识产权出版社，2021.1
ISBN 978 - 7 - 5130 - 7298 - 4

Ⅰ. ①知… Ⅱ. ①杨… Ⅲ. ①知识产权—案例—中国 Ⅳ. ①D923.405

中国版本图书馆 CIP 数据核字（2020）第 218173 号

责任编辑：刘　睿　邓　莹　　　　　　责任校对：潘凤越
封面设计：博华创意·张冀　　　　　　责任印制：刘译文

知识产权经典案例：研读与评析
杨安进　等著

出版发行：知识产权出版社 有限责任公司	网　　址：http://www.ipph.cn
社　　址：北京市海淀区气象路 50 号院	邮　　编：100081
责编电话：010 - 82000860 转 8346	责编邮箱：dengying@cnipr.com
发行电话：010 - 82000860 转 8101/8102	发行传真：010 - 82000893/82005070/82000270
印　　刷：三河市国英印务有限公司	经　　销：各大网上书店、新华书店及相关专业书店
开　　本：720mm×1000mm　1/16	印　　张：20
版　　次：2021 年 1 月第 1 版	印　　次：2021 年 1 月第 1 次印刷
字　　数：382 千字	定　　价：86.00 元

ISBN 978-7-5130-7298-4

自 序

但凡出书，目的不外乎立言，即传播其思想于后世。凡出书，多必有序，序之于书，有推荐、评价、引读之功效。

而为序，多请鸿儒宿耆执笔。究其原因，或因作者过于自谦，溢美之词羞于自启而假他人之口；或附为序者之盛名，以其信用背书，光耀全书。

为本书作自序，一则因其内容于从业者名为专业，于国家似亦关宏大主旨，而于社会实则管窥蠡测、琐碎无趣，无以立言；二则因学养功夫浅薄，恐累及为序者，使之蒙羞，于心何忍。

古人有云，义理以下，皆为小技。讼师所习，现虽亦称学问，甚有博士之学位，然终不过升斗之技，致用于一隅，于人则助其所欲，于己则衣食冷暖、博取声名。其间虽亦有怀天道公理、人心教化、治国安邦之志者，困知勉行，然毕竟寥寥，且多难行远。

中国读书人自古好谈道德文章，而于经世致用之学则不足。故士人或汲汲于功名爵位，或终其一生博清流虚名，而视器物、地理、律法之学为末技，不屑与"工匠"为伍。然究其成效，空谈道德文章无以自强，远有甲午之役，近有中美角力，以为验证。

讼师以案件说话。本书精选近二十年来本人及本所同人所亲历之典型案件，由案件而引发专业思考，尽其所能揭示知识产权法律之技。"弘扬工匠精神，打造精品案件"，为本所倡导之精神。忠于所托，事必躬亲，殚精竭虑，唯恐疏漏，以致无以复加，为同人行为准则。修治平已不可及，但能修得一门小技，逻辑严密，持论有据，精研细磨，则较之空谈虚论，于己于国，无论穷达，或有裨益。

说来惭愧，维诗律所十年，本人从业二十年，本书为首次完全自主出书。与许多年少而著作等身者相比，我等自愧弗如。然同仁秉持工匠精神，文必逐字推敲，思必搜尽枯肠，技虽粗糙而不取巧，智虽鲁钝而必诚敬。每念及此精神，当引以自豪。故不揣浅陋，仍将自珍。

故本书所承载，一则为一份答卷，供客户检视技艺心术，供师友检视平日教诲指导之践行，供同行检视勤勉尽责精神之落实，供社会检视讼师之所为所思。

二则为一份感谢信，感谢近二十年客户所信赖。讼师衣食，皆来自客户。客户为事主，讼师辅以成事。客户之托，至珍至贵，讼师虽力有不逮，必竭尽其诚。

三则为讼师心术技能参考，以冀有助于先利其器而善其事。讼师办案，需下死功夫，所谓"结硬寨，打呆仗"，勿以巧贪快，唯利是图，致粗糙有失，贻误客户之托，败坏同业风气。虽不能自拔于流俗，但求无愧于天地父母。

篇幅所限，案例不能尽录；保密职责所限，内容需有所隐；学识能力有限，错讹难免。望请谅解指正。

是为序。

2019 年 8 月

目 录

专 利

商　标

著作权

互联网及其他

技术转移

专利

案例一：谷歌公司在美国之外的专利侵权第一案

——谷歌拼音输入法专利侵权案

案情整理及评析：杨安进　李　翔

原告： 王某某

被告： 谷歌公司（Google Inc.）

一审： 安徽省合肥市中级人民法院，（2008）合民三初字第 140 号

二审： 安徽省高级人民法院，（2009）皖民三终字第 0019 号

再审： 最高人民法院，（2010）民申字第 1505 号

代理人： 杨安进、金铮，北京市维诗律师事务所律师，一审、二审和再审程序中代理谷歌公司

第一部分　基本案情

一、案件背景

自 2006 年起，谷歌公司的谷歌拼音输入法产品开始在中国风靡。该产品基于互联网条件下的技术环境而开发，具有识别率高、识别速度快等特点，广受中国用户欢迎。

涉案专利的专利号为 ZL02112774.3，名称为"汉字句输入法"，申请日为 2002 年 3 月 15 日，授权公告日为 2007 年 4 月 4 日，专利权人为本案原告王某某。

二、原告主张

原告王某某认为，被告谷歌公司未经原告许可，从 2007 年 10 月至 2007 年年底擅自在互联网上传播依照原告专利方法直接获得的产品——谷歌拼音输入法软件。该产品落入原告专利权的保护范围之内，构成对原告专利权的侵犯。

原告认为：涉案专利是新产品制造方法发明专利，适用举证责任倒置；涉

案专利权利要求包括 1.1 项下的汉字句定义、1.2 项下的汉字句数据库、1.3 项下的汉字句键盘输入和 1.4 项下的汉字句语音输入。但是，1.4 项下的汉字句语音输入不是键盘输入的必要技术特征。因此，涉案专利虽然只有一个权利要求，但实际应包含两项独立的权利要求，一项为键盘输入的独立权利要求，另一项为语音输入的独立权利要求。被控侵权产品虽然不具备汉字句语音输入的必要技术特征，但仍然落入涉案专利的保护范围。

原告为此要求被告立即停止侵权行为，停止销售和传播谷歌拼音输入法产品，向原告赔礼道歉，赔偿经济损失人民币 100 万元。

三、被告主张

被告谷歌公司认为：涉案专利不属于新产品制造方法专利，不适用举证责任倒置；涉案专利只有一项独立的权利要求，被控侵权产品谷歌拼音输入法不包含语音输入的技术特征，不具备原告专利的全部必要技术特征，没有落入原告专利的保护范围之内。因此，被告不构成专利侵权，原告诉讼请求应予驳回。

四、法院观点及判决结果

【一审法院】

（一）涉案专利是否属于方法发明专利而适用举证责任倒置的问题

一审法院认为，涉案专利是"一种以汉字句数据库为技术平台"，利用键盘进行汉字及语音输入的操作方法发明专利，并非产品制造方法发明专利，更非新产品制造方法发明专利，因此不适用举证责任倒置的法律规定。因此，原告对其所指控的涉案产品——谷歌拼音输入法侵犯涉案专利权的事实负有举证责任。

（二）被控侵权的产品——谷歌拼音输入法是否落入涉案专利的保护范围

本案争议焦点在于被控侵权的谷歌拼音输入法软件是否落入涉案专利的保护范围。根据全面覆盖原则，被控侵权产品应具备涉案专利的全部必要技术特征才能认定侵权。

一审法院认为，涉案专利仅有包括汉字句语音输入技术特征在内的一项独立权利要求，被控侵权产品不具备涉案专利的汉字句语音输入法的必要技术特征。原告也无法证明被控侵权产品数据库落入涉案专利的保护范围。

因此，被控侵权产品不具备涉案专利 1.4 项下的汉字句语音输入法的必要技术特征，也不具备权利要求书中 1.3.3.2 项所述的特殊汉字句输入法的必要技术特征，因此没有落入涉案专利的保护范围，被告不构成侵权。

（三）判决结果

驳回原告的全部诉讼请求。

【二审法院】

原告不服一审判决，向安徽省高级人民法院提起上诉。二审法院有关意见如下。

（一）关于涉案专利是否属于方法发明专利而适用举证责任倒置的问题

《专利法》第 61 条第 1 款规定："专利侵权纠纷涉及新产品制造方法的发明专利的，制造同样产品的单位或者个人应当提供其产品制造方法不同于专利方法的证明。"该规定明确了方法专利举证责任倒置应同时满足两个条件：依专利方法所直接获得的产品是新产品；该产品与被控产品属于相同的产品。

在本案中，依照涉案专利技术方案实施，其结果是得出某种汉字句的技术效果，并非制造出某种特定产品，更非新产品。因此，涉案专利不属于专利法规定的关于实施制造方法专利所得产品为新产品的特殊侵权纠纷，不符合法定的举证责任倒置的情形。

（二）关于谷歌拼音输入法是否落入涉案专利的保护范围

发明或实用新型的保护范围以其权利要求的内容为准。权利要求书是确定专利权保护范围的基本依据。权利要求书的作用是确定专利权的保护范围，通过向公众表明构成发明或实用新型的技术方案所包括的全部必要技术特征，使公众能够清楚地知道实施何种行为会侵犯专利权，从而一方面为专利权人提供有效合理的保护，另一方面确保公众享有使用技术的自由。只有对权利要求书所记载的全部技术特征给予全面、充分的尊重，社会公众才不会因权利要求内容不可预见的变动而无所适从，从而保障法律权利的确定性。

在本案中，涉案专利系一项独立权利要求，语音输入与键盘输入等均为该项独立权利要求的必要技术特征。键盘输入和语音输入共同构成其汉字句输入法专利的完整技术方案。至于涉案专利两种输入法的输出结果是否相同，不能作为判断专利侵权的依据。是否侵权应当以专利权利要求中记载的技术方案的全部技术特征与被控侵权物的全部技术特征逐一进行对应比较，如果两者相同或相等，则落入专利权的保护范围。

在本案中，被控侵权的产品——谷歌拼音输入法不具有涉案专利独立权利要求中记载的全部必要技术特征，并未落入涉案专利的保护范围之内。因此，谷歌公司不构成专利侵权。

（三）判决结果

驳回上诉，维持原判。

【再审法院】

2010 年 10 月，原告向最高人民法院申请再审。再审法院基本认同二审法院的观点，裁定驳回原告的再审请求。

裁判文书来源

一审：https://www.cnbeta.com/articles/tech/74227.htm.

二审：https://wenku.baidu.com/view/c259d6a87fd5360cbb1adbd7.html.

再审：https://www.iphouse.cn/cases/detail/xdgoy9e5pzwm6ozqq8ml3rq4vkn81027.html?keyword=%E7%8E%8B%E6%9C%89%E5%8D%AB#tab_3.

第二部分　案件评析

评析人：杨安进、李翔

本案历经一审、二审和再审程序，可见专利权人对于维护其专利权孜孜以求的执着精神。本案是通过侵权诉讼程序检验专利申请质量的典型案例。

一、拼音输入法的输出结果可否作为判断专利侵权的事实依据

在本案中，原告通过列举一些例证，试图通过这些例证中拼音串的输出结果证明专利侵权行为的存在。但是，我们认为这种判断方法是存在严重错误的，严重违反了我国《专利法》《专利法实施细则》《最高人民法院关于审理专利纠纷案件适用法律问题的若干规定》中关于专利权保护范围的规定，具体理由如下。

（1）专利权保护及侵权判断的最根本依据是技术特征，而不是应用的效果。这是专利法上的一种常识。因此，抛开专利技术方案中的技术特征去判断专利侵权，违背了专利法的基本规定。

（2）即使进行输出结果的对比，由于原告仅有专利而并无产品，且其技术方案中并未对这些例证中的拼音串所对应的输出结果作出说明，因此原告专利技术方案中对这些拼音串的输出结果是不明确的。由于每个拼音串会产生多个候选词，原告无权亦无根据任意指定某种拼音串对应的谷歌拼音输入法的某种输出结果即为其专利技术方案的输出结果。

（3）由于原告证据中所列举的绝大部分例证的输入规则并未遵循原告专利技术方案中所称的规则，因此进行所谓输出结果的对比实际上对于判断原告

专利权是否被侵犯没有任何意义。

（4）在原告证据中，凡是未遵循原告专利技术方案但能得到相应结果的，恰好能够反证谷歌拼音输入法无须遵循原告专利技术方案的输入规则也可得到所需输出结果，说明谷歌拼音输入法与原告专利技术方案不一样。

（5）由于汉字的单词、词汇及词组、语句必然有很多是相同的，并且其词频等方面的情况也是相同的，比如一些常用字词的出现频率必然高，而且字典有很多相同的公开来源，因此，不同的输入法的字典必然会有很多汉字词是相同的，从用户体验的角度，不同的输入法在输入相同的拼音时必然会出现一定概率的相同的候选词。

因此，仅凭某些相同的输出结果显然不足以判断两个输入法产品在技术特征上是否相同。正常来讲，由于不同输入法的字典、训练样本、算法规则等方面各不一样，因此具体实现的技术必然也不一样，用户体验会存在一些差别。即使输入相同的拼音时出现相同的候选词，但其内在的具体技术实现方式应该也是不一样的。

二、拼音输入法专利侵权纠纷是否适用举证责任倒置

根据《专利法》第57条以及《最高人民法院关于民事诉讼证据的若干规定》第4条规定，专利侵权纠纷涉及新产品制造方法的发明专利的，制造同样产品的单位或者个人应当提供其产品制造方法不同于专利方法的证明。

由此可见，要适用上述举证责任倒置的条款，应当同时具备以下条件：

（1）该专利为产品制造方法，即实施该专利后，应当制造出具体产品；

（2）实施该专利后制造出来的产品是新产品，即此前从未有过的产品；

（3）被控侵权人制造了同样的产品。

在本案中，上述条件均不具备。

首先，将原告专利技术方案实施后，其结果是输出某种汉字句的技术效果，而不是制造出某种特定产品。众所周知，实际上也不可能通过汉字输入法技术方案得到某种特定工业产品。原告声称使用其专利技术方案的计算机即为新产品，但其专利显然并非这种计算机的制造方法，该计算机的获得是厂商另行制造的，并非实施原告专利技术方案的结果。

其次，由于原告的专利技术方案的实施无法制造出特定产品，更不可能制造出新产品。

最后，在本案中，被告谷歌公司仅仅是开发了一种汉字输入法软件产品，并未制造其他产品，也未制造原告所称的新的计算机。显然，谷歌公司的汉字输入法软件产品也并非依照原告专利技术方案制造出来的。谷歌拼音输入法是

一种软件产品，只是该产品的用途是实现汉字拼音输入，实施该方案的结果并非得到也无法得到某种产品，而是得到汉字输出的结果。

产品是有形的，方法是无形的，原告可以将被告产品进行保全并存储于光盘中进行运行，足以说明其是一种产品，而非方法。如果是方法，则其运行后应该得到一种产品，而本案中谷歌拼音输入法运行后显然没有得到任何产品。

举证责任的倒置，是指在就专利技术特征的对比问题上实行举证责任倒置，即由被告举证证明被控侵权的方法专利是否与原告专利一致，而非指诉讼中所有的举证责任都倒置，更不是指原告仅需提供一份诉状，而不需提交任何证据。

另外，即使适用举证责任倒置，也不能豁免原告关于侵权行为的存在的基本举证责任。诉讼中的基本举证责任应首先由原告承担，原告应就诉讼请求所依据的基本事实负举证责任。如果原告缺乏证明所谓侵权行为的基本证据，则继续举证或审理将缺乏实质意义。即使对于新产品制造方法专利侵权的举证，虽然上述法律和司法解释规定了实行举证责任倒置，但举证责任的倒置也应在原告提供基本证据证明本案具备上述三个基本条件之后，才可能发生举证责任倒置的法律后果，而不是指原告无须提供任何证据而可以凭空指控。否则，原告就可能任意滥诉，而让被告承担过重的诉讼义务。原告只有在完成上述基本举证义务的情况下，才应由被告承担新产品制造方法的技术特征的举证义务。

三、专利在申请阶段的质量对侵权诉讼的直接影响

专利申请一般是由申请人自己或者委托的专利代理师撰写并处理审查过程中所遇到的法律问题。在许多人眼里，专利申请阶段的首要目标是如何获得授权，一旦获得授权似乎就意味着成功。

然而，在专利的整个生命周期中，获得授权仅仅是个起点。如果将一个技术方案或设计方案看作专利的萌芽，那么专利申请则可视为播种种子、培育幼苗直至获得成果的过程。

实践中，根据专利申请的目的、策略以及客户需求的差异，专利申请大体可以划分为两种类型。一种是以获得授权、取得证书为目标；另一种是以市场竞争为目标。

上述两种类型体现在专利申请撰写工作的异同点主要在于以下方面。

共同点是都强调获得授权的重要性。这就要求在撰写专利申请文件和答复审查意见的意见陈述书时，更加重视审查员对专利保护范围过大可能提出

的质疑，同时必须考虑该专利获得授权后能否经受无效程序对专利稳定性的挑战。

不同点是：

（1）对权利要求保护范围的态度。

以获得授权为目的的专利申请倾向于接受相对窄的保护范围，在撰写申请文件、答复审查意见而撰写意见陈述和修改申请文件时，更倾向于以相对稳妥的方式设计权利要求的保护范围。

而基于市场竞争目的的专利申请则倾向于接受相对宽泛的保护范围，着眼于获得权利之后能否有效地以此为武器开展市场竞争，因此即便是获得授权，如果保护范围过小意义也不大。在撰写申请文件阶段，代理人会更加重视专利挖掘工作，尽可能设计更加宽泛的保护范围。同时，在审查阶段面对审查意见时，更加坚持所选择的相对宽泛的保护范围。

（2）对专利技术方案的市场价值预期。

以获得授权为目的的专利申请一般出现在市场价值不甚重要或缺乏市场竞争力的技术方案，通常不是申请人的核心方案。

而基于市场竞争目的的专利申请一般针对市场价值较高或极具市场竞争力的核心技术方案，常见于当事人的核心产品的核心技术。

（3）对侵权诉讼的影响。

如上所述，由于以获得授权为目的的专利申请倾向于接受相对窄的保护范围，一旦遭遇专利侵权诉讼，专利的保护范围能否覆盖被控侵权者的行为，往往成为首要问题。在许多情况下，此类专利的"纸老虎"特征被暴露无遗。

而基于竞争目的的专利申请，往往在专利申请撰写阶段、审查意见答复阶段就会充分考虑专利侵权的预案，因此其授权后的保护范围往往能够更好地覆盖市场上可能出现的侵权技术方案。

四、专利申请策略的启示

从上述分析可知，企业在申请专利时，应该对不同的专利采取不同的策略。

具体而言，对于重要性很强的技术，比如创新程度高或者核心产品的核心技术，或者对市场竞争具有高度依赖性和影响力的技术，应该采取上述基于竞争目的的专利申请策略。

具体到本案，从诉讼来看，涉案专利对于专利权人理应属于核心且提升市场竞争力的创新技术方案，但是该专利在专利申请时并未基于市场竞争目的展开专利申请工作，属于策略上的错误。

由此导致的后果是，该涉案专利的授权权利要求中引入了对于本质创新方案来说非必要的技术特征，从而导致保护范围较小。

当然，就本案专利而言，如果保护范围较大，可能无法获得授权。这实际上给这类权利人提出一个严肃问题：这个技术有没有申请专利的价值。

五、被控侵权人在诉讼争议阶段的诉讼策略

知识产权的本质是服务于市场竞争，因此知识产权诉讼其实是市场竞争的表现形式或者工具手段。基于此，当遇到知识产权诉讼时，采用何种诉讼策略，不能仅仅考虑该知识产权诉讼个案本身，而是要着眼于是否有利于自己的整体市场竞争的需要。

在专利侵权之诉中，被控侵权人受到专利权人的侵权起诉后，通常首先针对专利权提起无效宣告请求，并在此基础上制定自己的应诉策略。

但是，这个做法并不能机械地适用。

具体到本案，其背景是谷歌公司利用其谷歌拼音输入法进入中国的拼音输入法产品市场。在此之前，该领域已经存在许多本地厂家。在此情况下，作为后来者，当竞争对手以知识产权为武器试图阻止新的竞争者进入时，以何种姿态和策略处理这些问题，就变得至关重要，因为这涉及企业理念、形象、竞争格局等更加重要和宏观的问题。

从市场竞争的角度，如何培养对自己有利的市场环境，如何与竞争者良性共存，如何让竞争对手明白自己的意图，这些问题体现在对案件的处理上，就不仅仅立足于输赢，而要从更高的角度、更全的视角来考虑问题。

如果简单地针对专利侵权而提起专利无效，除了增加成本、造成讼累之外，还很可能激化矛盾，甚至引发同行误判，这些都是处理个案时需要考虑的因素。

延伸阅读：药品及化合物制备方法专利侵权中的举证责任

——以近三年案例及经典案例为样本*

耿　琛

　　制药行业的研发由于具有投资大、难度高、周期长的特点，对专利的保护高度依赖，药品领域的专利侵权纠纷因此也被行业企业广泛关注。药品专利侵权纠纷中比较突出的一个特点就是方法专利侵权相对占有较大比例。

　　在药品制备方法专利侵权案件中，举证责任问题一直是理论研究及实务中的难点，其复杂之处又主要体现为被告❶的举证责任倒置中。《专利法》第61条第1款规定："专利侵权纠纷涉及新产品制造方法的发明专利的，制造同样产品的单位或者个人应当提供其产品制造方法不同于专利方法的证明。"此即方法专利的举证责任倒置条款，规定了被告制造同样"新产品"时，将原本由原告证明被告实施专利方法的证明责任转移给被告，由其证明其制造方法不同于专利方法。关于该条中"新产品"的认定，《最高人民法院关于审理侵犯专利权纠纷案件应用法律若干问题的解释》（以下简称《专利权纠纷解释》）第17条规定："产品或者制造产品的技术方案在专利申请日以前为国内外公众所知的，人民法院应当认定该产品不属于专利法第六十一条第一款规定的新产品。"以上两条规定是药品制备方法专利侵权案件中法院适用举证责任倒置的基本依据。

　　我国药品标准将药品分为中药、化学药品、生物制品，❷现阶段我国常见的药品专利纠纷主要集中在中药和化学药品，生物制品的纠纷并不常见。❸通常而言，化学药品的制备方法相比中药涉及更加复杂的技术工艺，因此笔者也

---

　　* 本文成稿于2018年11月。

　　❶ 本文中"被告"统一指被控专利侵权人或确认不侵权案件中的原告；"原告"统一指专利权人或确认不侵权案件中的被告。

　　❷ 邵蓉. 中国药事法理论与实务（第2版）[M]. 北京：中国医药科技出版社，2015：55.

　　❸ 如笔者搜索近三年案例，未检索到生物制品方法专利侵权案例，笔者认为这与行业发展有关，同时也与生物制品本身制备的特殊性有关。

收集了制药业外其他化工类企业中的化合物制备专利侵权案例，对法院在此类案例中的裁判观点加以研究也有较强的借鉴意义。笔者梳理研究了全国各级法院近三年（判决时间为 2016 年 1 月 1 日 ~ 2018 年 11 月 23 日）审理的药品及化合物领域制备方法专利侵权案例，如表 1 所示。

表 1   近三年（2016 ~ 2018）药品及化合物领域制备方法专利侵权案例

案例简称	裁判时间	案号	原告	被告	审理法院
"消肿止痛贴"案	2017.12.12	（2017）晋民终 632 号	亚宝药业集团股份有限公司	陕西摩美得制药有限公司	山西省高级人民法院
"缩水甘油酯"案	2017.4.11	（2014）苏知民终字第 0113 号	荷兰解决方案研究有限公司等	河北四友卓越科技有限公司等	江苏省高级人民法院
"干粉灭火剂"案	2016.12.26	（2016）云民终 494 号	泰康消防化工集团股份有限公司	昆明市官渡区闽山消防器材经营部等	云南省高级人民法院
"发酵虫草菌粉"案	2016.11.7	（2015）常知民初字第 76 号	王某	青海珠峰虫草药业集团有限公司等	江苏省高级人民法院
"奥氮平"案	2016.5.31	（2015）民三终字第 1 号	礼来公司	常州华生制药有限公司	最高人民法院

经研究，笔者对该领域方法专利侵权中的举证责任问题提出自己的观点，主要为除《专利法》第 61 条第 1 款规定的情形外，在药品及化合物领域制备方法专利侵权案中，被告举证责任倒置的适用范围应当在以下两种情形中予以扩张：一种是涉案产品的生产工艺已向药品生产监管部门进行备案，而被告主张并证明其实际生产工艺与备案工艺不同；另一种是原告提供了被告使用涉案专利方法的初步证据。

此外，笔者对新产品的认定标准与举证责任、"同样产品"的认定、非新产品时原告的举证责任、被告承担举证责任的方式等问题也做了探究，以期对该领域的方法专利侵权案例研究拥有全面的视角。图 1 是笔者按步骤梳理的原被告双方举证责任的分配流程。

一、强制备案的推定力与举证责任倒置

药品制备方法专利侵权案件中，被告技术方案证明方式与其他领域具有明显的区别。根据《中华人民共和国药品管理法》等法律法规的规定，药品必须按照批准的生产工艺进行生产，批准的方案会在药品监管部门进行备案，即在药品生产这个特殊领域，产品的制备方案均应依法进行批准及备案方可进行生产。药品生产企业改变药品生产工艺的，也必须报原批准部门审核批准，因

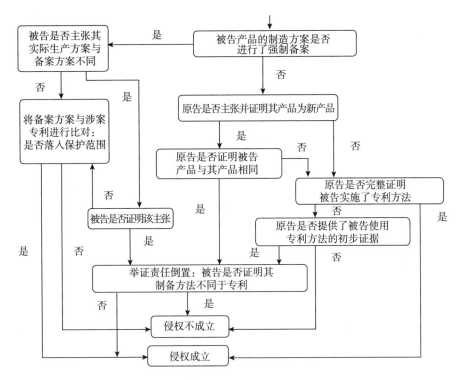

图1 举证责任分配流程及举证责任倒置的扩张适用

此其生产方法是可以通过调取备案获取的。此种情形下，诉讼中若原告主张其产品是新产品等以期举证责任倒置，是否仍需适用以及如何适用举证责任条款需要进一步研究。

笔者认为在药品生产方案已备案时，对于举证责任倒置条款的适用不应过于僵化。因为产品制备方案已有强制性备案，此时应当首先以被告是否主张其生产工艺与备案不同作为举证责任分配过程的第一步，即如果被告未主张其实际生产方案不同于备案工艺，则由其提交，或者通过原告申请及法院依职权，向药品监管部门调取被告产品的生产工艺备案资料，将备案生产工艺与涉案专利直接进行比对，必要时通过鉴定，确定二者技术方案是否相同或等同。在此种情况下，笔者认为，被告的产品制备方案已有记载且其承认与实际生产一致，事实部分已经确认，无须再通过复杂的举证责任分配过程查明事实，可以直接进行法律适用意义上的侵权比对。此情形下即便原告主张其产品为新产品等以期举证责任倒置，也无必要进行适用与否的认定。

如果被告主张其实际生产工艺与备案方案不同，首先应当由被告证明该主张。"奥氮平"案中，最高人民法院指出，"药品制备方法专利侵权纠纷中，在无其他相反证据情形下，应当推定被诉侵权药品在药监部门的备案工艺为其实际制备工艺"。笔者赞同此观点，药品制备工艺备案具备事实推定力，可以据其直接推定实际生产工艺，被告若否定其推定效力，应当提供证据。若不能完成该证明，则仍将备案方案与涉案专利进行比对。

若被告主张且已证明其生产工艺与备案方案不同，笔者认为应当进行举证责任的倒置。在被告完成上述证明后，实际上阻却了原告通过申请法院调取备案以充分履行自身举证责任的证明方式，而此种证明方式在药品方法专利侵权案件中几乎是原告完整证明被告实施专利方法的唯一路径［有关论述请见本文第四部分（二）"原告初步举证后的举证责任倒置"］，此时由被告继续证明其生产方法不同于涉案专利是恰当的。

此外，笔者认为最高人民法院在个案中确定的被告主张实际工艺不同于备案时，查明被诉侵权药品的实际制备工艺并无必要。"奥氮平"案中，最高人民法院裁决指出："有证据证明被诉侵权药品备案工艺不真实的，应当充分审查被诉侵权药品的技术来源、生产规程、批生产记录、备案文件等证据，依法确定被诉侵权药品的实际制备工艺。"本案中"侵权药品备案工艺不真实"即属于实际生产工艺与备案工艺不同的表现形式。笔者认为，方法专利侵权案件中，双方的举证及法院的审理应当围绕被告实际生产方案与涉案专利方法的比对展开。在被告能够证明其生产工艺不同于备案方案后，只需证明其生产工艺中某些原料、步骤等不同于涉案专利就能够完成该部分法律事实的构建，而确定实际制备工艺可能需要被告提供每一步骤的材料，这既耗费司法资源，又有可能导致被告商业秘密的泄露，是没有必要的。

二、新产品的认定标准与举证责任

（一）"新产品"的认定标准

关于《专利法》第 61 条第 1 款中"新产品"的认定，笔者认为应当是与同类产品相区分进行的，原告应当证明其产品与同类产品具有明显不同。针对药品及化合物类方法专利，应当依结构决定性质、性质决定功能的原理，以新的组分、结构是否带来新的功能或功能的实质改变来判断此种产品是否为新产品。新产品应当与已经存在的同类产品在化学结构、组分上具有较大的区别特征，从而在功能上具有较大区别特征。

在"缩水甘油酯"案中，法院指出，"尽管解决方案公司、迈图公司认为涉案专利产品在一些技术参数上与已知产品不同，但是如现有技术文献所载明，高纯度及相应性能的该类产品及相关技术方案已经被披露，故涉案产品不能被认定为新产品"。本案中法院以原告产品在纯度及性能两方面的区别特征均已被披露认定不构成新产品，笔者认为是恰当的。

（二）"新产品"的举证责任

"缩水甘油酯"案中，法院指出，"是否属于新产品，应由解决方案公司和迈图公司❶举证证明"。

笔者认为本案中这种将"新产品"的举证责任全部分配给原告并不恰当。根据《专利权纠纷解释》第17条规定，新产品是指产品或制造产品的技术方案在专利申请日前不为国内外公众所知。本条中规定的情形属于消极事实，根据通常理解，原告是无法进行举证的，原告仅可以通过提交如查新报告等初步证据证明其产品具备一定程度的"不为国内外公众所知"的特点，要求原告完全证明此消极事实是不现实的。因此，笔者认为，"新产品"的举证责任应当在原被告双方之间进行合理分配，原告提供的查新报告等，可以作为初步证据，合理推定其产品为"新产品"，被告不认可的，由应当提交原告产品专利申请日以前为国内外公众所知的证明，如已经申请日期、已在国内或国外生产、销售等。

（三）"新产品"与"新药"的关系

总结2016～2019年及若干典型药品制备方法专利纠纷案例中"新产品"的认定标准（见表2），除"醋酸奥曲肽"案是以国内制造为标准外，其他案例均是以是否在国内上市为标准。笔者认为这可能是原告在举证时以新药证书等作为证据有关。那"新药"是否就一定为"新产品"？

表2　药品类"新产品"的认定标准

案例简称	"新产品"的认定标准
"奥氮平"案	国内是否上市
"醋酸奥曲肽"案❷	国内是否制造
"吉西他滨"案❸	国内是否上市
"氨氯地平"案❹	国内是否上市

"新产品"与"新药"不存在等同关系，"新药"不能直接推定为新产品。《药品注册管理办法》规定："新药申请，是指未曾在中国境内上市销售的药品的注册申请。对已上市药品改变剂型、改变给药途径、增加新适应症的药品注册按照新药申请的程序申报。"即新药主要是以国内市场首次上市为标准，

---

❶　二者均为本案原告。
❷　北京市第二中级人民法院（2006）二中民初字第11593号民事判决书。
❸　最高人民法院（2009）民三终字第6号民事判决书。
❹　吉林省高级人民法院（2006）吉民三终字第146号民事判决书。

而根据《专利权纠纷解释》的规定，"新产品"以"国内外公众所知"为标准，两种标准在地域范围上并不一致。如某种药品已在国外制造、销售而首次在中国申请新药，这种药品可能能够认定为"新药"，却不能认定为"新产品"。

新药证书可以作为"新产品"的初步证据。在原告以新药证书主张产品为新产品时，如上文所述，被告可以通过证明该产品在国外已生产、销售来提供反证，不能提供反证的，可以认定为"新产品"。

三、"同样产品"的认定

在"干粉灭火剂"案一审中，法院认定原告专利产品为新产品后，直接进行举证责任倒置；二审中，法院虽然提到专利产品、被控侵权产品是否相同的问题，但判决中也是直接进行了方案比对。

笔者认为该案中两审法院均遗漏了对于被告产品属于"同样产品"的认定步骤，是不恰当的。根据《专利法》第 61 条第 1 款的规定，在证明自身产品为"新产品"后，应当由原告证明被告生产了与自身产品相同的产品。在药品领域，药品说明书与专利产品相同，则可以直接认定为"同样产品"。"奥氮平"案中，因为被诉侵权产品的化学式在说明书中已经写明，所以"同样产品"得到了直接的证明。"华生—奥氮平"产品宣传资料记载，奥氮平片主要成分为奥氮平，且其化学名称与专利方案中化合物名称相同，可以直接证明为相同产品。

值得注意的是，此处比较的两种产品应当是被控侵权产品和涉案专利方法直接获得的产品。"氨氯地平"案中，最高人民法院指出，"新产品"和"相同产品"都是指根据专利方法的最后一个步骤直接获得的产品，而不包括对该产品进行任何加工的后续产品。且此处相同产品应为"同样产品"而非"同类产品"。"多西他赛"案❶中，二审法院指出，"一审法院以恒瑞公司生产的产品为同类产品为由，要求恒瑞公司承担举证责任证明其生产同类产品的方法不同于专利方法，没有法律依据"。

在原告完成上述"新产品"证明及被告生产了相同新产品证明后，举证责任即发生倒置，由被告证明其生产方法不同于涉案专利。若原告无法证明其产品为"新产品"或无法证明被告生产了相同新产品，则不发生举证责任倒置，仍由原告承担被告实施涉案专利方法的举证责任。

---

❶ 上海市高级人民法院（2006）沪高民三（知）终字第 112 号民事判决书。

四、非新产品时原告的举证责任

(一) 非新产品时无须证明产品相同

若原告没有主张或无法证明其产品为"新产品",是否仍需要与"新产品"认定中一样,证明被告产品与涉案专利直接获得的产品相同?有学者主张在认定为非"新产品"时,原告仍需对两种产品相同进行证明。❶

笔者认为,方法专利不同于产品专利,侵权比对的客体仅应当是双方的生产过程。是否构成使用专利方法,仅需对被控产品生产的技术方案和专利方案的技术特征进行对比即可,全部落入保护范围即可认定为侵权,至于是否会生产出相同产品不应作为认定侵权的要件。例如,如果被告生产的原材料质量不佳,生产设备落后,完全可能导致使用了专利方案却不能生产出相同的产品,以生产出相同产品作为侵权要件也与方法专利侵权判定的基本原则不符。因此,若原告没有主张或无法证明其产品为"新产品",则应由原告直接承担被告实施涉案专利的举证责任,无须证明产品相同。

(二) 原告初步举证后的举证责任倒置

综合上文,以下两种情况不满足举证责任倒置条件,由原告承担证明被告实施了涉案专利方法的举证责任:(1) 原告并未主张或未能证明其涉案专利直接获得的产品为新产品;(2) 原告未能证明被告生产了与涉案专利直接获得的产品相同的产品。近三年案例中,仅"奥氮平"案满足了举证责任条件倒置条件,另外 4 个案例中均属于上述两种情况之一,其被告生产方案的证明方式以及是否得到完整证明的情况如表 3 所示。

表 3　被告技术方案的证明

案例简称	被告技术方案的证明方式	是否完整证明被告技术方案
"消肿止痛贴"案	调取药监部门备案	是
"发酵虫草菌粉"案	调取药监部门备案	是
"干粉灭火剂"案	区别组分分析	否
"缩水甘油酯"案	特征杂质分析	否

如表 3 所示,"消肿止痛贴"案、"发酵虫草菌粉"案中,涉案产品为药品,原告通过调取药监部门备案完整证明了被告实际实施的技术方案。另两案中,原告均未完整证明被告实际使用的技术方案。在"干粉灭火剂"案中,被告以区别组分分析证明了其生产方法未落入专利保护范围;在"缩水甘油

---

❶　王敏. 非新产品方法专利侵权纠纷中的事实推定 [J]. 人民司法,2015 (6):72 - 73.

酯"案中，原告通过产生特征杂质证明被告生产方法也未成功，这均表明在此类非药品的化合物制备方法专利侵权案例中，因为没有强制备案，完整证明被告技术方案有较大难度。

即便在药品制备方法专利侵权案件中，也并非所有的专利产品均在药监部门进行了备案。例如，现在较常见的中间产物专利，即涉案专利直接获得的产品为药品制备过程中的中间产物时，由于中间产物的生产过程不会在药监部门进行备案，且被告生产过程中是否会产生该中间产物通过备案并不能确定，因此即便在药品制备方法专利侵权案的原告举证中，也可能存在无法完整证明被告技术方案的问题。

由以上分析可知，对于非药品的化合物产品以及药品中间产物等产品的方法专利侵权案件中，权利人通常难以完整获得被诉侵权产品的制备方案。即此类案件中，对于非新产品的制备方法专利，专利权人要举证完整证明被告实施了涉案专利的技术方案也相当困难，这与新产品方法专利侵权案件并无区别。

此外，药品及化合物制备方法专利，均属于化学、生物学等领域的技术方案，该领域具有一定的特殊性。众所周知，化学尤其是生物等实验科学不具备电学、机械领域的高精确性，人们对于该领域基础理论的认知以及产品实际生产的认知和控制均不具备电学、机械领域能够达到的精确程度，因此特征杂质、特征组分与专利方法对应的精确性也往往不及电学、机械领域的特征部件、特征技术效果与专利方法对应的精确性。即本领域通过特征杂质、特征组分证明被告实际制备方案的难度往往大于电学、机械领域通过特征部件、特征技术效果证明被告实际生产方案的难度。

因此，从近三年案例反映的实际情况及上述不同技术领域的特点出发，笔者认为对于药品及化合物制备方法专利侵权案件，举证责任方面对原告完整证明被告生产、制备方案的要求不宜过于严格。原告应当优先提供完整证明被告实施了涉案专利方法的证据，如果原告无法提供该证据，则可以要求原告提交被告实施专利方案的初步证据，如特征杂质、特征组分等来完成初步的举证责任，之后由被告提出其未实施涉案方法专利的证据，即进行举证责任倒置。如果原告不能提供特征杂质等初步证据，则由其承担举证不能的责任。该初步证据的具体认定标准可以进一步研究，此处笔者不再展开论述。

五、被告承担举证责任的方式

通过上述分析，笔者认为在以下三种情形中可以将举证责任转移给被告。（1）涉案产品的生产工艺向药品生产监管部门进行了备案，而被告主张并证明其实际生产工艺与备案工艺不同；（2）原告证明被告生产了与涉案专利方案所直接获得的产品相同的产品；（3）原告提供了被告使用涉案专利方法的初步证据。在上述情况下被告如何承担此举证责任也值得研究。

通过对以上典型案例和经典案例的分析，可以得出被告承担举证责任时的两个基本思路（见表4）。

（1）在"缩水甘油酯"案、"干粉灭火剂"案中，此类产品生产没有强制备案要求，原告往往以涉案专利方法会产生特征杂质，且被告产品制备过程中也会产生该特征杂质来主张落入保护范围。被告可以通过主张该杂质与涉案专利并不具有唯一对应性，并通过鉴定证明其主张。

（2）在"奥氮平"案、"吉西他滨"案中，此类药品生产方法专利产品生产有强制备案要求，可以将两种方案进行直接比对，被告可以从反应物、中间产物、反应步骤等的不同进行主张。

在以上证明过程中，被告仅应当承担其产品制造方法不同于专利方法的证明，而无须提交证明其全部生产方法的证据。只要被控侵权人能够证明其产品制造方法的技术方案中有一项技术特征与专利方法技术方案中相应技术特征既不相同也不等同，专利权人的侵权指控就不能成立。

表4　不落入保护范围的主要理由

案例简称	是否落入专利保护范围	不落入保护范围的主要理由
"消肿止痛贴"案	是	×
"缩水甘油酯"案	否	特征杂质与专利方法不具备唯一对应性
"干粉灭火剂"案	否	特征杂质与专利方法不具备唯一对应性
"发酵虫草菌粉"案	是	×
"奥氮平"案	否	反应中间物和反应步骤差异较大
"吉西他滨"案	否	反应物组分相同，含量不同，对反应过程有较大影响

案例二：原告索赔 2400 万元，一审判赔 358 万元，二审判赔 2 万元，为什么差距这么大 *

——青岛科尼乐公司诉青岛迪凯公司专利侵权案

案情整理及评析：杨安进　李　翔

原告： 青岛科尼乐机械设备有限公司

被告： 青岛迪凯机械设备有限公司

一审： 北京知识产权法院，（2015）京知民初字第 2160 号

二审： 北京市高级人民法院，（2017）京民终 339 号

代理人： 杨安进、徐永浩，北京市维诗律师事务所律师/专利代理师，二审程序中代理青岛迪凯机械设备有限公司

第一部分　基本案情

一、案件背景

（一）涉案专利

涉案专利的专利号为 ZL200720022658.8，名称为"行星式搅拌机的一种高效传动装置"，申请日为 2007 年 5 月 25 日，授权公告日为 2008 年 7 月 16 日。2013 年 10 月 12 日涉案专利的专利权人变更为本案的原告青岛科尼乐机械设备有限公司（以下简称"青岛科尼乐公司"）。

（二）在先诉讼

原告青岛科尼乐公司曾于 2013 年在青岛市中级人民法院（以下简称"青岛中院"）起诉被告青岛迪凯机械设备有限公司（以下简称"青岛迪凯公司"）侵犯涉案专利的专利权，青岛科尼乐公司在该案中主张的被控侵权行为包括被

---

* 最高人民法院于 2020 年 3 月作出（2019）最高法民再 250 号民事判决，撤销本案二审判决，本案随后进入最高人民检察院抗诉程序，截至本书出版时尚未审结。

告于 2014 年 5 月在北京市顺义区的中国国际展览中心举办的第十四届中国国际冶金工业展览会上对于其"DEX XP 系列行星式搅拌机"的参展行为。在该展览会上，被告的展位上有涉嫌侵权产品的宣传材料和技术参数列表。青岛科尼乐公司还提交了拆解青岛迪凯公司产品的录像。

经审理，青岛中院于 2015 年 4 月 13 日一审判决青岛迪凯公司停止制造、销售和许诺销售侵犯原告涉案专利的产品，赔偿青岛科尼乐公司经济损失 50 万元。青岛迪凯公司不服，向山东省高级人民法院（以下简称"山东高院"）提起上诉，山东高院于 2015 年 11 月 24 日判决驳回上诉，维持原判。

二、原告主张

原告青岛科尼乐公司认为，被告青岛迪凯公司于 2015 年 9 月参加在北京举办的中国国际住宅产业暨建筑工业化产品与设备博览会，展出与涉案专利技术方案相同的被控侵权产品，并在被告网站上发现大量被控侵权产品的宣传，称其在 2016 年 8 月"依旧火热发货中"。

鉴于青岛迪凯公司的被控侵权行为已由在先诉讼认定为侵权，原告青岛科尼乐公司认为上述侵权行为属于恶意侵权。

原告为此主张被告立即停止生产、销售、许诺销售被控侵权产品，销毁库存侵权产品，销毁侵权产品专用模具，赔偿原告经济损失 2400 万元，并承担原告合理支出 2.5 万元。

三、被告主张

被告青岛迪凯公司认为：

（1）由于存在在先诉讼，本案系重复诉讼。

（2）原告在本案中并无任何证据证明被控侵权产品进行了销售，亦无任何证据证明被控侵权产品的技术特征，故其侵权证据不足。

（3）青岛迪凯公司在 2015 年 6 月已经完成新的技术研发并申请了新的实用新型专利，此后被告生产的 DEX MP 系列搅拌机开始采用新的技术方案，不再使用涉案专利的技术方案，故 2015 年 6 月之后再无侵权行为。

（4）在山东的在先诉讼案件中，只认定了一款产品侵权，并未认定系列产品侵权。原告主张系列产品侵权并无事实依据。

四、法院观点及判决结果

【一审法院】

（一）关于是否构成重复诉讼

在先诉讼的判决结果是针对 2014 年 5 月以前业已存在的被控侵权行为所提起的。由于被告的被控侵权行为并未停止，原告可以对被告在 2014 年 6 月～2016 年 4 月依然持续的侵权行为另行提起诉讼，因此不构成重复起诉。

（二）关于被告的侵权行为

在本案中，被告对于涉案的 14 个型号的 DEX MP 系列行星式搅拌机的参展行为，属于为生产经营目的的许诺销售行为。

在其网站宣称的"八月依旧火热发货中"表明在在先诉讼宣判后，被告依然对于被控侵权产品进行以生产经营为目的的制造和销售行为。青岛迪凯公司自认其 DEX MP 系列行星式搅拌机在 2015 年 6 月之后仍在制造和销售。尽管被告主张于 2015 年 6 月起已经采用了不同的技术方案，但并未提供直接的证据。

（三）被告的"系列"产品是否都构成侵权

在先诉讼中，只认定了 DEX MP 中的一款产品侵权。

在本案中，对于被告在参展的宣传资料及其网站上列出的 DEX MP 系列行星搅拌机的 14 个型号产品，原告明确其为本案被控侵权产品。

被告表示 2015 年 6 月之后，上述产品已经采用了规避专利权的新技术方案，但被告未提供其产品实物或照片等证据。"DEX MP"不是产品型号，2015 年参展的产品与在先诉讼中所涉及的产品是不一样的。

一审法院认为，被告对于上述主张应承担举证责任。在被告没有举证困难，也不存在不予提供证据的正当理由的前提下，应承担不能举证的不利后果。因此，法院认定被告于 2015 年 6 月以后生产销售的与之前型号相同的产品采用了与之前相同型号产品所一致的技术方案，认定被告涉案的 14 个型号的 DEX MP 系列行星式搅拌机均构成侵权。

（四）关于产品利润的计算

对于原告提出以被告销售收入中涉案的型号产品的利润作为被告获利的数额，以该数额确定被告赔偿数额的观点，一审法院予以支持。由于被告拒不提供财务账册，一审法院通过调取税务记录来获得被告的销售收入数额。

同时原告主张本行业的平均利润率为 40%，由于被告未执行法院的查封、扣押裁定，也未向一审法院提供相关证据。一审法院采纳原告关于行业平均利润率为 40% 的主张。最终，一审法院确定侵权获利数额为 358.8 万元。

（五）判决结果

青岛迪凯公司立即停止生产、销售、许诺销售被控侵权产品，赔偿原告经济损失 358.8 万元，赔偿原告合理支出 2 万元。

【二审法院】

一审原告和被告均不服一审判决，向北京市高级人民法院提起上诉并提交了新的相关证据。

青岛科尼乐公司认为：原审法院仅审理青岛迪凯公司在 2014 年 5 月之后的侵权行为，事实认定错误；原审法院在确定赔偿数额时未计算青岛科尼乐公司 2013 年 1 月~2014 年 5 月遭受的侵权损失。

青岛迪凯公司认为：原审法院对被控侵权产品的技术特征认定错误，原审法院未进行具体的技术特征比对，青岛迪凯公司提交的证据足以证明其自 2015 年 6 月后销售的行星式搅拌机采用了不同的技术方案，不构成侵权；原审法院认定青岛迪凯公司存在销售行为缺乏事实依据；一审法院确定机械制造业 40% 的利润及确定相应赔偿数额缺乏依据。

（一）关于重复诉讼问题

本案在起诉前，青岛科尼乐公司对青岛迪凯公司的被控侵权行为已经由在先诉讼生效判决确认。对于已经审理过的青岛迪凯公司实施的被控侵权行为，不做重复处理。因此，原审法院未审理青岛迪凯公司在 2014 年 5 月以前的被控侵权行为并无不当。

（二）被告实施的是销售行为还是许诺销售行为

由于在先诉讼的生效判决认定青岛迪凯公司生产、销售、许诺销售的 DEX MP 系列行星式搅拌机侵犯了涉案专利的专利权。因此，在青岛迪凯公司未提供有效相反证据的情况下，原审法院认定涉案的 DEX MP 系列行星式搅拌机落入涉案专利的保护范围并无不当。

现有证据仅能证明青岛迪凯公司在 2015 年 9 月的展览会上展示了被控侵权产品的宣传材料，以及在其网站上刊登了被控侵权产品的资料和销售信息。而原告青岛科尼乐公司在本案中并未提供被控侵权产品的实物，也没有能够证明青岛迪凯公司在 2014 年 5 月以后继续生产和销售被控侵权产品的证据。

原审法院仅凭被告实施了许诺销售行为的证据，就将举证责任转移至青岛迪凯公司而直接认定其从事了生产、销售被控侵权产品的行为，属于举证责任分配不当及事实认定错误。

青岛迪凯公司针对上述被控侵权产品的参展和网络宣传行为，属于为生产经营目的许诺销售行为，构成对涉案专利的侵权。

（三）判决结果

驳回青岛科尼乐公司全部上诉请求，支持青岛迪凯公司部分上诉请求。判令青岛迪凯公司立即停止许诺销售被控侵权产品，赔偿青岛科尼乐公司合理支出 2 万元。

裁判文书来源

第二部分　案件评析

评析人： *杨安进、李翔*

本案一审曾被北京知识产权法院列入 2016 年加大知识产权司法保护力度类的典型案例。

纵观本案的一审和二审程序，所认定的案件法律事实和侵权赔偿额度方面均发生了较大的变化。尤其是判赔额度，从请求赔偿 2400 万元，到一审判赔 358 万元，再到二审判赔合理支出 2 万元。因此，有必要对本案的核心争议点所体现的法律问题做进一步思考。

一、关于"一事不再理"和重复诉讼问题

通常意义上的"一事不再理"是指对已经发生法律效力的判决、裁定的案件，除另有规定外，不得就同一事实再行提起诉讼。

《最高人民法院关于适用〈中华人民共和国民事诉讼法〉的解释》第 247 条规定："当事人就已经提起诉讼的事项在诉讼过程中或者裁判生效后再次起诉，同时符合下列条件的，构成重复起诉：（一）后诉与前诉的当事人相同；（二）后诉与前诉的诉讼标的相同；（三）后诉与前诉的诉讼请求相同，或者

后诉的诉讼请求实质上否定前诉裁判结果。当事人重复起诉的，裁定不予受理；已经受理的，裁定驳回起诉，但法律、司法解释另有规定的除外。"

对于知识产权来说，相对普通的民事侵权有自己的特殊之处。具体来说，在 TRIPS 协议中对于知识产权的私权属性作了明确界定。由于知识产权的私权属性，其侵权判断时理应遵循普通民事侵权的基本理论原则。然而，当根植于普通民事侵权的基本理论原则面对知识产权时，却差强人意，其原因主要在于知识产权的无形性。例如，对于有形的财产权来说，被侵犯的行为通常是一次性或一过性的行为，一般不会出现同一侵权人在经过法律规制后，再次持续性地实施侵权行为。然而，对于无形的知识产权来说，侵权情形可能完全不同，同一侵权人的侵权行为即便是经过法律规制后，依然可能出现不易被权利人所发现的持续存在的侵权情形。

因此，一般在专利侵权案件中，如果在先诉讼中已经对一段时间内的侵权行为进行了法律规制，那么在后诉讼将不再重复审理。但是，对于尚未得到法律规制的侵权行为（尤其是再次侵权或重复侵权），在后诉讼依然可以进行审理。

在判断专利侵权诉讼是否违反"一事不再理"的原则，通常需要考虑如下因素：当事人是否相同；诉讼标的是否相同；诉讼请求是否相同或在后诉讼的诉讼请求是否实质上否定在先诉讼的裁判结果。

对于青岛科尼乐公司与青岛迪凯公司的专利侵权争议，在先判决已经对青岛迪凯公司在 2015 年之前的侵权行为（制造、销售和许诺销售）作出了业已生效的法律裁决。而本案中，当青岛科尼乐公司发现青岛迪凯公司在 2015 年 9 月的参展行为及其网站上的宣传行为后，就同一专利提起侵权之诉。

从当事人的角度来看，在先诉讼中，专利权的权利人为青岛科尼乐公司，被诉侵权人为青岛迪凯公司。本案中，权利人和被诉侵权人均未发生变化，属于相同的当事人。

从诉讼标的的角度来看。在先诉讼中，针对的是 2013 年涉及的 DEX XP 系列行星式搅拌机。而本案中，虽然 2015 年 9 月参展和在网站上宣传的产品依然标记为"DEX 系列行星搅拌机"，但是否是与在先诉讼中相同的侵权产品，值得商榷。这一点需要充足证据来支持。

名称和/或型号相同，并不必然意味着属于承载有相同技术方案的同样产品。这存在形式上相同与实质上相同的差别。所谓形式上相同，是指从表面上来看，两种产品具有相同名称或者类似的型号；所谓实质上相同，是指二者的技术方案是没有区别的。显然，存在形式上相同但没有明确证据支持的情况下，延伸认定为实质上相同是武断的且不合理的。

因此，不能由于 2015 年涉及的产品的名称或型号与 2013 年涉及的产品的名称和型号相同或差别不大，就认定二者所承载的技术方案是相同的，因此，认为 2015 年涉及的产品自然侵权，这需要充足的证据经过比对后才能确定。

从诉讼请求是否相同或在后诉讼的诉讼请求是否实质上否定在先诉讼的裁判结果来看。在先诉讼中，针对青岛迪凯公司在 2014 年 5 月以前的被控侵权行为已经作出了生效的司法裁判。而在本案二审中，青岛科尼乐公司在上诉请求中要求考虑追溯至 2013 年的侵权行为，属于否定在先诉讼的裁判结果。因此，二审法院关于前案已经审理过的青岛迪凯公司实施的被控侵权行为，本案不宜重复处理的观点是合理的。

综上所述，在先诉讼与本案的诉讼当事人相同，诉讼标的是否相同不能得到证据支持，诉讼请求跨越业已生效的在先诉讼。因此，首先应厘清的是 2015 年之后涉及的产品是否实质上侵犯涉案专利权，然后再判断对于追溯至 2014 年 5 月之前的侵权行为，是否属于"一事不再理"的情形。

二、本案争议是应通过另诉解决，还是通过在先诉讼的执行程序来解决

由于知识产权侵权的持续性特点，即便是通过诉讼程序获得了认定侵权的法律裁决，依然可能会存在后续的侵权行为。在这种情况下，权利人或利害关系人发现依然存在的侵权行为后，是另行起诉，还是通过在先诉讼的执行程序来解决，关键在于在先诉讼中所认定的侵权行为是否在本质上延续到法律裁决之后。

在专利侵权诉讼中，如果所实施的技术方案（无论产品或方法）与在先诉讼中所认定侵权的技术方案是相同的，这显然是在先诉讼程序中侵权行为在本质上的延续。在此情况下，在先诉讼作为诉讼请求中重要组成部分的停止侵权行为并未得到执行，因此可以通过在先诉讼的执行程序来解决。

而如果所实施的技术方案与在先诉讼中所认定侵权的技术方案有所不同，则不存在在先诉讼的继续执行问题，需要另行起诉，以判断所实施的新的技术方案是否落入涉案专利权的保护范围之内。

具体到本案而言，在先诉讼判决作出的时间为 2015 年年底。如果此后青岛迪凯公司依然采用与在先诉讼中所认定侵权的技术方案相同的技术方案，则可通过在先诉讼的执行程序来解决。如果在 2015 年 6 月之后青岛迪凯公司采用了与涉案专利完全不同的新的技术方案，作为权利人的青岛科尼乐公司应另行起诉。

因此，判断青岛迪凯公司在 2015 年 6 月之后所实施的技术方案是否不同于在先诉讼中所认定侵权的技术方案且落入涉案专利的保护范围之内，是问题的关键。

三、如何区分销售行为和许诺销售行为

在专利侵权行为中，销售行为和许诺销售行为的关联性包括以下6点。

（1）许诺销售为作出销售专利产品的意思表示的行为，属于实现销售之前的行为。之所以规制许诺销售的侵权行为，其目的是尽可能早地制止后续的交易行为，在进入流通之前就实现对侵权行为的管控。

（2）销售是交易行为，出卖人将标的物的所有权转移给受买人而获利的过程。因此，通过销售一方面使得出卖人获利，另一方面也挤占了专利权人的市场空间。如果说制造是侵权的源头的话，那么销售可以理解为是制造的目的或获利的途径。

（3）许诺销售是独立于销售的侵权行为，而不是销售行为的准备阶段或一部分。换言之，许诺销售作为侵权行为是独立于销售行为的，许诺销售行为成立与否不取决于销售行为是否实施。

（4）当发生许诺销售行为时，侵权产品处于被展示并表达出待售意思表示的状态，在该状态下，侵权产品随时会进入销售阶段。因此，该状态下专利侵权后果处于将被进一步扩大的危急情况。从本质上说，对许诺销售行为的规制，目的是消除专利权的此种危急情况。

（5）当发生销售行为时，侵权人通过销售而获利，销售行为是侵权人的主要获利途径。因此，从本质上说，对销售行为的规制，目的是切断专利产品的获利途径。

（6）从对专利权人的利益损害来说，许诺销售行为主要是引发专利权将受到侵害的危险情况，侵权人尚未获取较大利益。因此，如果单纯存在许诺销售行为的话，对于专利权人还未构成较大的直接利益损害。但是，销售行为一方面挤占专利权人的市场份额而获得较大非法利益，另一方面也有可能对于专利权人在市场中的商誉造成负面影响。因此，作为主要获利途径的销售行为，侵权人对专利权人构成较大的直接利益损害。

基于上述分析，对于销售和许诺销售这两种不同的侵权行为来说，所规制的目的不同，对专利权人的直接利益损害不同，在实践中对判赔额度的判断也差别较大。

因此，在专利侵权诉讼中，除了需要对所实施的技术方案是否落入专利权的保护范围之内做出可靠判断之外，还需要明确侵权人究竟实施了何种侵权行为，这对最终的判赔额度有直接且重大的影响。

四、如何判断机械部件的专利侵权产品的利润

本案中，原告主张被告的产品利润达到40%。一审判决根据原告的主张，按照40%的利润计算侵权所得。

笔者认为，这种做法不仅毫无证据支持，也严重违背社会常识。（1）所谓40%利润率完全是原告信口所说，并无任何依据，原告自身都无法实现如此高的利润率。（2）作为社会常识，众所周知，长期以来，中国普通的机械加工制造业的利润比较好的时候也就维持在10%左右。而近年来，该行业饱受经济下滑而市场萎缩、人力和原材料成本高、企业各种税费沉重等因素影响，普遍出现亏损的状况，其中盈利能力强的，也往往靠巨大规模而获得不超过5%的利润。40%的利润纯属天方夜谭，许多服务业都达不到这种利润率。（3）被告作为二三十人的小企业，已经连年亏损，职工工资发放都有困难，其二审提供的审计报告真实地反映了产品盈利状况。

另外，涉案侵权产品只是一个整机产品中的部件，但一审判决按照所调取的被告整机销售收入计算侵权部件的销售额，完全不合理。对此，青岛迪凯公司二审出具审计报告表明，传动装置在整机中的成本占比为39%，相应地利润占比也应按39%计算。

案例三：专利无效中的境外
证据认定及无效判断原则

——索尼移动公司针对西电捷通公司
WAPI 标准必要专利无效案*

案情整理及评析：杨安进　徐永浩　耿　琛

无效请求人： 索尼移动通信产品（中国）有限公司

专利权人： 西安西电捷通无线网络通信股份有限公司

代理人： 杨安进、徐永浩，北京市维诗律师事务所专利代理师，代理西安西电捷通无线网络通信股份有限公司

第一部分　基本案情

一、案件背景

2015 年 6 月，西安西电捷通无线网络通信股份有限公司（以下简称"西电捷通公司"）向北京知识产权法院起诉索尼移动通信产品（中国）有限公司（以下简称"索尼移动公司"）侵害其 ZL 02139508. X 号发明专利。2015 年 7 月，索尼移动公司针对该专利提出无效宣告请求。该专利涉及我国无线局域网鉴别与保密基础结构（WAPI）核心技术，属于我国 WAPI 技术的标准必要专利，在中国、美国、日本、韩国等国和欧洲地区均获得授权。

该专利独立权利要求 1：

一种无线局域网移动设备安全接入及数据保密通信的方法，其特征在于，接入认证过程包括如下步骤：

步骤一，移动终端 MT 将移动终端 MT 的证书发往无线接入点 AP 提出接入认证请求；

---

* 本案被原专利复审委员会评为 2016 年度复审无效重大案件之一。

步骤二，无线接入点 AP 将移动终端 MT 证书与无线接入点 AP 证书发往认证服务器 AS 提出证书认证请求；

步骤三，认证服务器 AS 对无线接入点 AP 以及移动终端 MT 的证书进行认证；

步骤四，认证服务器 AS 将对无线接入点 AP 的认证结果以及将对移动终端 MT 的认证结果通过证书认证响应发给无线接入点 AP，执行步骤五；若移动终端 MT 认证未通过，无线接入点 AP 拒绝移动终端 MT 接入；

步骤五，无线接入点 AP 将无线接入点 AP 证书认证结果以及移动终端 MT 证书认证结果通过接入认证响应返回给移动终端 MT；

步骤六，移动终端 MT 对接收到的无线接入点 AP 证书认证结果进行判断；若无线接入点 AP 认证通过，执行步骤七；否则，移动终端 MT 拒绝登录至无线接入点 AP；

步骤七，移动终端 MT 与无线接入点 AP 之间的接入认证过程完成，双方开始进行通信。

权利要求 2～14 均为其从属权利要求（见图 1）。

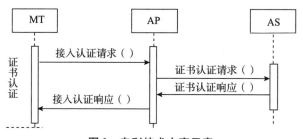

图1　专利技术方案示意

二、无效请求人索尼移动公司提交的证据及主张的无效理由

（1）无效请求人主张的无效理由：①权利要求得不到说明书的支持；②权利要求及说明书的修改超出原申请的记载范围；③权利要求请求保护的范围不清楚；④权利要求不具备创造性。

（2）无效请求人关于创造性的具体比对方式包括以下 4 项。

① 以证据 1 为最接近的现有技术，与权利要求 1 的区别特征：（a）认证过程是针对证书进行的；（b）MT 和 AP 的证书是由认证服务器 AS 进行认证的，并主张证据 2、证据 3 分别公开了此两项区别特征，因此无创造性。

② 以证据 2 为最接近的现有技术，与权利要求 1 的区别特征：认证过程是针对证书进行的，主张证据 3 公开了此区别特征，因此无创造性。

③ 以证据 11 为最接近现有技术，与权利要求 1 的区别特征：MT 和 AP 的证书是由认证服务器 AS 进行认证的，主张证据 2 公开了此区别特征，因此无创造性。

④ 以证据 12 为最接近现有技术，与权利要求 1 的区别特征：MT 和 AP 的证书是由认证服务器 AS 进行认证的，主张证据 2 公开了此区别特征，因此无创造性。

三、专利权人西电捷通公司的主张

（1）权利要求能够得到说明书的支持。专利权人认为"权利要求书应当以说明书为依据"是指权利要求书应当能够从说明书中直接得到或概括得出，该条款强调的是整体"技术方案"，而不是个别的技术特征，判断标准是"能够直接得到或概括得到"，请求人标准错误，不能以字面一致为标准。本领域技术人员结合说明书中的技术描述和实施例，容易得出权利要求 1 的技术方案，因此能够得到支持，同理其他权利要求也能够得到支持。

（2）权利要求及说明书的修改没有超出原记载范围。专利权人认为是否超范围的标准不仅包括"原说明书（包括附图）和权利要求书的文字或者附图明确表达的内容"，还包括"从原申请公开的信息中直接地、毫无疑义地导出的内容"，仅以两者内容描述不一致即认为修改超范围是不充分的。根据原说明书公开的内容能够导出权利要求 1 的技术方案，因此没有超范围，同理其他权利要求也没有超范围。

（3）权利要求的保护范围清楚。请求人仅仅提出权利要求 1 的"步骤四"和"步骤五"的技术特征是否相同的质疑，而没有阐明权利要求 1 不清楚的具体无效理由。专利权人认为权利要求 1 的特征含义明确，特征之间的关联特征清楚，保护范围清楚。

（4）权利要求具备创造性。专利权人认为请求人所提供的证据发明目的与技术方案和本专利完全不同，各种组合方式也没有公开本专利技术内容，具有创造性。

四、原专利复审委员会观点及决定结果

【决定要旨】

在创造性的判断中，对于涉案专利和现有技术的理解，都应当对技术方案进行整体考量。也就是说，在创造性判断的具体步骤中，不应将整体的技术方案进行割裂，孤立地分析其所包含的技术特征，而忽略技术方案的整体性，进而影响对技术特征在整个技术方案中所起作用的判断。

当证据属于从域外网站获得的文章时，应当提交在域外网站下载该文章过程的公证书，以对下载内容作证据保全，但载有其下载过程的公证书只能证明公证日可以从互联网下载到该文章，而不能证明该文章在公证日以前真实存在且任何人均能够获得。因此，还需要考虑下载网站是否为国外具有公信力的权威网站（如政府类网站、知名非政府组织网站、大型科研院所网站、正规大专院校网站、知名商业网站等）、文章上传及修改机制等因素，并结合网站上的相应刊载日期，才能认定是否构成涉案专利的现有技术。

1. 证据认定

合议组认为，请求人提交了证据 11 的公证书原件，履行了相关手续，证据网站是对互联网网站页面按时间进行存档并供用户回溯访问的网站，该网站向全球用户开放，允许用户访问该网站并下载资料，具有较高的公信度，其存档内容构成专利法意义上的公开。网页的抓取存档日期早于本专利的申请日，构成本专利的现有技术。

合议组认为，请求人证据 12 中的网站不属于具有公信力的权威网站，请求人亦没有提交能够证明证据 12 是刊登于公开出版物的有效证据，仅凭该页面的标记和文章首页中的信息，并不能证明该文档的真实性。请求人提交的公证书仅能证明从公证日起可以从互联网站上下载这篇文章，而该公证日晚于本专利的申请日，因此不能用于评价本专利的创造性。

2. 权利要求及说明书的修改没有超出原记载范围

合议组认为，根据说明书记载可以直接地、毫无疑义地确定权利要求 1 所要保护的技术方案，权利要求 1 具体限定的相关处理步骤与说明书的描述相一致，申请过程中修改内容没有超出原申请的记载范围。

3. 权利要求能够得到说明书支持

合议组认为，权利要求 1 的步骤特征能够从说明书中直接得到或概括得出，得不到说明书支持的无效理由不成立；并进一步认为，说明书中的"随机数据串""附加标识""私匙的签名"等特征是一种实现方式的实例，其以现有的技术手段为例进行说明，本领域技术人员可以采用其他方式进行实施。所以，权利要求的技术方案可以根据说明书公开内容直接得到或概括得出。

4. 权利要求保护范围清楚

合议组认为，根据权利要求 1 的上下文内容可以直接确定"步骤四"和"步骤五"中"认证结果"都是指认证服务器对证书进行认证后的认证结果，上述特征于本领域技术人员而言是清楚的，不会导致权利要求保护范围不清楚，关于权利要求 1 不清楚的无效理由不成立。

5. 权利要求具备创造性

合议组在分别以证据 1、证据 2 作为最接近的现有技术进行分析时，均认定对比文件与权利要求 1 的区别特征：（a）对比文件未公开双向认证是针对证书进行的；（b）对比文件未公开 MT 和 AP 的证书是由认证服务器 AS 进行认证的。并认定上述（a）特征虽然被证据 3 公开，但（b）特征没有被证据 3 公开。

合议组在以证据 11 作为最接近的现有技术分析时，认定证据 11 与权利要求 1 的区别特征：对比文件未公开 MT 和 AP 的证书是由认证服务器 AS 进行认证的。并认定该特征没有被证据 2 公开。

合议组进一步认定证据 2 中的"认证服务器 110"的作用并非对 MT 和 AP 的证书进行认证，与权利要求书中认证服务器 AS 作用不同，没有公开此特征。

6. 审查决定

2016 年 2 月，原专利复审委员会作出决定，维持 02139508. X 号发明专利权有效。

7. 后续程序

上述审查决定作出后，索尼移动公司未提起行政诉讼，该决定生效。

无效请求审查决定来源

http://reexam – app. cnipa. gov. cn/reexam _ out1110/searchdoc/decidedetail. jsp？jdh ＝ 28356&lx ＝ wx.

第二部分　案件评析

评析人：杨安进、徐永浩、耿琛

一、专利无效程序中域外互联网证据的认定要点

本案中请求人提交的两份域外互联网证据，证据 11 得到合议组的采信，认定构成现有技术，而另一份证据 12 合议组认为不具备真实性，不予采信。与本案案情一致，现阶段专利无效宣告实践中，对域外网络证据的合法性和关联性不是审查的重点，由于域外网络证据具有域外性、不稳定性和易篡改性的特性，所以审查重点在域外网络证据的真实性以及公开时间上。

笔者结合本案，认为在无效程序中提交域外互联网证据应注意以下三个要点。

（1）形式真实性问题。主要是指域外网络证据的取得程序要符合《专利审查指南》（以下简称《审查指南》）相关的要求，《审查指南》第四部分第八章第2.2.2节规定"域外证据是指在中华人民共和国领域外形成的证据，该证据应当经所在国公证机关予以证明，并经中华人民共和国驻该国使领馆予以认证，或者履行中华人民共和国与该所在国订立的有关条约中规定的证明手续"。该条规定除专利文献等其他域外，证据要经过所在国公证、我国使馆认证等程序，以作为形式真实性的要件。

笔者认为，由于网络具有跨国性特征，针对在我国境内可以获取的上述在域外形成的证据，不必履行如此烦琐的证明程序。事实上，如本案所示，索尼移动公司提交的证据11和证据12并未经过如上述规定的程序，原专利复审委同样认定了相关证据的形式真实性。此类证据如果在我国内地能够正常登录并获取，当事人可以直接获取并且办理我国内地的证明手续即可，本案证据12即是如此。对于在我国内地不能正常登录的网站，可以选择在能够正常登录网站的地区如我国香港地区办理证明手续，本案证据11即是如此。

（2）内容真实性问题。由于域外网络证据的内容是否容易被篡改，这一点主要涉及域外网络证据形成、获取、留存的主体是否具有较强的公信力，是否与请求人和专利权人等利害关系人具有利益关系，对于域外知名网站，其与请求人和专利权人具有利益关系，从而协助其对证据内容进行篡改的可能性基本可以排除，内容真实性可以得到确认。如本案中，合议组对于证据11的来源网站认可了其公信力，对于证据12的来源网站并未认可其公信力。因此，在涉及此类证据时应当尽量提交从国际知名网站或其他具有较高公信力网站获得的证据。

（3）确定公开时间问题。关于互联网证据公开时间的确定，《审查指南》第四部分第八章第5.1节规定"公众能够浏览互联网信息的最早时间为该互联网信息的公开时间，一般以互联网信息的发布时间为准"。根据本条规定，对于网站显示有发布日期的互联网证据，如显示有发布日期的视频、文章、图片等，可以以其发布日期作为互联网证据的公开时间。其他形式可以确认公众能够浏览该互联网信息的，也可以作为公开时间的证据。如本案中，证据11以网站对证据所在网页抓取存档的日期被认定为公开的时间。此外，服务器上记载的时间、网页上记载的时间、日志文件中记载的时间包括网页的上传时间、网页的发布时间、网页内容修改的时间同样可以作为公开时间。而网页的撰稿时间、网页的上传时间、嵌入Word和PDF文件时间不能作为公开时间。

二、权利要求书能否得到说明书支持的判断

关于权利要求书得到说明书支持，《审查指南》第二部分第二章第 3.2.1 节的解释为"权利要求书中的每一项权利要求所要求保护的技术方案应当是所属技术领域的技术人员能够从说明书充分公开的内容中得到或概括得出的技术方案，并且不得超出说明书公开的范围"，即权利要求书是否能够得到说明书的支持，关键以本领域技术人员能够从说明书公开内容中得到或概括出技术方案为准，不应以说明书的字面描述和权利要求的字面描述是否一致为准。

《审查指南》将"得到说明书支持"分为"得到"和"概括得出"两种情形。笔者认为，通过说明书"概括得出"技术方案是指通过上位概念或并列方式概括或含有功能性限定的技术特征的权利要求，《审查指南》对此"概括得出"的规则较为详细，现有研究也多关注此种情形。而如本案中权利要求删除说明书中存在的技术特征的情形，不涉及对于说明书技术方案的上位概括等情形，因此不适用"概括得出"的规定。对于能否"得到"技术方案，笔者认为是指权利要求书和说明书内容是否存在"技术上的一致性"，即说明书描述与权利要求书中描述是否通过相同的技术特征解决了相同的技术问题，只要两者采用了相同的技术特征并且解决了相同的技术问题，两者即具有"技术上的一致性"，即可以"得到"技术方案。理论上，说明书是对技术方案的充分公开，是专利权人为获取专利权所付出的向社会公开自己技术方案的代价，而权利要求书必须和说明书具有"技术一致性"，才能充分保护公众的信赖利益。因此，是否得到说明书的支持需要根据是否具有"技术上的一致性"进行判断，并非请求人所主张的字面一致性。

如何判断是否具有"技术上的一致性"？说明书由于充分公开的要求，通常会详细描述实施过程中所涉及的技术细节，这些细节在权利要求书中并非全部体现。因此，笔者认为，可以根据两者是否具有解决相同技术问题的相同的必要技术特征来判断是否具有"技术上的一致性"。本案中字面不一致的"随机数据串"等均非解决 MT 与 AP 相互通信问题的必要技术特征，两者必要技术特征相同，因此能够得到支持。

三、权利要求和说明书修改是否超范围的判断

关于"原说明书和权利要求书记载的范围"的含义，《审查指南》第二部分第八章第 5.2.1.1 节规定"原说明书和权利要求书记载的范围包括原说明书和权利要求书文字记载的内容和根据原说明书和权利要求书文字记载的内容以及说明书附图能直接、毫无疑义地确定的内容"。最高人民法院在"精工爱普

生墨盒案"［最高人民法院（2010）知行字第 53 号］中认为，"原记载的范围"是指所属领域普通技术人员通过综合原说明书及其附图和权利要求书可以直接、明确推导出的内容。只要所推导出的内容对于所属领域普通技术人员是显而易见的，就可认定该内容属于原说明书和权利要求书记载的范围。上述观点区别在于《审查指南》强调了"直接、毫无疑义地"，比最高人民法院的"显而易见的推导"要严格，但均强调"原记载的范围"应以原申请文件为依据。

在本案中，合议组遵循了"直接、毫无疑义地确定的内容"原则，以说明书记载的整体内容理解技术方案，较为客观全面评价了该专利实际公开的内容，修改没有超范围。

四、创造性判断

1. 创造性判断的整体考量

本案的重大案例决定要旨点明了创造性判断中关键点"在创造性的判断中，对于涉案专利和现有技术的理解，都应当对技术方案进行整体考量。也就是说，在创造性判断的具体步骤中，不应将整体的技术方案进行割裂，孤立地分析其所包含的技术特征，而忽略了技术方案的整体性，进而影响到对技术特征在整个技术方案中所起作用的判断"。

本案中索尼移动公司对创造性的判断较为典型地体现了割裂式比对方式。以证据 1 为例，证据 1 涉及无线通信网络搭建与运营管理的技术，其解决的技术问题是减轻运营商大量建设无线接入点的成本负担，又能满足用户个性化需求，公开的技术方案是"包含公共接入点和个人接入点的通信系统及该通信系统的建设方法"，其技术效果是减少了运营商的投资成本、用户可以在宽服务区内使用该通信系统。证据 1 并不涉及 MT 接入无线局域网安全问题，与本案专利相比，技术领域、所要解决的技术问题、技术方案及技术效果均不相同，证据 1 属于一般性的现有技术（A 类文件）。而索尼移动公司从证据 1 的不同段落，跳跃式地引用了部分技术特征，这种比对方式不仅容易歪曲证据 1 公开的技术内容，还涉及"事后诸葛亮"式的拼凑。

2. 创造性判断的技术启示

对于对比文件是否存在技术启示的认定，《审查指南》第二部分第四章第3.2.1.1.（3）节规定，"下述情况，通常认为现有技术中存在上述技术启示：(iii) 所述区别特征为另一份对比文件中披露的相关技术手段，该技术手段在该对比文件中所起的作用与该区别特征在要求保护的发明中为解决该重新确定的技术问题所起的作用相同"。因此，权利要求的技术特征被对比文件公开，不仅要求该对比文件中包含相应的技术特征，还要求该相应的技术特征在对比文件中所起的作用和该技术特征在权利要求中所起的作用相同。

本案中，对比文件虽然有"用户终端""接入点""认证服务器"等技术特征，但这些技术特征在对比文件中所起的作用仅为传统作用，并不涉及无线局域网接入安全问题。例如，证据 2 中的"认证服务器"是控制用户接入有线局域网 LAN 上的权限，与本专利中认证服务器认证 MT 和 AP 证书的作用并不相同，因此并不存在技术启示。

3. 不同的时间节点对创造性判断的影响

站在案件审理时的时间节点来看，无线局域网已经成为普遍使用的技术。然而，回到本案专利申请时间来看，2002 年全球互联网还处于发展阶段，当时互联网主要以有线方式通信，无线局域网还没有普遍应用，而对于无线局域网安全的关注及研究少之又少。时间节点的差距，客观上带来了人们对相同技术完全不同的认知和评价，尤其在互联网通信领域，技术更新迭代迅速，进一步加剧了这种认知差距，判断时间越是在后，越是会无形中降低专利的创新贡献。

现有的创造性判断规则中，并没有针对判断时间节点的特别规定，虽然有"事后诸葛亮"的规则，但并不能解决时间节点导致的对发明创造贡献的降低作用，创造性判断时应当以申请日的时间节点评价。

案例四：审视欧洲中小企业在中国的专利策略

——海上溢油回收设备专利无效案
案情整理及评析：杨安进　徐永浩

无效请求人：芬兰劳模集团有限公司
专利权人：天津汉海环保设备有限公司

代理人：杨安进、徐永浩、李艳新，北京市维诗律师事务所专利代理师，代理芬兰劳模集团有限公司

第一部分　基本案情

一、案件背景

芬兰劳模集团有限公司（以下简称"劳模公司"）成立于 1982 年，拥有一项重要发明成果——刷式收油机，并据此开发出简单、有效的相应技术和设备。劳模公司凭借技术优势在海上溢油回收领域占据世界领先地位，已经发展成满足全球 94 个国家约 40% 溢油应急市场的国际品牌公司。

2001 年开始，劳模公司进入中国市场，业务遍布中石油、中石化、中海油、救捞局、海事局、海军及港务局等各大领域，在中国已经建设了良好的售后服务体系。

劳模公司在中国发展过程中遭遇了本土企业的知识产权挑战。在一次国内溢油设备招标中，本案专利权人天津汉海环保设备有限公司（以下简称"汉海公司"）主张其从水中和水面提取分离油品的设备（专利号 ZL200620124736.0）、船侧挂收油机（专利号 ZL200620158176.0）两项中国实用新型专利权，干扰劳模公司投标。

劳模公司认为，汉海公司曾为劳模公司代理商，其上述专利不过是利用中国实用新型专利不进行实质审查的特点，将劳模公司的已有技术申请专利而已，并无任何创新。

为扫清市场干扰，劳模公司遂于 2011 年 5 月委托本所针对汉海公司的上述专利提起无效宣告请求。

二、请求人主张

针对从水中和水面提取分离油品的设备（专利号 ZL200620124736.0）专利，劳模公司认为不具有新颖性、创造性，并提交了 EP0122091A1 等 10 篇对比文件（见图 1、图 2）。

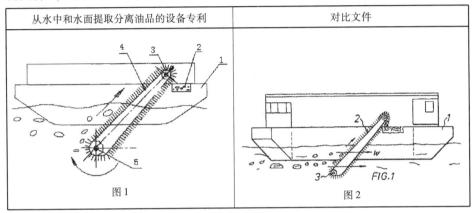

从水中和水面提取分离油品的设备专利	对比文件
图 1	图 2

针对船侧挂收油机（专利号 ZL200620158176.0）专利，劳模公司认为说明书公开不充分、权利要求保护范围不清楚、缺少必要技术特征、不具有创造性，并提交了 EP0207623A2 等 8 篇对比文件（见图 3、图 4）。

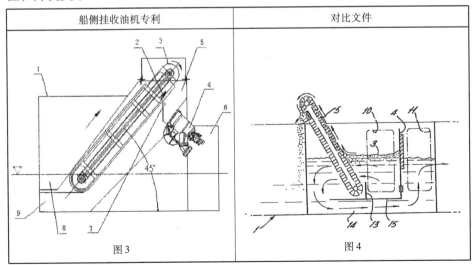

船侧挂收油机专利	对比文件
图 3	图 4

三、专利权人主张

针对从水中和水面提取分离油品的设备（专利号 ZL200620124736.0）专利，汉海公司修改了权利要求，将从属权利要求 2、权利要求 3、权利要求 7 的特征加入权利要求 1 中，并认为基于修改的权利要求 1 具有新颖性和创造性。

针对船侧挂收油机（专利号 ZL200620158176.0）专利，汉海公司未答辩，也未参加无效口审。

四、原专利复审委员会观点及决定结果

针对从水中和水面提取分离油品的设备（ZL200620124736.0）专利：

合议组认为权利要求 1 与证据 1（EP0128729A2 的欧洲专利文献）相比，区别在于：（1）专利权利要求 1 具体限定上传送轮连接动力机构，而证据 1 对此并未明确提及；（2）权利要求 1 具体限定刷毛之间距离为 2～5 毫米，刷座两排之间的间距为 100～200 毫米。

针对区别（1），合议组认为证据 3（US3617555 的美国专利文献）已经给出了将上传送轮与动力机构相连接的技术启示。

针对区别（2），合议组认为证据 1 已经给出了为从水表面以及从较深位置高效集油、改善水流状况而调整鬃毛块之间间隔，并使鬃毛相互接触的技术启示，本领域技术人员根据鬃毛的长度和实际需求等情况对鬃毛块之间的间隔加以选择并优化是本领域的常规技术手段，其技术效果也是可以预知的。

因此，相对于证据 1、证据 3 及公知常识的结合，权利要求 1 的技术方案没有实质性特点，不具备原《专利法》第 22 条第 3 款规定的创造性，从属权利要求 2～4 也不具有创造性，最终宣告 ZL200620124736.0 号实用新型专利权全部无效。

针对船侧挂收油机（ZL200620158176.0）专利：

合议组认为权利要求 1 与证据 6 的区别在于：（1）本专利的收油机为悬挂于普通船侧舷的挂收油机，而证据 6 为内嵌于船体两侧的收油机；（2）权利要求 1 中的箱体外壁靠近船体的一侧装有滑轮，滑轮与固定在船侧的悬挂支架连接，收油机箱体通过滑轮和悬挂支架悬挂于船侧舷；（3）权利要求 1 中的箱体内安装有传动机构；（4）传动机构包括液压马达、传动轴、链轮；（5）权利要求 1 中的油水分离装置为毛刷传送带；（6）毛刷传送带的长度在 2～3 米；（7）毛刷传送带安装在传动机构上；（8）毛刷传送带与水平面成夹角在 40°～60°；（9）毛刷传送带上端的下方设置洁刷器，箱体上部设置集油池；（10）输

油泵安装在集油池内；（11）接油板固定在集油池上并在洁刷器下方；（12）挡油板设置在箱体前端。

证据7公开了上述区别技术特征（5）、区别技术特征（9），尽管未披露区别技术特征（6），但本领域技术人员无须创造性劳动即可根据产品具体设计要求选择毛刷传送带的长度。证据8公开了上述区别技术特征（3）~（5）、区别技术特征（7）~（11）。证据1公开了上述区别技术特征（1）、区别技术特征（12）。证据2结合本领域公知常识公开了上述区别技术特征（2）。

证据6记载了"所述分离装置可以采用之前的FI（芬兰）第832079号专利申请中所述结构，现以引用方式将该专利申请的内容纳入本说明书"，证据7为FI832079号专利申请的欧洲同族专利。证据8为证据7的背景技术文件。

上述区别技术特征分别被证据7~8、证据1~2公开，且上述区别技术特征在上述证据中的作用与在本申请中的作用相同，由此上述证据7~8、证据1~2给出了将上述区别技术特征应用于证据6，以进一步解决其技术问题的启示。最终宣告ZL200620158176.0号实用新型专利权全部无效。

本案中采用相结合证据的数量明显与《审查指南》第四部分第六章第4.（2）节中的关于现有技术数量的规定不尽一致。但是，合议组认为，《审查指南》第四部分第六章第4.2节中对现有技术的数量有如下规定："对于实用新型专利而言，一般情况下可以引用一项或者两项现有技术评价其创造性，对于由现有技术通过'简单的叠加'而成的实用新型专利，可以根据情况引用多项现有技术评价其创造性。"

因此，本案中合议组引用的文献数量并不违反《审查指南》的规定。

无效请求审查决定来源

针对ZL200620124736.0专利，原专利复审委第17905号无效宣告审查决定书：http://re-exam–app. cnipa. gov. cn/reexam_out1110/searchdoc/decidedetail. jsp？jdh＝17905&lx＝wx.

针对ZL200620158176.0专利，原专利复审委第17170号无效宣告审查决定书：http://re-exam–app. cnipa. gov. cn/reexam_out1110/searchdoc/decidedetail. jsp？jdh＝WX17170&lx＝wx.

第二部分　案件评析

评析人： 杨安进、徐永浩

本案体现了欧洲中小企业在中国市场遭遇的市场竞争和知识产权挑战，其中不仅涉及对中国的知识产权环境的熟悉问题，也涉及如何利用中国的知识产权制度更好地在中国经营发展的问题。因此，这里聚焦于欧洲中小企业在中国市场的专利保护。

一、欧洲中小企业应加强对中国的专利布局

第一，中国早已成为全球制造业大国，工业产品无法避免中国市场的竞争。早在 2010 年，中国超越美国成为全球制造业第一大国，当前在世界 500 多种主要工业品中，中国有 220 多种，产品产量位居世界第一。而社会消费品零售总额，2018 年中国也超过美国，成为世界上最大的消费市场。毫无疑问，欧美中小企业将会遭遇中国企业的竞争，不仅在欧美企业进入中国市场时遭遇本土企业的竞争，而且也会在国际市场上遭遇中国企业出口产品的竞争。这种竞争将会是全方位的，不仅包括工业品市场领域，也包括消费品市场领域。欧洲中小企业无论是否进入中国市场，都不可避免地遭遇中国企业竞争，因此中国市场的专利保护与欧美市场的专利保护同等重要。

第二，中国专利制度的不断完善，中国专利巨大库存，导致专利竞争不可避免。中国专利申请量已经远远超过美国、德国、日本，跃居世界第一，仅 2016 年我国专利申请受理量 346.5 万件，截至 2016 年年底，维持有效的发明专利数量为 177.2 万件。伴随着专利申请数量的增多，专利无效案件也在增加，仅 2016 年原专利复审委员会受理专利无效宣告案件 3969 件。同时，中国专利侵权民事纠纷也日趋增多，仅 2016 年全国各级人民法院共新收专利案件 12357 件，同比上一年上升 6.46%。专利侵权赔偿也在增加，2016 年 12 月北京知识产权法院就北京握奇数据系统有限公司诉恒宝股份有限公司专利侵权案作出判赔 5000 万元的一审判决。2016 年 10 月，加拿大知名 NPE 机构 Wi‑LAN 旗下子公司无线未来科技，以专利侵权为由将索尼移动诉至南京市中院，索赔 800 万元。由此可见，中国专利制度不断完善，加大专利侵权赔偿力度，也吸引了 NPE 在中国境内的专利维权，预示着中国专利侵权民事纠纷将会逐渐增多。

第三，相对于中国巨大的市场及专利竞争的日趋激烈，欧洲中小企业在中国的专利布局亟待加强。笔者检索了 2016 年德国、英国、法国、意大利和芬兰 5 个国家的企业在中国申请专利的数量。2016 年德国 2295 家企业提交 13823 件专利申请，法国 1087 家企业提交 4124 件专利申请，英国 970 家企业提交 2274 件专利申请，意大利 780 家企业提交 1519 件专利申请，芬兰 179 家企业提交 635 件专利申请。这 5 个国家的专利申请主要集中在少数国际跨国大企业，例如，德国的博世公司申请 1467 件，西门子公司申请 816 件，宝马公

司申请 322 件，法国的法雷奥公司申请 268 件，米其林公司申请 236 件，英国的 ARM 公司申请 124 件，意大利的意法半导体公司申请 103 件，芬兰的诺基亚公司申请 146 件。相对于国际跨国大公司的专利申请，欧洲中小企业数量众多但专利申请数量极少，德国的 1983 家企业、法国的 985 家企业、英国的 889 家企业、意大利的 732 家企业、芬兰的 161 家企业平均仅提交了 1~5 件专利申请。欧洲 5 个国家专利申请数量，相对于 346.5 万件总申请量而言明显偏少，也体现了欧洲中小企业对中国市场和中国知识产权竞争态势尚需更加重视。

二、欧洲中小企业在中国专利布局策略

（1）在中国申请专利应成为企业专利保护的基本选项。中国不仅是巨大的消费市场，也是制造业大国，在中国申请专利的必要性甚至超过美国等传统市场。一方面，在中国申请专利，可以使欧洲中小企业传统技术优势转化为专利优势，确保欧洲中小企业在中国市场的竞争优势；另一方面，在中国申请专利可以遏制竞争对手生产和出口专利产品，冲击欧洲中小企业在国际市场的竞争优势。目标市场无论是在中国，还是在其他国家，欧洲中小企业应首选在中国申请专利。

（2）最大限度地保护自己的核心产品。欧洲中小企业多具有悠久的历史和厚重的技术沉淀，有独特的技术优势和产品优势。对于核心产品，从产品的核心零部件到最终产品本身，应全面申请专利，形成专利组群，设置进入本产品领域的专利门槛，防止竞争对手毫无成本的获得核心产品的技术。在市场中公开销售的工业产品，通常都具有被反向工程的风险，对于此类公开销售的产品采取专利保护是不二选择。

（3）充分利用中国专利制度的特点。中国专利分为三种：发明、实用新型和外观设计。发明专利全球大同小异，与欧美的专利制度较为接近，核心产品有必要申请发明予以保护。实用新型专利具有授权快、成本低的优势，生命周期较短的产品适合选择实用新型专利保护。外观设计专利具有容易取证、容易进行侵权判断的优势。2016 年松下电器诉珠海金稻电器等外观设计专利侵权案，北京市高级人民法院二审全额支持了松下电器 300 万元的赔偿请求，也能体现外观设计专利的市场价值和形成的竞争优势。

（4）恰当时机提出中国专利申请。申请专利的时机取决于企业的经营策略和产品类型，常采用的策略有提前布局和紧随申请方式。提前布局是指产品还未定型，在研发早期针对核心技术和核心零部件进行专利申请，当推出产品时已经积累众多的专利组群。紧随申请方式是指产品进入市场前夕申请专利，这种方式可以最大限度地保证专利保护期限，避免竞争对手过早地了解企业的

技术发展路线和产品技术特征。无论采用哪一种申请策略，最基本应保证产品进入市场前已经做好充分的专利申请工作。

（5）巴黎公约途径或 PCT 途径申请中国专利。巴黎公约途径进入中国的最晚期限是优先权的 12 个月，相对于 PCT 途径能够更早地获得中国专利。而 PCT 途径进入中国的最晚期限通常为 30 个月，企业可以根据市场情况确定是否申请中国专利，PCT 途径可以主张 PCT – PPH（专利审查高速路）加快审查，缩短专利授权周期。

三、进一步熟悉中国法治环境，充分运用中国专利制度

（1）2018 年中国专利制度的新变化。2018 年中国专利制度从行政机构、司法机构及法律层面发生较大变化。行政机构方面，2018 年 3 月全国两会通过国务院机构改革方案，将原国家知识产权局、商标局、质检总局原产地地理标志管理职责整合，重新组建国家知识产权局，由国家市场监督管理总局管理。司法机构方面，最高人民法院设立知识产权法庭，自 2019 年 1 月 1 日起统一审理专业技术性较强的专利等二审案件。法律层面，2020 年 10 月 17 日全国人大常委会通过《专利法》第四次修正案。中国专利制度的完善，将会进一步加大侵权赔偿力度。

（2）在市场活动中积极运用专利制度。在招投标、广告宣传、企业形象建设等市场活动中，企业可以充分利用所获得的专利技术，为自己建立竞争优势。

（3）积极维护企业的专利权。专利权是排他权，专利在积极维权过程中才能充分展现排他的垄断权利。中国专利保护采用行政和司法双轨制，各地方专利局可以处理专利侵权投诉和查处假冒专利非法行为，行政途径具有程序便捷优势，而司法保护是主要途径。中国专利侵权责任中，停止侵权是基本原则，专利侵权成立将会导致竞争对手不得不改变产品技术或退出原有市场。

（4）积极参与各种形式的专利许可活动。欧洲中小企业具有很好的专利技术和产品，即使没有进入中国市场，仍然可以考虑将中国专利许可给国内企业，获得专利技术的回报，而且能够有效控制潜在竞争对手的经营活动。

延伸阅读：跨国公司的中国知识产权策略：
变化与启示
——从苹果 App Store 著作权纠纷案说起*

杨安进

———

2012 年 10 月 11 日，程序上已经延宕时日的多位作家（以下简称"作家维权联盟"）诉苹果公司 App Store 著作权侵权案在北京市第二中级人民法院（以下简称"北京二中院"）开始实体审理。笔者不是案件代理律师，未了解当事人证据及意见，不便就未决案件发表意见。但是，据媒体报道❶，2012 年 9 月，北京二中院就中国大百科全书出版社有限公司诉苹果公司等 App Store 著作权侵权案作出判决，苹果公司被判构成侵权，并赔偿原告 52 万元。按照正常逻辑推断，苹果公司要从作家维权联盟案件中全身而退，有一定难度。

虽未参与本案代理，但从 App Store 运营模式大致可以窥见基本事实和诉争焦点。案件基本事实应该比较简单，可以概括为"未经许可复制、传播原告他人享有著作权的作品"，但正因为基本事实太过简单，笔者估计苹果公司的主要抗辩不是否认前述基本事实的存在，而是可能从一些程序方面入手，大约不外乎以下几个方面。

（1）提出管辖异议，即利用公司有国籍、互联网无国界的特点，提出在中国的地域异议，甚或司法主权管辖异议。

（2）提出主体异议，让原告在跨国公司错综复杂的股权结构中迷失。

（3）提出免责抗辩，即根据中国《信息网络传播权保护条例》《侵权责任法》中提供的所谓"避风港原则"，将"盗版"问题引向无数细枝末节的技术问题以及冗长复杂的投诉流程问题。

（4）提出法律适用的问题，即按照《涉外民事关系法律适用法》第 50 条

---

* 本文成稿于 2012 年 10 月。
❶ http://culture.people.com.cn/n/2012/0928/c172318 - 19138079.html.

的规定，争议如何理解适用被请求保护地法律，将知识产权问题与国际私法相挂钩，争取在管辖法院为中国法院的情况下获得实体法适用上的利益。

上述分析只是基于个案的分析，但无论个案怎么辩论，最后怎么判，笔者认为，只要苹果公司的计算机、iPad 等硬件在中国继续畅销，则其 App Store 中的图书下载就不会停止，最多只是在运营模式方面作一些小的调整。原因在于，对苹果这样的商业模式（集硬件制造商及运营商于一身），海量内容是其商业模式中的重要环节。而凡是海量内容的，商业上就必须主要依赖机器而不能依赖人工，但著作权问题的关键就是机器虽然可以判断内容，却无法判断权利，权利需要人工甄别。

其实，如果抛开商业上的因素，解决上述矛盾并非没有办法，办法甚至很简单：与权利人逐一签署许可协议，逐一鉴别、清算权利。只是这么一来，获得内容的直接商业成本（许可费）和时间成本等间接成本都会提高，无法在短期内获得市场所需的海量内容。苹果公司作为上市公司，不可能不考虑这些商业上的因素。其实不只是苹果公司，任何需要在短期内获得海量信息的运营商都不会老老实实地做事先权利审查，而几乎都选择把这个问题放在事后救济来处理，原因是选择事先权利审查，在商业上（指在商业模式上，而非技术可操作性上）几乎注定无法成功，而选择事后救济，则尚有回旋余地。总而言之，获得授权非不能也，是不能为也。

选择事后救济是存在风险的，甚至可能是灭顶之灾，涉诉就是其中最典型的风险。以 P2P 模式为例，其鼻祖美国 Napster 公司就是由于无法抵御大规模侵权风险带来的法律责任，从而转型为以在线音乐商店为生。而中国台湾的 P2P 模式音乐共享网站飞行网的负责人则遭到刑事处罚，其在大陆的酷乐网也因侵权诉讼而销声匿迹。

苹果公司不会不知道上述风险。苹果商店上设置了著作权侵权投诉链接，说明其对事后救济还是提供了自己的通道。

以创新著称的苹果公司，自身本是知识产权的受益者，并凭借知识产权在近期与三星的系列诉讼中颇有斩获，理应是运用知识产权制度的高手，但其在中国近年来却仿佛是知识产权明星被告，不仅有若干家中国企业起诉其专利侵权，也有著名的 iPad 商标被"维权"，更有当下如火如荼进行的 App Store 著作权战役。

其实不光是苹果公司，其他跨国公司近年来也越来越多地在中国陷入知识产权被告并输官司的境地。比如，长期以来在中国呼吁正版、想尽办法打击盗版的微软公司，也于 2009 年因中易字库许可合同的问题导致著作权纠纷，被法院判决侵犯中国权利人对字库所享有的著作权。

二

这些现象似乎与跨国公司长期以来在中国形成的知识产权保护神形象不符。那么，是什么原因使得这些跨国公司甘愿冒这些风险，不惜去做"未经许可复制、传播原告他人享有著作权的作品"这样明显有争议的事情，不惜去做被告输官司呢？笔者认为，这里面既有跨国公司根据不同时机、不同市场情况而调整自己具体知识产权策略的原因，也有国人对这些跨国公司知识产权策略的认识上的误区问题，具体分析如下。

（一）从宏观上看

（1）跨国公司在中国的市场收入占其总收入的比重的变化，会直接影响其在中国的知识产权策略。当这个比重很小的时候，跨国公司在中国的知识产权策略就比较粗放，甚至对自己的知识产权保护都不是很重视，如同我们现在很多国内企业重市场轻知识产权一样。在此情况下，它们的重点就是放在占领市场上。而当这个比重逐渐提升到相当重要程度的时候，其知识产权策略就日益精细化起来，从更加充分地保护自身知识产权开始，到更加认真地研究、亲历本地化知识产权制度和环境。

（2）中国市场的竞争激烈程度与跨国公司的知识产权策略中的攻防意识转化存在密切关联。当中国市场的竞争不够激烈的时候（请注意，是指中国的竞争环境，而不是仅指中国企业和外资企业之间的竞争，也包括外资企业之间的竞争），跨国公司更加偏重自我知识产权保护。而当其所在的中国市场竞争日趋激烈的时候，跨国公司的知识产权策略就不仅重视自我保护，而更加重视知识产权与经济收益（挣钱）之间的关系了。这种情况下，大家算的是一个经济账：如果侵权的风险大于市场的收益（包括现实收益和预期收益），这笔生意就是划算的。

（二）从微观上看

（1）中国知识产权制度的立法和司法实践中存在的侵权成本低、维权成本高的客观现实，使得一些公司在算经济账的时候，选择了去冒险尝试侵权的途径。这种情况其实原本不是跨国公司愿意看到的景象。

在加入 WTO 的谈判过程中，以及加入 WTO 后直到现在，中国修改了知识产权系列法律以满足谈判要求，其主要趋势就是加强对权利人的保护力度、加大对侵权行为的打击，其中最典型的莫过于公检法系统将知识产权刑事犯罪的起刑点细化到具体营业额、所得额、光盘数量、点击下载数量等，使得知识产权刑事犯罪的法律适用极具可操作性。这原本符合跨国公司意愿的做法。

但在实践中，受种种因素的影响，民事侵权赔偿中确定赔偿额的"填平原则"（没有惩罚性赔偿）不恰当地加大了原告的举证责任，使得很多原告权利人因难以举证自身损失或被告获利从而在赢了官司之后仅能获得很微薄的赔偿。在上文提到的微软公司关于侵犯中易字库著作权案中，法院虽判决微软构成侵权，但赔偿数额竟然为零。许多案件的权利人退而求其次，仅希望在案件中获得经济上持平（能赔偿其律师费、调查取证费、诉讼费等实际开支即可），但也常因为法院在考虑弥补原告的合理开支时的极其"吝啬"而难以实现。笔者所知，去年某权利人辛辛苦苦在一个省会的中级人民法院提出的知识产权诉讼，最后连各种赔偿在内总共仅获得 200 元的赔偿额！

而除了民事诉讼外，权利人通过其他途径很难获得赔偿。比如，通过行政查处时，行政机关无权确定赔偿额；通过刑事途径，则不仅立案难，公安机关也不负责赔偿之事。

仅需考虑上述因素，就能发现，让数量庞大的单个权利人去维权，如果单个权利人单独去维权，就会费力而无收益；如果一起维权，不仅在组织上有困难，而且在民事诉讼程序上并无此类集体诉讼的制度安排，即使组织起来也需要单个案件地进行处理，其难度可想而知。

对维权行为的打击就是对侵权行为的纵容。从上述分析不难看出，如果从经济账的角度，为获得海量信息而去冒点险，似乎风险也没那么大，谁都能掂量出来。

（2）实践中的一些具体判例造成误导。在互联网应用领域，由于种种原因似乎形成了"刑不上大企业"的现象。也就是说，只要企业有足够的用户、足够的规模和影响力，法院就会忌惮各方面的影响，从而似乎不用担心自己遭受严重处罚，除非自身经营不善。因知识产权侵权风险而倒闭的都是中小企业。这种思维实际上是将无辜的用户绑架在自己的经营风险上，但实践中却不幸反复发生。受此鼓舞，一些人不免就会认为，只要我在被严厉司法制裁之前能迅速发展起来占领市场，拥有足够多的用户和影响力，自然不会因侵权而被置于死地。

除上述因素外，还有一个非常重要的主观因素：在认识跨国公司的知识产权策略方面，国人还需进一步加深认识，努力接近真实情况，摒弃想象的成分。跨国公司的知识产权策略的制定和发展有其自身的内在规律，当其努力宣扬知识产权保护时，无须将其神化，而当有的跨国公司涉及知识产权侵权甚至败诉的时候，也无须将其妖魔化。知识产权问题本不具备道德标签的作用，我们认为好的也许没有那么好，坏的也没有那么坏。比如，当你认为他是知识产权践踏者的时候，他可能觉得只是在某种制度和环境下所选择的正常经营方式而已。因此，如果认识不到位，与跨国公司进行知识产权方面的合作、抗衡时自然难以制定适当的策略。

三

经济的全球化和中国的市场化趋势不可逆转。全球市场逐渐趋于统一，中国的经营者和这些跨国公司将逐渐从以中、外来区分转化为以某个市场领域的竞争者来区分，相同的市场竞争将进一步拉近彼此的距离，加深彼此的了解。中国企业要在中国这样的市场甚至全球市场的竞争中，与来自全球的其他竞争者相比获得优势，还有很长的路要走。

首先，在经营策略上妥善处理市场与知识产权的关系。在这方面，这些跨国公司积累了丰富的经验，能很好地权衡占领市场与运营知识产权在企业经营战略中的关系。中国企业需要从战略角度认识这个问题，将知识产权与自身经营更加密切、有机地结合起来，而不能形成两张皮。

其次，要格外珍视自己来之不易的知识产权成果。在与跨国公司的知识产权纠纷中，很多中国权利人的权利都来自汉字字库、输入法这样本土传统强项领域，理当具有一定优势。但这些领域过窄，且容易被替代，因此，在其他广泛领域，但凡能获得知识产权，则需像金子般珍视，否则在这样的竞争环境中就没有参与的筹码。知识产权往往决定未来的而非眼下的竞争力，眼下对知识产权的不珍惜会损害未来的竞争力。

再次，要充分利用熟悉本地环境的优势，并努力熟悉外部环境。如何利用知识产权参与本地竞争，从某种程度上决定了知识产权的本地效能。无论是通过商务的、法律的方式，利用知识产权进行竞争时，本土企业对于与知识产权相关的市场领域、商业文化、司法文化、政治政策环境等方面相对熟悉，要充分利用这些优势制定适合自己的策略。而对于不熟悉的海外市场，则需充分、尽早熟悉。

最后，要积极参与各种国内外规则的制定。知识产权制度本身就是一套游戏规则，参与越多，就越熟悉该规则，且可能影响该规则。中国知识产权法律修订过程中，跨国公司就通过企业自身、商会协会、使（领）馆等途径积极参与其中。相比之下，国内企业参与国内立法的积极性普遍不高，遑论参与他国立法了。这会导致中国企业不熟悉规则，不能影响规则，只能被动地适应规则。这显然对企业的知识产权经营极为不利。

总而言之，无论是知识产权宏观策略的"道"，还是个案处理中的"术"，中国企业和跨国公司都逐渐成为同一个竞争生态环境中既互相竞争又互相依存的共同体，知识产权让大家进一步看到对方的真实状况，加深彼此的了解，无论是优点还是缺点。从这个角度看，这也就实现了知识产权的价值：一起去分享彼此的智慧，无论觉得是好的还是不好的。

案例五：中国第一起全面
审理的标准必要专利侵权案
——西电捷通诉索尼移动标准必要专利侵权案
案情整理及评析：杨安进　徐永浩

原告：西安西电捷通无线网络通信股份有限公司
被告：索尼移动通信产品（中国）有限公司
一审：北京知识产权法院，（2015）京知民初字第 1194 号
二审：北京市高级人民法院，（2017）京民终 454 号

代理人：杨安进、徐永浩，北京市维诗律师事务所律师/专利代理师，代理西安西电捷通无线网络通信股份有限公司

第一部分　基本案情

一、案件背景

原告西电捷通公司成立于 2000 年 9 月，专注于可信网络空间构建所必须的基础安全技术创新，开发出一系列与无线局域网鉴别与保密基础架构（WAPI）相关的技术并获得众多专利。WAPI 技术与 WiFi 标准安全技术相比，很好地解决了无线局域网链路层的安全问题，使得如用户信息被窃听、截取、传输数据被修改、诱骗接入假冒网络、网络被盗用等安全隐患得到很好的防范。

WAPI 技术从 2003 年起即被纳入 GB 15629.11—2003《信息技术 系统间远程通信和信息交换 局域网和城域网 特定要求 第 11 部分：无线局域网媒体访问控制和物理层规范》及其系列国家标准（以下简称"WAPI 标准"）。

被告索尼移动公司是全球主要智能手机制造商之一，前身是索尼爱立信通信产品（中国）有限公司，从 2009 年 7 月开始生产销售智能手机。

2009 年 3 月开始，原告与被告就 WAPI 标准必要专利许可事宜进行了长达 6 年多的协商，其间被告多次拒绝获得专利许可。原告遂于 2015 年以专利号

为 ZL02139508. X、名称为"一种无线局域网移动设备安全接入及数据保密通信的方法"WAPI 核心专利的专利权人身份提起本案诉讼。

二、原告主张

原告西电捷通公司认为，涉案专利是 WAPI 标准的基础标准必要专利之一，被告通过其生产并销售被控侵权的智能手机产品实施了涉案专利的技术方案，侵权构成主要体现为：

（1）单独实施的直接侵权行为，即被告在被控侵权产品的设计研发、生产制造、出厂检测等过程通过验证手机的 WAPI 功能单独实施涉案专利。

（2）共同实施的直接/间接侵权行为。

① 涉案手机产品作为终端（MT）单独一方，与接入点（AP）、鉴别服务器（AS）共同实施了涉案专利。

② 涉案手机产品的 WAPI 功能模块仅能用于实施涉案专利，是实施涉案专利必不可少的专用工具，为他人实施涉案专利提供了帮助。

原告认为，被告长期、大规模、故意实施侵权行为，主观恶意明显，为此主张被告立即停止实施涉案专利技术，立即停止生产、销售、许诺销售使用原告专利权的智能手机产品，赔偿经济损失 900 多万元。

三、被告主张

被告索尼移动公司一审认为：

（1）被告不构成直接侵权。被控侵权产品中实现 WAPI 功能的部件来自芯片供应商，被告将芯片供应商提供的 WAPI 芯片组装到手机中，无须在生产的任何环节使用涉案专利。

（2）被告不构成共同侵权。首先，被告与 AP 或 AS 的提供方没有意思联络，也没有分工协作，没有共同实施涉案专利。其次，被告向用户提供手机的行为不构成共同侵权，因为不存在直接侵权，且涉案手机具有实质性非侵权用途，并非用于实施涉案专利的专用部件或设备。

（3）原告的专利权已经用尽。原告已经许可芯片厂商提供实现 WAPI 功能的芯片，被告系购买该芯片后合理使用。

（4）涉案专利已经纳入国家强制标准，原告也进行了专利许可的承诺，故被告的行为不构成侵权。

（5）原告提出的停止侵权和高额赔偿数额的请求不应该得到支持。原告主导了强制性标准的制定，并未明确拒绝许可，应当视为同意他人实施该标准中的专利。在经济赔偿足以补偿原告的情况下，停止侵权不符合利益平衡原则。另外，与整个手机的价值相比，涉案专利的市场价值较低。

被告索尼移动公司二审增加主张认为：

（1）索尼移动公司认为标准与专利至少存在三个区别，涉案专利不是标准必要专利，实施 WAPI 国家标准并不等同于实施涉案专利。

（2）索尼移动公司认为侵权行为不满足全面覆盖原则，缺少认定直接侵权的必要构成要件，不需要实施涉案标准必要专利。

（3）索尼移动公司主张其芯片具有合法来源，被控侵权产品具有合法来源，不应承担赔偿责任。

四、法院观点及判决结果

【一审法院观点】

（一）关于被告单独实施的直接侵权

原告有初步证据证明被告会在研发等环节测试 WAPI 功能，从而实施涉案专利。被告对此没有反证予以证明其观点。故被告未经许可，在被控侵权产品的设计研发、生产制造、出厂检测等过程中进行了 WAPI 功能测试，使用了涉案专利方法，侵犯了原告的专利权。

（二）关于被告提供专用设备的帮助侵权

一审法院认为，"一般而言，间接侵权行为应以直接侵权行为的存在为前提。但是，这并不意味着专利权人应该证明有另一主体实际实施了直接侵权行为，而仅需证明被控侵权产品的用户按照产品的预设方式使用产品将全面覆盖专利权的技术特征即可，至于该用户是否要承担侵权责任，与间接侵权行为的成立无关"。

由于涉案手机的硬件和软件结合的 WAPI 功能模块组合，在实施涉案专利之外并无其他实质性用途，是专门用于实施涉案专利的设备。被告明知被控侵权产品中内置有 WAPI 功能模块组合，且该组合系专门用于实施涉案专利的设备，未经原告许可，为生产经营目的将该产品提供给他人实施涉案专利的行为，已经构成帮助侵权行为。

（三）关于被告权利用尽抗辩能否成立

一审法院认为，在我国现行法律框架下（如《专利法》第 69 条等），方法专利的权利用尽仅适用于"依照专利方法直接获得的产品"的情形，即"制造方法专利"，单纯的"使用方法专利"不存在权利用尽的问题。因此，被告基于"AP 设备"和"WAPI 功能的芯片"的权利用尽抗辩不能成立。

（四）标准必要专利、FRAND 许可声明能否成为不侵权抗辩的事由

一审法院认为，专利侵权的构成要件并不会因为涉案专利是否为标准必要

专利而改变。也就是说，即使未经许可实施的是标准必要专利，也同样存在专利侵权的问题。FRAND 许可声明仅系专利权人作出的承诺，系单方民事法律行为，该承诺不代表其已经作出了许可，即仅基于涉案 FRAND 许可声明不能认定双方已达成专利许可合同。

因此，涉案专利纳入国家强制标准且原告已作出 FRAND 许可声明不能作为被告不侵权的抗辩事由。

（五）关于标准必要专利停止侵权责任的救济

一审法院认为，对于标准必要专利而言，专利权人能否获得停止侵害救济，需要考虑双方在专利许可协商过程中的过错。

一审法院基于双方许可协商的邮件认为，被告明显具有拖延谈判的故意，因此，双方迟迟未能进入正式的专利许可谈判程序，过错在专利实施方，即本案被告。在此基础上，原告请求判令被告停止侵权具有事实和法律依据，本院予以支持。

（六）关于赔偿

原告提交的 4 份与案外人签订的专利实施许可合同，分别于 2009 年、2012 年签订于西安和北京，其适用地域和时间范围对本案具有可参照性。4 份合同约定的专利提成费为 1 元/件，虽然该专利提成费指向的是专利包，但该专利包中涉及的专利均与 WAPI 技术相关，且核心为涉案专利。

考虑到涉案专利为无线局域网安全领域的基础发明、获得过相关科技奖项、被纳入国家标准以及被告在双方协商过程中的过错等因素，一审法院支持原告"以许可费的 3 倍确定赔偿数额"的主张。

（七）一审判决结果

一审法院判决，被告立即停止实施涉案专利的侵权行为，并赔偿原告经济损失人民币 8629173 元，诉讼合理支出人民币 474194 元。

【二审法院】

与一审判决不同，二审法院认为被告不构成帮助侵权，理由如下。

二审法院认为"间接侵权"应当符合下列要件：（1）行为人明知涉案产品是实施涉案专利技术方案的专用产品，并提供该专用产品；（2）该专用产品对涉案专利技术方案具有"实质性"作用；（3）该专用产品不具有"实质性非侵权用途"；（4）有证据证明存在直接实施涉案专利的行为，包括"非生产经营目的"个人实施行为或《专利法》第 69 条第（3）~（5）项情形的实施行为。

本案中，由于被告仅提供内置 WAPI 功能模块的移动终端，并未提供 AP 和 AS 两个设备，而移动终端 MT 与无线接入点 AP 及认证服务器 AS 交互使用才可以实施涉案专利。因此，本案中，包括个人用户在内的任何实施人均不能独自完整实施涉案专利。

同时，也不存在单一行为人指导或控制其他行为人的实施行为，或多个行为人共同协调实施涉案专利的情形。在没有直接实施人的前提下，仅认定其中一个部件的提供者构成帮助侵权，不符合上述帮助侵权的构成要件，而且也过分扩大对权利人的保护，不当损害了社会公众的利益。

二审判决结果：尽管有上述不同意见，二审法院仍然维持了一审判决结果。

裁判文书来源

一审：

二审：

第二部分　案件评析

评析人：杨安进、徐永浩

一、关于共同实施的直接侵权行为的构成

索尼公司共同实施的侵权行为可以从两个角度理解，一是有共同意思联络的共同侵权；二是无共同意思联络的共同侵权。

（一）有共同意思联络的共同侵权：以标准作为概括性共同意思联络纽带

《侵权责任法》第 8 条规定：二人以上共同实施侵权行为，造成他人损害的，应当承担连带责任。

本案专利涉及 MT、AP、AS 三个逻辑实体（或者称为"通信实体"）之间的信息交互步骤，制造销售 MT、AP、AS 厂商就是共同实施本案专利技术方案的主体。MT、AP、AS 厂商需要确保三个物理实体之间能够互联互通，即三实体之间存在技术上的必然关联性，因此其厂商们客观上存在意思联络的必要性，而本案中 WAPI 标准就是其进行意思联络的基础。

由于标准的存在，各主体之间进行共同意思联络的方式发生了变化，由传统的通过特定主体之间的书面或口头联络协商以解决技术问题，转为不特定主体之间按照同样的标准以解决技术问题。索尼公司作为移动终端 MT 的提供厂商，是共同侵权主体之一，依据《侵权责任法》第 8 条规定，应当承担侵权责任。

（二）无共同意思联络的共同侵权（客观关联共同侵权行为）

《侵权责任法》第 12 条规定，二人以上分别实施侵权行为造成同一损害，能够确定责任大小的，各自承担相应的责任；难以确定责任大小的，平均承担赔偿责任。

本案中，MT、AP、AS 厂商在本案专利实施中的行为，本质上最符合上述法条规定的特征。即在实际的产品应用中，各厂商生产的产品无法各自单独完成"通过 WAPI 接入网络"，但彼此共同结合后，恰好能实现实施本案专利的效果，彼此缺一不可，虽然独自的行为不能单独形成最后的结果，但在其各自行为的共同作用下，最终导致侵权的结果。这种行为学理上也有称其为客观关联共同侵权行为。

另外，比照最高人民法院《关于审理人身损害赔偿案件适用法律若干问题的解释》第 3 条"二人以上没有共同故意或者共同过失，但其分别实施的数个行为间接结合发生同一损害后果的，应当根据过失大小或者原因力比例各自承担相应的赔偿责任"的规定，本案索尼公司作为移动终端 MT 的提供厂商应当承担侵权责任。

二、关于间接侵权的构成

本案的一审、二审法院对于间接侵权存在分歧，分歧点在于间接侵权是否应当以直接侵权存在为前提。

一审法院认为，"仅需证明被控侵权产品的用户按照产品的预设方式使用产品将全面覆盖专利权的技术特征即可"，可简称为"直接侵权的高度盖然性原则"。而二审法院认为，必须"有证据证明存在直接实施涉案专利的行为（包括侵权和非侵权直接实施行为），在没有直接实施人的前提下，不符合帮助侵权的构成要件"，可简称为"直接侵权的确定性原则"。

对于上述差异，笔者分析如下：

（一）一审、二审法院均认定被控侵权手机 WAPI 功能组合是实施涉案专利的专用工具

本案中，智能手机是多种独立功能的集成体，不再是单一功能的设备。但其中软硬件构成的 WAPI 模块组合，仅能用于实现涉案专利技术方案（以

WAPI 功能选项接入无线局域网），并无其他实质性用途。即使该 WAPI 模块组合中的某个模块也能用来实现其他功能（比如天线），但并不因此影响整个组合而形成的在 WAPI 技术上的专用性。

智能手机固然还有如蓝牙、WiFi 等其他功能，但这些功能的界面、组成模块与 WAPI 模块组合是不同的部分，并不是 WAPI 模块组合实现的蓝牙、WiFi 等其他功能，因此并不能否定手机的 WAPI 专用功能。

此外，一审法院查明被诉手机具有 WAPI 接入专用 UI 界面，该界面是实现人机操作从而接入 WAPI 网络的必须手段，被告专门设计的界面使得利用手机实施涉案专利不仅成为可能，而且是必不可少的。即如果没有这一界面，WAPI 硬件模块及相关软件根本就无法被调用；且该界面除了指导用户接入 WAPI 网络之外，没有任何其他功能。WAPI 接入专用界面的存在，能够进一步证实被诉手机是接入 WAPI 网络的专用工具。

（二）业界普遍认为间接侵权成立

关于专利间接侵权的司法案例不多，因此《专利法》并未直接予以规定，但西电捷通诉索尼案出现后，该问题再次受到业界普遍关注，很多业界学者和专家纷纷发表看法，且大多是从积极地探索规制侵权路径的角度来谈的，简单归纳总结如下。

（1）被告提供专用设备的行为构成帮助侵权。

《最高人民法院关于审理侵犯专利权纠纷案件应用法律若干问题的解释（二）》第 21 条规定，"明知有关产品系专门用于实施专利的材料、设备、零部件、中间物等，未经专利权人许可，为生产经营目的将该产品提供给他人实施了侵犯专利权的行为，权利人主张该提供者的行为属于侵权责任法第九条规定的帮助他人实施侵权行为的，人民法院应予支持"。

可见，在间接侵权判定的语境下，甚至专用于实施专利的零部件、中间物等都被认为符合要求，这些零部件和中间物显然并非达不到权利用尽认定中所要求的"构成了涉案专利的实质特征，其经添加缺少常用步骤或标准部件就可实施该专利"的标准，那么同样地，对于专用于实施专利的"设备"也不需要达到"权利用尽原则"的语境下"实质性体现"的标准。西电捷通诉索尼案中，索尼制造的手机产品中 WAPI 功能组合模块在"权利用尽原则"的语境下，并非"专门用于实施其专利方法的设备"，但在间接侵权判定的语境下，则可谓"专门用于实施涉案专利的设备"。

（2）认定间接侵权时应该以有直接侵权"之虞"为标准。

《试论专利间接侵权的判定原则》的作者此前已经有过类似的判断，其2008 年 4 月 30 日北京市高级人民法院作出的《约克广州空调冷冻设备有限公司与张某某等侵犯专利权纠纷案判决》作简单研究时认为，在判定间接侵权时，不能简单地认定"直接侵权行为"的发生为"实际发生"，而也应该包括直接侵权行为发生"之虞"，否则将加重专利权人的举证责任负担。约克案便是采用了直接侵权行为发生"之虞"的判断标准，并没有要求专利权人证明"直接侵权行为"的"实际发生"。

最终用户可能是用于非生产经营目的的消费者，也可能是生产经营者本身，这个对于专利权人难以证明。但只要有"用于生产经营的可能"即可，而不要求专利权人证明这种可能已经实际发生了。西电捷通案中，实际上，确实有公司搭建 WAPI 网络并为其员工配备 WAPI 功能手机用于办公的可能性。

（3）即便直接实施涉案专利方法的全部为无"生产经营目的"消费者，即无专利侵权"责任能力"，但产品厂商帮助侵权应承担责任。

在西电捷通诉索尼案中，当消费者购买了被告生产的移动终端之后，必然会借助另外两个设备来完整地实施涉案专利所限定的方法。索尼公司销售移动终端行为符合《侵权责任法》第 9 条第 1 款规定的帮助他人实施侵权行为。

有些人主张，因为最终消费者不具备"生产经营目的"，因此不构成对原告专利权的侵犯，即直接侵权不存在。

根据《侵权责任法》第 9 条第 2 款规定了"教唆、帮助无民事行为能力人、限制民事行为能力人实施侵权行为的，应当承担侵权责任"。

上述案件中的消费者的行为与此处无民事行为能力人、限制民事行为能力人类似，即虽然客观上均实施了完整的侵权行为，但其违法性被法律排除了或者说不需要承担侵权责任。如果由于消费者所实施的行为无须承担侵权责任就免除有侵权故意的帮助者的责任，则很可能与立法本意相违背。

（4）间接侵权判定应考虑直接侵权的相关变形。

对于作为间接侵权成立的前提条件的直接侵权的判断，不应拘泥于常规的直接侵权判断方式，对于直接侵权的相关变形，也应在侵权判断中被予以考虑。即此时对于直接侵权的判定，可以以"控制及指导"所表明的"归责"思路，对专利直接侵权进行行为转移式的变形，将一些执行者所执行的专利方法中部分步骤转移成视为被告执行，进而进行被告是否构成专利直接侵权的判断。

此种变形的专利直接侵权的判断，在国外案件中已有体现，我国在司法实践中可审慎地加以考虑。

（5）产品厂商"控制"消费者，消费者的行为应归于产品厂商。

美国目前对于共同侵权的认定标准是"控制或指挥"（control or direction），其要求部分步骤的参与人实施"控制或指挥"整个方法专利的过程，其中每一步均应可归因于控制方，控制方如操纵提线木偶一般。此时，控制方被认为构成直接侵权。

就以上西电捷通诉索尼案而言，依照美国的认定标准，被告的行为也会认定为构成共同侵权。消费者花钱购买移动终端的目的就是使用该移动终端。由于涉案专利为 WAPI 标准必要专利，对于消费者而言，其只能按照涉案专利所限定的方案使用该移动终端，并没有其他选择。同时，被告在生产该移动终端时是能够预料到这一点的。因此，被告实际上控制或指挥了消费者最终的行为。

（6）专利共同加害侵权中一方的行为属于专利间接侵权的一种。

尽管专利间接侵权很多时候以专利间接侵权方通过向其他人提供帮助的方式出现，但应该认识到，作为与专利帮助侵权处于并列关系的专利共同加害侵权，同样属于专利间接侵权的一种。

共同加害行为中的意思联络就是行为人之间就侵权的"共同故意"。专利权的公开导致在专利共同加害侵权中行为人的"故意"当然存在。"共同故意"中的"共同"在专利共同加害侵权中更多地以技术上的特殊表现形式出现。例如，基于技术标准或协议所产生的"共谋"，如西电捷通诉索尼公司侵犯其专利权一案。如果对于专利方案中的一个实施方来说，基于产品价值实现的需要，其在方案实施方面的唯一选择即是和其他实施方共同实施，该实施方和其他实施方之间的意思联络由于该唯一选择客观上得以成立。具体到西电捷通案，MT 厂商和 AP、AS 厂商都只有唯一的选择，就是设备间需互相配合以达到联通的目的。

在采用共同侵权对专利共同加害侵权进行的判断中，应将多个单独的行为联系在一起作为一个整体行为，以该整体行为为对象进行是否"造成侵害"的整体分析，而不应仅针对整体行为中的单个行为进行分析，应分析这些行为构成的整体对象是否满足全面覆盖原则以及是否具备以生产经营为目的这一条件。

专利共同加害侵权中，构成侵权的只能是整体行为，如果部分行为也被确认为直接构成专利侵权，则会破坏全面覆盖原则这一专利侵权判断的基础。实际上，正是因为各个行为所构成的整体组成共同专利侵权，作为该整体一部分的间接行为应当就该整体行为承担相应的侵权责任。采用此种整体分析的方法，即使专利方案的实现最终是由用户以非生产经营为目的实现的，只要在包括用户行为在内的整体行为中包括以生产经营为目的的行为，该整体行为即满足共同侵权中有关造成侵害这一构成要件。

（三）间接侵权和直接侵权的关系

本案二审判决认为，间接侵权以直接侵权行为的存在为前提，在没有直接实施人的前提下，仅认定其中一个部件的提供者构成帮助侵权，不符合帮助侵权的构成要件。

笔者认为，二审判决的上述结论值得商榷，理由如下：

第一，二审判决既然已经认定索尼移动中国公司实施了直接侵权行为，但又以没有直接实施人为由，认为不存在间接侵权，这一点上二审判决自相矛盾。

第二，间接侵权与直接侵权的关系，应以《民法总则》《侵权责任法》《专利法》中关于侵权的构成为法律依据，前述法律中均无关于"间接侵权以直接侵权行为的存在为前提"的直接依据。

第三，关于如何得出"本案中，包括个人用户在内的任何实施人均不能独自完整实施涉案专利"的结论从而推导出直接侵权行为不存在，二审判决语焉不详，只是笼统地作出论断。笔者认为，在间接侵权案件中，对直接实施行为的呈现，不应按照直接侵权中的举证责任标准严格要求权利人，权利人只需证明可以合理推断这种直接实施行为的必然且随时可以存在即可；尤其是涉案专利是设计通信领域的系统专利，其技术和产业领域的特点使得证明直接实施者的身份存在举证上的困难。

另外，二审判决将 MT、AP、AS 三个实体等同于三个法律主体，属于认定错误。涉案专利中的 MT、AP、AS 是三个实体，但二审判决中认定涉案专利是"多主体实施"的方法专利。

二审判决据此认定，在多主体实施的情况下，索尼移动中国公司作为单一主体不会构成直接侵权。事实上，上述三个实体能够同时被一个法律主体同时拥有、控制或使用，索尼公司在测试过程中的直接侵权即是如此。

实际上，即使 MT、AP、AS 分别由三个法律主体进行控制，单一主体的行为也构成侵权，类似于购买了专用部件后，再在市场上购买其他通用产品从而实施侵权行为的情形，如上文所述。

三、此类多物理实体的技术方案中如何理解"全面覆盖原则"的适用

（一）如何理解法律上的全面覆盖原则

全面覆盖原则是 2009 年《最高人民法院关于审理侵犯专利权纠纷案件应用法律若干问题的解释》第 7 条规定的，具体为"人民法院判定被诉侵权技术方案是否落入专利权的保护范围，应当审查权利人主张的权利要求所记载的

全部技术特征"。该条中针对的是"被诉侵权技术方案"与专利权利要求的全面对比，而从未限定是单一主体实施"被诉侵权技术方案"。此外，《专利法》第11条中"任何单位或者个人"，也并未限定为单一主体。

由此可见，"全面覆盖原则"解决是否存在专利侵权事实，对应的是被诉侵权技术方案与专利的对比，与实施被控侵权技术方案的主体多少无关。

而《专利法》第11条以及《侵权责任法》第8～12条，解决的是侵权主体的责任承担问题，而非技术方案对比问题。结合《侵权责任法》中第8～12条关于侵权构成的规定，索尼公司所谓"专利侵权的全面覆盖原则必须是单一主体完整实施全部技术方案"的主张是没有法律依据的。

（二）涉案专利技术方案已经在被实施，法律的适用和解释应当立足于能够保护专利权人的创新成果

本案的客观事实表明，索尼公司的确利用涉案专利使其手机具备了WAPI功能，在专利法意义上，涉案专利的技术方案已经被实施，现在的问题是要不要保护涉案专利这种创新成果，以及如何进行保护的问题。

解决本案"是否侵权"的问题，关键不在于片面机械地理解"全面覆盖原则"如何适用的问题，而是基于现有法律制度资源是否足够保护此类创新成果的问题。

在知识产权发展历史上，通过对计算机软件、商业方法、用户图形界面（GUI）等创新成果的保护发展历程的梳理，以及等同侵权、间接侵权、帮助侵权等理论的发展，可以看出一个总体精神：

所有这一切立法、法律适用和理论的发展，都服务于一个终极目标：所有的智力创新成果都应该得到保护。

社会实践总是领先于法律，当现有法律制度不足以保护创新成果的时候，就需要在具体司法活动中通过法律适用和解释予以弥补，甚至修改立法以适应现实，而不是反过来，让社会实践来适应已经不能跟上时代步伐的法律制度。

换句话说，如果一个制度使得他人的创新成果得以被他人免费使用而毫无规制办法，这种制度本身就是有问题的，需要通过解释和修改以向前发展。

（三）现有的法律制度资源足够解决本案中的专利侵权问题

在本案一审判决中，一审法院除了认定索尼公司动在产品研发、测试、制造中直接实施了涉案专利之外，还认定了由相关硬件、软件构成的WAPI模块是实施涉案专利的专用设备，并且认定此类间接侵权不以直接侵权行为的证据性存在为前提，就为此类多主体、多步骤的方法专利的专利保护既找到了现有侵权理论和法律制度支撑，又进行了务实、灵活的解释，使得现有法律制度焕发生机，得以解决现实生活中的问题。这是基于法律制度的保守性和现实生活

的超前性,通过个案司法活动朝着"向前看"的方向作出了有效努力。

相反,如果拘泥于机械的"全面覆盖"原则,就会导致专利权人不得不从专利撰写技巧上做文章、找出路。这显然是一种削足适履式的"向后看"的思路,本末倒置,不仅无法解决根本问题,还会使得现实问题变得更严重。且不说单纯的撰写技巧会割裂技术创新的完整性,试想一下,本案是三个物理实体之间的通信,所谓的技巧尚不能解决此问题,而如果是物联网五个、十个主体之间的通信,撰写技巧可能就更无法解决所谓"全面覆盖"原则问题。

所以,在现实问题已经明了的情况下,"向前看"不仅可以解决问题,还可以推动理论发展,而"向后看"则几乎是导致知识产权制度自废武功,只能走进死胡同。

四、方法专利的权利用尽问题

(一)权利用尽只限于产品专利而不适用于方法专利

《专利法》第 69 条第 1 款规定,"专利产品或者依照专利方法直接获得的产品,由专利权人或者经其许可的单位、个人售出后,使用、许诺销售、销售、进口该产品的不视为侵犯专利权",即权利用尽规则。由此可见,权利用尽并不适用于方法专利本身的使用,只适用于产品的销售、许诺销售、使用和进口环节。

权利用尽为什么只限于产品专利而不适用于方法专利,原因如下:

(1)权利用尽制度的目的是防止专利权人就一次实施行为而重复获利。产品是有形物,产品本身就是实施该专利的明确证明,对应的专利技术方案的实施都是明确的,无论其流转过程中的占有如何变化,该证明始终存在,除非该产品灭失。在此情况下,产品的价值中已经包含了专利的价值,首次销售产品时已经体现了专利的价值,因此,需要防止产品再次销售时重复收专利费的问题。但是,方法是无形的,方法上不存在重复收取专利费的问题。

(2)权利用尽只是表明这一个特定产品上的权利被用尽,也即不能就这一个产品再重复收取专利费,但并不表示利用这个产品再做其他的事情,如果构成侵权也形成权利用尽。权利用尽只限于产品本身的使用,而不能扩展到利用这个产品当作工具做其他事情。

(二)权利用尽只能由法律规定,不能在个案中创设,更不能随意推定

权利用尽是对专利权的严重限制,涉及对民事主体物权的剥夺,只能由法律规定,非经法定不能剥夺。

结合《专利法》第 11 条与第 69 条来看,立法者完全清楚制造方法(通过该专利方法可直接获得产品)和非制造方法的区别,在该法第 11 条中,将

专利产品和"使用、许诺销售、销售、进口依照该专利方法直接获得的产品"归为一类，将"制造方法以外的其他的专利方法"归为另一类；并在该法第69条中就"权利用尽"原则时对二者进行区别对待，即不将"制造方法以外的其他的专利方法"纳入权利用尽的范畴，这说明在我国立法中，"制造方法以外的其他的专利方法"不适用于权利用尽的原则是明确的，且没有扩大解释的空间。

谁有权授予权利，谁才有权剥夺权利；专利法作为民法、物权法的特别法，其授予权利，则权利的剥夺也只能由专利法规定进行，非经法定或当事人明示放弃权利，不能在个案中剥夺，也不能任意推定。

五、标准必要专利的禁令救济

本案一审、二审法院均支持了禁令救济，主要基于被告存在过错的理由而支持的。笔者认为，SEP 禁令救济还应考虑以下三种情形。

（1）从创新活动的成本和回报的经济角度来看，不应剥夺标准必要专利的禁令救济。

创新意味着短期利润的牺牲，也意味着巨大的风险与不确定性，如果没有对于未来高利润的稳定性期待，一个社会不可能有大量的持续性创新投入。专利制度的精髓，恰恰是通过侵权禁令救济为创新者提供这种未来高利润的稳定性期待。

专利权的实质是一种"禁止权"，而并非"使用权"，拥有一项专利甚至并不意味着权利人自己也可以自由使用专利技术。如果再从"原则上"剥夺SEP 权利人的禁令救济，标准必要专利将在"原则上"成为空壳，权利人在许可谈判中将丧失全部筹码，能依赖的救济方式唯有基于专利"合理估值"的司法定价。

（2）禁止权是专利权的本质，《专利法》第 11 条赋予了专利权人禁止权，非经法律规定，或当事人明示放弃，不得以任何理由予以限制或剥夺。

《专利法》第 11 条说明，专利权是权利人控制专利技术方案（专有控制权）及获取经济利益的权利。如果他人可以对某专利权人的创新成果进行自由地、不加限制地使用，该专利权人就没有理由或动力使用这种专利制度系统来推广其技术创新成果，或者干脆从一开始就没有必要搞技术创新。

产品是有形物，其财产权可以通过占有而实现，权利人可以通过占有即可达到禁止他人侵权的目的，从而排除多人占有，也可以通过转移占有而实现物权。如果被他人占有，可以通过法律救济予以索回。而专利权这类权利，其客体是无形的，无法通过权利人独家占有的形式达到权利的行使，而是可以多人同时使用的，因此需要专利禁止权这一实际上唯一对抗他人使用的法定权利。

目前，上位法均无关于限制权利人行使禁止权的规定。根据《立法法》第 8 条第（8）项可知，关于民事权利的设定、范围只能由法律规定。因此，如果涉及对专利权人权利的剥夺和限制，应当由法律予以规定。

中国现行法律体系中，《民法通则》《民法总则》《物权法》《侵权责任法》等上位法均没有限制专利权人行使法定禁止权。而《专利法》作为特别法，其第 11 条规定了专利禁止权，第 69 条规定了不视为侵权的五种行为；第 70 条规定了善意销售者不承担赔偿责任的规则，除此之外，没有任何一个条款规定限制或剥夺专利权人行使禁止权。

（3）FRAND 承诺与专利禁止权之间存在本质上的重大差异。

标准必要专利的专利权人作出的 FRAND 承诺，主要是标准组织出于产业需要而对专利权人提出的要求，以保障标准实施中不存在专利障碍。因此，专利权人作出的 FRAND 承诺，其作为行业做法，目的在于解决产业上的标准实施障碍问题，而不是解决专利权人和不特定的实施者之间的民事权利问题。

FRAND 承诺只是专利权人对不特定主体作出的同意进行专利许可磋商的单方承诺，并不具有与特定主体订立合同的目的和意义。FRAND 承诺中并不包含具体商业条件，故并不具有合同法上邀约的法律意义，不能仅基于 FRAND 承诺认定双方达成专利许可合同。

同时，FRAND 声明也不是要约邀请，FRAND 声明只是交给标准组织存档，而不是向不特定的实施者发出。实施者与专利权人所达成的具体许可交易，都是由一方与另一方进行联络、双方洽谈专利使用及费用问题后达成的，这些做法才符合正常商业规则，而不是仅凭 FRAND 声明去招揽被许可人。

延伸阅读：寻找最高人民法院专利侵权司法解释（二）中的 BUG*

杨安进

2016 年 3 月底，业内期待已久的《最高人民法院关于审理侵犯专利权纠纷案件应用法律若干问题的解释（二）》终于正式与公众会面。必须肯定，这个司法解释弥补了司法实践乃至立法中的很多问题，专业而务实，同时，最高人民法院（以下简称"最高院"）以系列司法解释的姿态体现了其对专利侵权问题法律渊源的雄心壮志。

但是，任何立法（姑且将最高院司法解释称为广义的立法）都只能滞后于现实，或者在利益的权衡中"按下葫芦浮起瓢"，甚至出现"医好头痛导致脚痛"。从这个角度而言，立法也算是个"遗憾的艺术"。

在此，笔者本着吹毛求疵和无知无畏的态度，试图挑出该司法解释中存在的一些毛病（BUG）。

一、能否真能解决审理周期长的问题

该司法解释第 2 条规定："权利人在专利侵权诉讼中主张的权利要求被专利复审委员会宣告无效的，审理侵犯专利权纠纷案件的人民法院可以裁定驳回权利人基于该无效权利要求的起诉。"

该条明确地赋予了专利复审委无效决定更强的程序性效力。我想最高院是考虑到专利复审委的决定最终被法院推翻的概率并不高（预计为 10% ~ 20%），这样的程序安排确实能节省一点时间。

但是，应该注意，该条的适用范围是比较狭窄的，仅适用于专利被宣告无效的情形，而且应指权利人所主张的权利要求全部被宣告无效（而非部分被宣告无效，或经修改后维持有效）。而在专利复审委审理的专利无效案件中，专利权最终被全部宣告无效的情形也应该是少数（预计约为 20%）。

因此，在整个侵权诉讼案件中，该条款能够影响的案件比例应该是非常低

---

* 本文成稿于 2016 年 4 月。

的，对于目前的大部分案件，该条并不能起到节省审理周期的作用。

另外，该条第 2 款规定，"有证据证明宣告上述权利要求无效的决定被生效的行政判决撤销的，权利人可以另行起诉"。该规定给了权利人后续的救济机会，但也就相应对冲了节省审理周期给权利人带来的好处。也就是说，案子是审理快了，但原来一个案子能解决的问题，现在可能需要有两个案子来解决，案子数量变多了。这种类似"时间换空间"的做法对权利人是另一种性质的讼累，而且进一步延长了侵权持续时间。

因此，该条因适用的案件范围很小，且因后续诉讼对冲了该条的积极效果，实践情况如何还需观察。

二、究竟是约束自由裁量权还是放任自由裁量权

仍然跟该司法解释第 2 条相关，其实在该司法解释发布之前的法律和司法解释中，关于程序上如何认定专利复审委无效决定的程序性效力问题，本无绝对规定，而是由法官在个案中行使自由裁量权定夺。也即就算没有这个司法解释，法官也可以根据无效决定裁定驳回，而不算明显违法的裁判。

那么，最高院为什么要起草该司法解释第 2 条？我想一个重要理由可能是，将此前自由裁量权模糊的地方予以明确，统一自由裁量的尺度。这在作为成文法国家的中国是正当之举，也就是说尽量统一（实际上就是限制）自由裁量权的行使是正当的。

但是，看看该司法解释第 26 条："被告构成对专利权的侵犯，权利人请求判令其停止侵权行为的，人民法院应予支持，但基于国家利益、公共利益的考量，人民法院可以不判令被告停止被诉行为，而判令其支付相应的合理费用。"

该条规定的可是一个天大的事：侵权人要不要承担停止侵权的责任！现实中，很多权利人由于各种考虑，一个重要诉求就是希望对方停止侵权，所以，停止侵权的法律责任对权利人是非常重要的。

但是，该条赋予法官一个天大的自由裁量权："基于国家利益、公共利益的考量"之后，可以判决侵权人不停止侵权，付费即可。

那么，何为"国家利益、公共利益"？该司法解释没有说，估计只能由法官在个案中自由裁量了。

该条本质上是为了"国家利益、公共利益"而对权利人权利的部分限制和剥夺。

现实生活中，我们知道，很多拆迁之类的纠纷，就是打着"公共利益"之类的旗号公然侵犯私权。在中国现实条件下，地方司法权仍然因各种因素而受到各级地方党政权力的干预。当专利权逐渐成为权力眼中的肥肉，很难排除

拆迁类的"公共利益"在专利侵权纠纷中重演。

把这么一个重要的大口子敞开给法官自由裁量，似乎又与该司法解释第 2 条中统一、限制自由裁量权的精神相悖。

同时，该条款也似乎与《专利法》第 11 条，《侵权责任法》第 15 条的规定相冲突，缺乏上位法依据。

实际上，为避免专利权的行使给真正的国家利益、公共利益造成损害，现行法律已经作出了规定，具体可见《专利法》第 14 条、第 49 条，只不过《专利法》中规定的此项自由裁量权是由国家知识产权局行使，而该司法解释自行赋予司法权这样的自由裁量权，在立法渊源上似乎有点问题。

总之，在对自由裁量权的约束上，最高院秉持的价值判断标准相信是统一的，但在操作中如何实现，还有待观察。

三、善意相对人是否都能得到一视同仁的保护

该司法解释第 25 条规定，"为生产经营目的使用、许诺销售或者销售不知道是未经专利权人许可而制造并售出的专利侵权产品，且举证证明该产品合法来源的，对于权利人请求停止上述使用、许诺销售、销售行为的主张，人民法院应予支持，但被诉侵权产品的使用者举证证明其已支付该产品的合理对价的除外"。

以该条结合《专利法》第 70 条，简而言之，不知情且以正常价格购买使用了侵权产品的人，不视为侵权。

这种类似于物权法中的"善意取得"制度，笔者觉得法理上还是有其合理性，尽管似乎与《专利法》第 70 条冲突，但司法解释领先一小步也未尝不可，至少出发点显然是好的。

但是，这条将带来两大问题。

第一，最高院似乎低估了某些商人的道德水平，这条极其容易被奸商钻空子：比如某奸商有个工厂 A，要使用别人的专利，然后他就注册个皮包公司 B，由 B 将侵权产品以正常价格卖给 A。这样权利人只能去围着啃那个没有油水的皮包公司，而真正得利的工厂 A 却堂而皇之地在避风港中放心地侵权。于是，奸商就这样成功了。

第二，再看该司法解释第 21 条规定，"明知有关产品系专门用于实施专利的材料、设备、零部件、中间物等，未经专利权人许可，为生产经营目的将该产品提供给他人实施了侵犯专利权的行为，权利人主张该提供者的行为属于《侵权责任法》第 9 条规定的帮助他人实施侵权行为的，人民法院应予支持"。

请注意，这里的"明知"并非明知侵权而串通，而是明知其所提供的零

部件是专门用于最终认定侵权了的那个产品。

说起来很拗口，举个简单例子：A 公司生产自行车，委托 B 公司为其生产专用于该自行车上的挡泥板，然后 A 公司的自行车被认定侵犯他人专利权，按照该条，B 公司就要与 A 公司承担连带责任了。

其实，这种零部件代工的模式在现实生活中很常见，是社会分工的必然产物。这种加工厂或大或小，赚取微薄的加工费，他们甚至不关心也不知道你的整车是什么样子，只知道按照图纸加工。即使他们有专利知识，也无法从自己加工的部件上得知整车的侵权情况。

所以，从某种角度而言，这种代加工的角色也是一种善意相对人，按照该司法解释第 25 条对善意相对人予以保护的原则，不应该让他们收取加工费后承担整车侵权的连带责任。

其实，该条引用的《侵权责任法》第 9 条规定的帮助侵权，应该还是帮助人和被帮助人就侵权的问题有共同的意思联络，也就是说帮助人明知被帮助人在实施侵权，仍然向其提供帮助，此时应承担连带责任。帮助人和被帮助人之间没有共同的意思联络，但最终还是导致的侵权，此时应该适用《侵权责任法》第 12 条（分别承担责任），而非第 9 条。

四、到底是约束自由裁量权还是放任自由裁量权

该司法解释第 27 条规定，"权利人因被侵权所受到的实际损失难以确定的，人民法院应当依照《专利法》第 65 条第 1 款的规定，要求权利人对侵权人因侵权所获得的利益进行举证；在权利人已经提供侵权人所获利益的初步证据，而与专利侵权行为相关的账簿、资料主要由侵权人掌握的情况下，人民法院可以责令侵权人提供该账簿、资料；侵权人无正当理由拒不提供或者提供虚假的账簿、资料的，人民法院可以根据权利人的主张和提供的证据认定侵权人因侵权所获得的利益"。

应该说，由于立法和司法理念的现实问题，赔偿数额低一直是困扰专利侵权问题的关键，司法解释为此付出的努力绝对应该赞赏。

伴随着赔偿数额低的一个重要原因，就是权利人对关于损失的举证能力不够。这个问题实质上是法院如何在原被告之间分配举证责任以及如何对证据采信的问题。

此前，根据谁主张、谁举证的原则，权利人往往无法举证证明被告销售侵权产品的获利情况，因为合同、财务账簿等都由被告控制，目前的司法制度无法强制要求其提供相关资料。即使通过证据保全等方式取得一部分证据，也往往因保全的证据质量不高或者因保全而激化矛盾，导致实际效果并不好。曾经

有个案件，法院虽然保全了被告的财务资料，但当对这些材料进行审计时，资料却又被被告全部夺回，法院最终竟然只能以罚款了事。

该条也许是借鉴了2013年修改的《商标法》第63条第2款的规定（人民法院为确定赔偿数额，在权利人已经尽力举证，而与侵权行为相关的账簿、资料主要由侵权人掌握的情况下，可以责令侵权人提供与侵权行为相关的账簿、资料；侵权人不提供或者提供虚假的账簿、资料的，人民法院可以参考权利人的主张和提供的证据判定赔偿数额），在举证责任的分担上大大减轻了权利人的举证责任，加大了被告的举证责任。

但这样是否就能解决赔偿低的问题？我看未必，理由如下。

（1）如上文所述，上述规定只是进一步明确了原被告举证责任的分配以及对证据的采信。其实，这个问题本无必要单独规定，完全可以在法官的自由裁量权的范围内确定举证责任，采信证据。也就是说，即使没有这一条，法官仍然是可以这么做的。但现实中很多案件的法官为什么不这么做，而需要一个司法解释来强行规定？恐怕还是司法理念问题。

（2）现实中，许多案件的被告自身也没有真实完整的合同、财务账簿等资料，或者被告就是提供虚假的财务资料，但谁又能拿出真的财务资料来证明这个资料是虚假的呢？这个问题最终还是又回到了举证责任分配和证据采信问题。

（3）就算法院最终"根据权利人的主张和提供的证据"来确定赔偿额，对权利人就一定有利吗？司法解释这一条之所以出来，就是因为权利人拿不出对自己非常有利的证据来证明其损失，而该条最终还是要依据权利人的证据来确定赔偿额，岂不是还回到原来的状态？

（4）其实，提高赔偿额的办法也不少，关键看司法理念上是否大胆去用。比如，权利人如果胜诉，则其全部律师费、调查取证费、诉讼费全额由败诉方承担，这种情形在仲裁中比较常见，在诉讼中却往往被法院打折扣，造成权利人赢了诉讼输了钱的结果。其实，有的权利人维权要求并不高，很多人觉得打官司不赔钱就可以，但法院一方面想尽办法提高赔偿额，另一方面对这些眼前看得见的实际诉讼成本的弥补又诸多顾虑、犹豫不决，情状也确实为难。另外，在裁量权范围内增加惩罚性赔偿，也是很好的办法。这些恐怕都比在举证责任分担和证据采信问题上做文章更有效。

五、对约定赔偿额直接认定就好吗

该司法解释第28条规定，"权利人、侵权人依法约定专利侵权的赔偿数额或者赔偿计算方法，并在专利侵权诉讼中主张依据该约定确定赔偿数额的，人民法院应予支持"。

说实话，这个条款最令笔者困惑。

乍一看，还以为当事人凡在合同中约定的侵权赔偿违约金，法院以后就一律不调整了。显然，如果是这样，就与《合同法》第114条第2款冲突了（约定的违约金低于造成的损失的，当事人可以请求人民法院或者仲裁机构予以增加；约定的违约金过分高于造成的损失的，当事人可以请求人民法院或者仲裁机构予以适当减少）。这个司法解释对《专利法》略有突破尚可理解，但对《合同法》予以突破，似乎就有点过了。

但细一看，该条款其实不是上述那个意思。该条款所称的"权利人、侵权人依法约定"，显然是指签约的主体之前已经产生过专利侵权纠纷，对侵权定性没有争议，且应该是以和解、调解方式结案了，所以才存在"权利人、侵权人"的说法。所以，这一条限定的是针对此前处理过的侵权纠纷中约定的侵权赔偿，如果发生后续侵权诉讼，法院一概认定。

但再仔细想想，似乎还是有点令人迷糊。

（1）从本质上讲，《合同法》第114条第2款解决的是当事人的合意与实际损失情况存在重大差异时，法律赋予当事人根据实际情况调整其合意的权利。也就是说，《合同法》是在当事人的合意与客观事实之间，选择了倾向于"事实正义"的价值取向。

从这个角度看，当事人就专利侵权赔偿达成的合意，仍然属于《合同法》的调整范畴，司法解释将其强行排除在《合同法》的调整范围之外，似乎缺乏依据，实际上没有必要，因为法官的自由裁量权就可以解决这个问题。

（2）权利人与侵权人如果就侵权问题达成了某种和解，其中的内容往往不仅包括侵权赔偿如何计算，还可能会包括许可费、采购等方面的内容，一并作为和解的商业条件。在此情况下，侵权赔偿数额的确定实际上也是一种合同中的违约责任问题，如何能脱离《合同法》的调整？

（3）如上文所述，"事实正义"其实是符合中国司法理念的，但最高院为什么在本条中放弃了《合同法》中的这个原则呢？笔者猜测，最高院本条暗含的意思似乎是："权利人、侵权人依法约定专利侵权的赔偿数额或者赔偿计算方法"一定是对权利人有利的，但实际上必然如此吗？既然是双方约定，本质就是个商业条件，谁吃亏谁占便宜都不好说，也许约定之后，权利人觉得约定的赔偿对自己不利呢。所以，这种"一刀切"的做法不一定能起到保护权利人的作用。

六、标准必要专利的"明示"如何操作？

该司法解释第 24 条规定，"推荐性国家、行业或者地方标准明示所涉必要专利的信息，被诉侵权人以实施该标准无需专利权人许可为由抗辩不侵犯该专利权的，人民法院一般不予支持。推荐性国家、行业或者地方标准明示所涉必要专利的信息，专利权人、被诉侵权人协商该专利的实施许可条件时，专利权人故意违反其在标准制定中承诺的公平、合理、无歧视的许可义务，导致无法达成专利实施许可合同，且被诉侵权人在协商中无明显过错的，对于权利人请求停止标准实施行为的主张，人民法院一般不予支持"。

该条涉及标准必要专利的标准实施人，在未与专利权人达成许可协议的情况下，是否需要承担侵权责任。这是当前实务中比较前沿而重大的一个问题，尤其是标准实施人是否要承担停止侵权的法律责任，因其责任性质较为重大，更是广受产业界和法学界关注。

该条的关键是"标准明示所涉必要专利"实践中如何操作？对此类案件有什么影响？

要说明这个问题，又首先要明白，标准必要专利的权利人为什么要作出声明，声明内容是什么，向谁声明？

回答这个问题，可以简而言之：标准组织制定的标准一旦实施，就会涉及较大的产业面，涉及很多不特定的人，所以标准技术方案中如果包含专利技术方案，标准组织很担心专利权人不许可给他人用，这样标准就无法实施了。

这就是为什么要求专利权人作出声明。声明的内容通常就是表明权利人愿意按照 FRAND 原则授予不特定的人许可，声明是向标准组织提出，以便让标准组织放心发布并实施标准。

但标准必要专利的声明本身就是个很复杂的事。

首先，作为标准组织，有时很难强制专利权人作出声明，尤其对于没有参与标准制定的人。

其次，某专利技术方案是否被标准所包含，本身也是个专业性很强的工作。你认为被包含了，可能实际上并未被包含，而你认为没有被包含，实际上可能包含了。也就是说，声明的专利不见得符合法律规定的情况。

这方面目前中国的实践，主要是依据 2013 实施的《国家标准涉及专利的管理规定（暂行）》（以下简称《规定》）第 5 条规定，"在国家标准制修定的任何阶段，参与标准制修定的组织或者个人应当尽早向相关全国专业标准化技术委员会或者归口单位披露其拥有和知悉的必要专利，同时提供有关专利信息及相应证明材料，并对所提供证明材料的真实性负责。参与标准制定的组织或者个人未按要求披露其拥有的专利，违反诚实信用原则的，应当承担相应的法律责任"。

以及该《规定》第6条，"鼓励没有参与国家标准制修订的组织或者个人在标准制修订的任何阶段披露其拥有和知悉的必要专利，同时将有关专利信息及相应证明材料提交给相关全国专业标准化技术委员会或者归口单位，并对所提供证明材料的真实性负责"。

以及该《规定》第8条，"国家标准化管理委员会应当在涉及专利或者可能涉及专利的国家标准批准发布前，对标准草案全文和已知的专利信息进行公示，公示期为30天。任何组织或者个人可以将其知悉的其他专利信息书面通知国家标准化管理委员会"。

从上述内容可见，标准必要专利的声明几乎没有切实的制度性保障，也缺乏相应的法律责任，一个标准中的专利到底能声明出多少，要打个大大的问号。

如果说上面这个问题还可以通过标准组织加强强势管理的方式加以一定程度的克服的话（其实标准组织也很难这么做，因为这个组织本身就是由那些重要的专利权人发起的），那么，另一个更为重要的问题就更难做到了。

那就是司法解释该条所称的"标准明示所涉必要专利"，其实是要求权利人对标准中所涉专利的具体信息（如专利号等）作出详细的明示，而非简单地对FRAND原则作个表态。这一点在业界就很难办了。

上文所说的声明的内容，其实都只是权利人的一种表态，许多标准组织通常并不要求这些声明中必须包含具体的专利信息。这一点不仅在中国，在全世界也基本如此。只不过有的标准组织对基础专利的披露可能要求更为严格。

这意味着该条所要求的"标准明示所涉必要专利"，在现实中很可能是没有的。如果真的出现这种情况，这一条在实践中就处于"空转"的状态了，无处落脚。

要解决这个问题，要么标准化组织对成员采取强硬措施，要求必须在声明中列明（上文已说了，这一点很难办到），另一种做法就是司法实践中对这个条件作出放宽的解释，亦即只要作了表态性的声明就算"明示"了。但如果出现后者这种情况，该条的含义就完全变了。

除了上述这个问题之外，该司法解释的本条还有一个问题：依据《标准化法》，标准分为国家标准、地方标准、行业标准、企业标准，其中前三者又可分为推荐性标准和强制性标准。

而该条的适用范围是推荐性国家、行业或者地方标准，但《国家标准涉及专利的管理规定（暂行）》只涉及国家标准，未涉及行业、地方标准的必要专利声明、披露问题。所以，就目前而言，该条对行业、地方标准的适用情况，基本还是个未知数。

七、专利侵权争议最终会不会演变成有钱人通吃的游戏

该司法解释第 29 条规定，"宣告专利权无效的决定作出后，当事人根据该决定依法申请再审，请求撤销专利权无效宣告前人民法院作出但未执行的专利侵权的判决、调解书的，人民法院可以裁定中止再审审查，并中止原判决、调解书的执行。专利权人向人民法院提供充分、有效的担保，请求继续执行前款所称判决、调解书的，人民法院应当继续执行；侵权人向人民法院提供充分、有效的反担保，请求中止执行的，人民法院应当准许。人民法院生效裁判未撤销宣告专利权无效的决定的，专利权人应当赔偿因继续执行给对方造成的损失；宣告专利权无效的决定被人民法院生效裁判撤销，专利权仍有效的，人民法院可以依据前款所称判决、调解书直接执行上述反担保财产"。

这一条读起来比较拗口，举个简单例子说明：A 起诉 B 侵犯专利权，法院判决侵权成立，并判 B 赔偿 A 1000 万元。这 1000 万元还没有被执行的时候，B 提出请求宣告 A 的专利无效，专利复审委也作出否决，宣告 A 的专利无效。那么，这 1000 万元是否继续执行？本条确立的规则是：如果 A 能砸 1000 万元放到法院，就可以把 B 的 1000 万元执行回来，但如果最终 A 的专利真的被无效了，就要赔偿 B 的损失；而 B 如果也向法院砸 1000 万元，那么就可以暂时不向 A 支付那 1000 万元。

读了这个例子，仿佛看到两个土豪在那里比赛砸钱，给人感觉就是：专利侵权官司打来打去，最后还是要比谁有钱。

应该说，执行异议的担保制度在法理上并没有错，也有其合理性。但是，放在专利侵权的执行上，还是感觉有点怪异。

要知道，中国知识产权系列法律的修改，包括该司法解释第 2 条、第 27 ~ 28 条，无论是从提高赔偿额的角度，还是从缩短审理周期、赋予侵权人更重的举证责任的角度，都是贯穿着更好地维护权利人的利益这样一个价值取向，这很符合中国权利人普遍较穷、维权力量不足的普遍现实，方向无疑是正确的。

但是，在该条中，我们看到在执行环节，最高院采取的却是一种中立的态度。

其实，中立本身也没有错，立法可以有倾向性，法院就是应该中立。但这种中立的做法以采取让当事人比富的形式进行（法院的账户上倒是临时多了 2000 万元），实践中操作起来可能会带来一些问题。

执行环节是侵权诉讼中最后也最关键的环节，是诉讼效果的最终体现，避免胜诉判决仅沦为一张纸，这对权利人至关重要。

有人可能会说，法院判赔一般也不高，权利人凑点钱暂时放到法院也不算太困难。

但是，许多权利人，尤其是中小企业、个人，可能真的拿不出判赔金额那样的闲钱放到法院。

更重要的是，我们要看到，权利人为执行判决所要提供的担保，应该不仅包括赔偿额，还应该包括强制执行停止侵权（比如停产、销毁侵权物等）而要提供的担保，而后者的金额通常会远远高于判赔额。也就是说，权利人可能要拿出数倍于判赔额的钱放到法院，才能真正起到执行担保的作用，这也许就不是一笔小钱了。

也有人会说，谁叫你的专利被专利复审委宣告无效了呢，总不能完全让被告承担风险呀！

这个说法没错，上述例子中，最终 A 和 B 都有可能属于被冤枉的那一个，冤枉了谁都不好。

但是，我们应该进一步看到，在现行的诉讼制度的正常程序下，尤其是知识产权法官们都一致认同要缩短周期，加快权利人权利的兑现，所以侵权诉讼的二审与无效判决的一审基本上可以实现同步出结果。什么情况下会出现本条所说的侵权诉讼都要强制执行了，而无效程序刚在专利复审委作出决定呢？通常有两种可能：一是被告没有及时提出无效请求，二是被告刻意拖延侵权生效判决的履行。

应该说，这两种情况，无论是被告有意还是无意为之，都与权利人的过错没有关系。在此情况下，让本就普遍处境艰难的权利人承担如此高的担保责任，实际上对权利人是很不公平的。

这种情况应该采用执行回转的方式予以救济。尽管执行回转是有风险的，但这种风险应该由被告承担，以促使其尽快提出专利无效请求。

当然，权利人是有穷有富，被告也是有穷有富，本条的情况如果发生在一个富有的权利人或富有的侵权人身上，倒也没什么。但如果发生在一个富有的侵权人和贫困的权利人身上，其不良的社会效果就更明显了。最终的结果，要么是侵权行为在生效判决作出后继续进行（尤其是如果无效程序的判决是要求专利复审委重新作出决定，其过程就更加漫长了），要么就是富有的侵权人通过诉讼和其他辅助手段迫使权利人就范，难免出现富者通吃的寡头局面。

商　标

案例六：网络搜索关键词是否构成商标侵权

——谷歌搜索引擎"绿岛风"关键词商标侵权案

案情整理及评析：杨安进　沙仁高娃

原告（二审上诉人、再审被申请人）：台山港益电器有限公司

被告（二审上诉人、再审申请人）：广州第三电器厂

被告（二审被上诉人、再审被申请人）：北京谷翔信息技术有限公司

一审：广东省广州市白云区人民法院，（2008）云法民三初字第 3 号

二审：广东省广州市中级人民法院，（2008）穗中法民三初终第 119 号

再审：广东省高级人民法院，（2010）粤高法民三申字第 3 号

代理人：杨安进、李艳新，北京市维诗律师事务所律师，一审、二审、再审均代理北京谷翔信息技术有限公司

第一部分　基本案情

一、案件背景

原告台山港益电器有限公司是广东省一家生产台扇、壁扇、工业排气扇等系列产品的中外合作经营企业。从 1998 年起，原告经奥达公司许可，获得第1211271 号商标"**Nedfon**"的独家使用许可，生产排风扇、电风扇、空调、风幕机等产品，该商标由英文字母"Nedfon"和汉字"绿岛风"共同构成。

被告广州第三电器厂是直属于广州机电集团（控股）有限公司的股份合作制企业，被告广州第三电器厂生产销售的是与原告同样类型的风幕机等产品。

被告北京谷翔信息技术有限公司（以下简称"谷翔公司"）是 www. google. cn 网站的经营方，任何企业均可通过该网站进行介绍和推广。

2007 年 8 月，原告发现，在被告谷翔公司开办的网站 www. google. cn 的 Google 搜索引擎输入"绿岛风"关键字后，在网页右上角的"赞助商链接"中，出现"绿岛风—第三电器厂（本案另一被告）"。原告据此提起本案侵权诉讼。

二、原告主张

原告主张，两被告在 www. google. cn 网站将第 1211271 号商标"**Nedfon**"的中文部分"绿岛风"设置为关键词的行为，侵犯了原告对第 1211271 号商标"**Nedfon**"的商标专用权，这一侵权行为造成原告的巨大经济损失，并为此支付了相当数目的必要维权费用。

据此，原告诉至法院，请求判令：（1）停止侵权；（2）两被告共同赔偿原告经济损失 50 万元；（3）合理维权费用 19539 元。

三、被告广州第三电器厂及谷翔公司主张

被告广州第三电器厂主张，其并未实施侵权行为，不应承担侵权赔偿责任。首先，被告广州第三电器厂是直属于广州机电集团（控股）有限公司的股份合作制企业，且有自己经营的并享有一定知名度的商标"美豪牌"（meihao），无侵犯原告"绿岛风"的必要性。其次，被告广州第三电器厂实际上并未与被告谷翔公司签订过使用该网络的协议，且两者之间也并无任何经济业务联系。基于以上两点，被告主张原告主张无事实依据不成立，应予以驳回。

被告谷翔公司主张，其未实施侵权行为，不应承担侵权赔偿责任。首先，原告所主张的商标专用权不能当然地延伸到关键词，被告的行为不涉及商标侵权。其次，被告谷翔公司已经尽到网络服务商的明确要求、公示和告知的义务。最后，原告所称的侵权行为早在 2007 年 8 月底即已停止，且被告谷翔公司并未有过散布有损原告声誉的言论及行为，故原告的诉请赔偿金额没有事实依据。

四、法院观点及判决结果

本案历经广州市白云区人民法院一审、广州市中级人民法院二审及广东省高级人民法院再审。

本案一审、二审法院在核心问题的认定上存在差异，分别介绍如下。

（一）被告广州第三电器厂是否实施了涉案行为

【一审法院认定】被告广州第三电器厂通过被告谷翔公司的经销商时代赢

客公司订购在 www.google.cn 网站的"Google AdWords"服务，通过双方签订的购买订单可以反映，时代赢客公司是根据被告第三电器厂所提供的信息提供相应服务的。并且通过"Google AdWords"服务相关管理流程也可以看出，关键词的选定权利在于被告广州第三电器厂。时代赢客公司作为代理商，没有对关键词进行擅自选择、变更的企图和必要，关键词的选择，受益人只能是被告广州第三电器厂，故认定被告广州第三电器厂是被控侵权行为的实施者。

【二审法院认定】二审法院认可一审法院关于侵权行为实施者的认定。

二审法院同时补充阐述：首先，虽然事实显示，关键词"绿岛风"的选择是通过时代赢客公司的服务邮箱 sally1219@gmail.com 发出，但是被告广州第三电器厂与时代赢客公司签订的合同中明确约定"时代赢客公司在收到第三电器厂在本订单项下的费用后，有义务以第三电器厂的名义向 Google 提交第三电器厂于本订单项下的相应网络服务产品购买申请"，故时代赢客公司在申请购买 Google Adwords 服务时，是以广州第三电器厂的名义，应视为广州第三电器厂的行为。

其次，无论是被告谷翔公司，还是时代赢客公司，都是网络服务经营者，对于被告广州第三电器厂的业务范围的了解十分有限，因此被告辩称的时代赢客公司与北京谷翔信息技术有限公司为了提高点击率而擅自设定关键词与常理不符，不予采信。

【再审法院认定】再审法院对一审、二审法院的观点均予以认可。

（二）网络搜索关键词是否构成商标专用权侵权

【一审法院认定】被控侵权行为构成商标侵权。《商标法实施条例》规定，商标使用包括在商品、商品包装或者容器及商品交易文书上，或者将商标用于广告宣传、展览及其他商业活动中。本案被控侵权行为属于商标用于广告宣传的行为。

关键词"绿岛风"是第 1211271 号商标"**Nedfon**"的中文部分，本身不属于叙述词，而属于臆造词，且被告广州第三电器厂作为生产与原告同类产品的企业，使用该关键词显然出于"搭便车"的目的。当互联网使用者通过互联网的 Google 搜索引擎输入商标"绿岛风"搜索到被告广州第三电器厂的链接时，将会产生混淆和误认，被控侵权行为属于商标法意义上的商标侵权。

【二审法院认定】二审法院认可一审法院的认定，也无增加的观点内容。

【再审法院认定】被控侵权行为是否构成商标侵权非再审申请内容，故再审未就此部分予以说明。

（三）关键词搜索推广是否适用《广告法》

【一审法院认定】本案中，被告谷翔公司作为 www.google.cn 网站的经营者，其经营范围包括通过 www. google. cn 网站发布互联网广告，实质上是提供连线服务的网络服务提供者。而其中的"Google AdWords"服务正是向企业或者商家提供关键词广告。这些特征符合《广告法》关于广告的定义，属于广告。

但是，一审法院未按照 1994 年《广告法》规定的"广告发布者"的义务去衡量被告谷翔公司的责任。

【二审法院认定】 二审法院认可一审法院关于"关键词搜索推广"的性质，认定其属于《广告法》规定的"广告行为"。但是对于"是否构成共同侵权的认定"是不同于一审的，二审认定两被告构成共同侵权。

"关键词搜索推广"属性定性为广告，并受《广告法》调整，故被告谷翔公司应承担《广告法》关于"广告发布者审查义务"，[1] 因其未尽到审查义务，故认定其承担侵权连带责任。

【再审法院认定】《广告法》的适用问题非再审申请内容，故再审未就此部分予以说明。

（四）谷翔公司是否构成共同侵权

【一审法院认定】 首先，被告谷翔公司不具备编辑控制能力，对该网络信息的合法性没有监控义务，且在诉讼过程中已经停止了所指控行为。其次，两被告不存在共同侵权的情况。因此，原告要求被告谷翔公司共同承担赔偿责任的诉讼请求，缺乏理据，不予支持。

【二审法院认定】 二审法院推翻了一审法院关于谷翔公司不承担侵权责任的认定。二审法院认为，被控侵权行为的性质是广告行为，故被告谷翔公司虽不是被控侵权行为的直接实施者，但是作为广告经营者其没有履行审查义务，应承担责任，且认定被告谷翔公司构成共同侵权的帮助侵权，承担连带责任。

【再审法院认定】 被告谷翔公司是否应承担赔偿责任非再审申请内容，故再审未就此部分予以说明。

裁判文书来源

> 一审：无
>
> 二审：https://www. iphouse. cn/cases/detail/4zx04dqy8w59klwwr32log27vn1pr3me. html?
> keyword =% EF% BC% 882008% EF% BC% 89% E7% A9% 97% E4% B8% AD% E6% B3% 95%
> E6% B0% 91% E4% B8% 89% E7% BB% 88% E5% AD% 97% E7% AC% AC119% E5% 8F% B7.

---

[1] 1994 年《广告法》第 27 条规定："广告经营者、广告发布者依据法律、行政法规查验有关证明文件，核实广告内容。对内容不实或者证明文件不全的广告，广告经营者不得提供设计、制作、代理服务，广告发布者不得发布。"

第二部分　案件评析

评析人：杨安进、沙仁高娃

一、网络搜索广告关键词的属性

（一）关键词的商业属性

关键词的商业属性一方面取决于互联网搜索服务的巨大商业价值，这一点已经被众多的搜索服务巨头和该行业的研究者阐述得很清楚，此不赘述。

另一方面，关键词的商业属性取决于特定的关键词本身所蕴含的商业价值。理论上讲，任何关键词都有商业价值，只是大小问题。关键词的纠纷主要集中在一些商业价值大的关键词。从现实来看，商业价值大的关键词主要包括知名品牌（如"海尔"）、特定知名词汇（如"9·11事件"）和通用词汇（如"计算机"）。由于目前的关键词还是限于文字、数字、符号的表达形式（以后也许会扩展到其他形式），尤其是文字，因此，词汇就成为最主要的争议关键词。

词汇的商业价值在于其所代表和凝聚的社会生活信息，是这种信息的符号，这种符号被人们在日常生活中使用和关注得最多，从而形成价值。这种价值与人们的生活习惯和方式密切相关，也与不同地域、文字、文化背景、民族、年龄等因素密切相关。

基于此，人们对商业价值高的关键词就更热衷。

（二）关键词的技术属性

美国硅谷的 Realnames 公司发明了"关键词搜索"（Key word）。[1] 它的方法是在微软的 IE 浏览器上捆绑关键词搜索功能。用户在 IE 浏览器的地址栏中输入关键词后，IE 浏览器会将该关键词发到微软的服务器，由其再转发到 Realnames 公司的服务器上对该关键词进行解析，然后将该关键词所对应的域名返回给用户的计算机。

而后，关键词搜索通过发展，实现检索的方式不再仅仅是通过链接域名来实现，而是指搜索服务商抓取了互联网中数量巨大的网页，并对网页中的每一个文字（潜在的关键词）进行检索，从而建立网页索引数据库。当互联网用

---

[1] 谭筱清. 关键词搜索引起侵权的认定及处理——山七公司诉蒋某等合同违约、不正当竞争纠纷 [J]. 网络法律评论，2005（1）：295–305.

户使用某个关键词进行搜索时，所有在页面内容中包含该关键词的网页都将作为搜索结果被搜索出来。在经过复杂的算法进行排序后，这些结果将按照与搜索关键词的关联度高低顺序排列。

综上所述，从技术上讲，关键词就是互联网用户输入搜索引擎程序的一个符号，这些符号有待于搜索引擎程序在其数据库中进行运算处理，并最终显示出与该符号存在关联度不同程度的网页。

由此可见，关键词的技术特性与搜索软件技术相关，服务商的控制空间非常大。

（三）关键词的法律属性

通过以上分析可知，在互联网搜索中，关键词具有必不可少的信息引导功能，这是其核心和本质价值。关键词的法律属性应围绕这一功能展开。

在很多情况下，关键词是一些传统标识在互联网上的新应用，其本质在于试图将传统标识的标识效果延伸到互联网空间，使得企业在互联网上的活动能获得同样的标识效果，从而实现其目的和利益。但识别性并不是关键词的必备特性，从信息引导功能来看，甚至可以说，关键词的特性和价值就在于其不具备识别性。真正的识别性是体现在搜索结果上，也就是信息的具体来源上。

很显然，关键词毫不具备赋权的特性，更不足以成为一种独立的权利。关注关键词的法律属性，不能把注意力集中于关键词本身，那是毫无意义的，而要集中于搜索结果，具体来说就是集中于服务商对关键词的控制上。

二、关键词搜索中的权利纠纷类型

根据上文分析，关键词的商业价值在于其所代表的信息符号属性，因此，关键词的冲突主要集中于以下三种：标识性权利、通用名称、特定词汇。

关键词搜索中的此类纠纷，都产生于服务商对关键词的某种控制或干预，但因此产生的问题又无法单独依赖服务商来解决。

（一）标识性权利

在此类关键词中，最常见的有商标、字号、网站名称、产品或项目名称。而分析导致此类纠纷的原因，又要考虑以下因素：权利的地域性和互联网的无国界性，商标的注册分类特性，商号的行政地域特性，网站名称的随意性，产品或项目名称的随意性。

同时，在处理此类纠纷时，又需要考虑一些利益的平衡：权利人的权利边界，社会其他公众使用互联网服务的权利，互联网行业本身的发展等。

在考虑上述因素的情况下，如果一个企业对另一个企业所购买、持有的关键词产生异议，那么首先应该审查的是异议人对该关键词是否享有某种权利，而不是首先审查关键词的购买、持有者是否享有某种权利。如果异议人对该关键词不享有任何权利，则其异议一般就不能成立。如果异议人享有上述的某种权利，再审查购买、持有者是否享有某种权利，如果他也享有某种权利，则往往能作为很好的抗辩理由，使得异议也难以成立；如果此时关键词的购买、持有者不享有任何权利，则此时应审查异议人所享有的权利边界，如果该边界能涵盖到关键词搜索，则其异议应能成立，否则就不应成立。

考虑权利的边界时，应考虑该权利的性质、关键词搜索的结果、双方的地域和具体业务情况等因素。尤其是商标和商号的权利边界，是否能涵盖关键词搜索，应该根据案件的具体情况确定，无法统一进行认定。

对于特意在网页中预埋他人在先的标识性权利作为关键词，引诱搜索引擎错误地抓取和排序的，由于这种情况超出了服务商的控制，属于技术措施使用是否适当和合法的问题，与此处讨论的权利冲突问题具有本质不同，另撰文讨论。

这里有两个特例。

一个是驰名商标。根据我国对驰名商标的保护，当驰名商标被作为关键词时，则商标权人的异议常容易成立。

另一个是网站名称。由于我国对网站名称的审查、核准、争议等均缺乏实体上和程序上的具体规定，在此情况下，当事人所获得的网站名称初步注册，往往还存在很多不适当甚至违法之处。因此，在此情况下，对于基于网站名称的权利主张，应当在司法中再进行权利审查，并且从严把握，而不应仅仅根据注册证书而不恰当地扩大网站名称注册者的权利。

（二）通用名称

购买、持有通用名称作为关键词，通常不应被禁止。其主要有两个方面的原因。

其一，关键词的价值就在于其所凝聚的信息符号特点，如果被禁止，就失去了关键词搜索这个行业存在的价值。

其二，有些权利（如商标、商号）中之所以禁止使用通用名称，一个原因是这些权利的价值在于识别性，如果没有识别性，则此类权利就没有存在的价值，而关键词恰好不需要识别性，需要的是信息性；另一个原因是这些权利多少存在一定的独占性特点，而关键词搜索没有任何独占性，服务商并非一家，搜索结果也可以多方并存。

以竞价排名搜索为例，可以将这种搜索理解成广告。如果你是房地产商，你在机场高速路上买了个户外广告，别人就能经常看到你，如果你不出这个钱，你就不能出现。网络就是这条信息高速路，路两边密密麻麻挤满了上网用户，服务商就是广告牌的拥有者。服务商谁能够拥有最多用户路段，就能拥有最多的广告牌资源。

但这并不是说通用名称的关键词搜索就可以随意使用。搜索存在的核心价值是收集、查找信息，如果搜索结果违背了这个核心准则，不能够使大部分人利用这个关键词获得常规合理的信息，如购买者根本无法提供与关键词相关的信息，或者关键词与所提供的信息极其不相称，搜索服务商就会赢得广告而失去用户，从而在信息高速路两旁失去广告牌资源，最终就会失去广告。这是市场规则对服务商的约束，但严格来说，服务商并没有向公众提供普遍常规合理搜索信息的义务。

另外还涉及公序良俗的问题。比如，不应将一些严肃的通用名称让一些不严肃的网站所有者购买；有一些涉及政治、民族、宗教等敏感的通用名称不应作为关键词；等等。但涉及此类问题时，由谁作为主体予以纠正将是个问题。

（三）特定词汇

这主要是涉及一些特定公共事件的词汇、公民姓名等。目前此类关键词的商业使用可能不多，纠纷也较少。如果出现具体个案，将可能需要比照上述标识性权利词汇和通用词汇的有关原则和标准来判断。

三、《广告法》修改后对搜索服务商义务与责任的影响

1994 年《广告法》和 2015 年《广告法》中关于"广告发布者"的广告审查义务是不同的，具体信息如表 1 所示。

表 1   1994 年《广告法》与 2015 年《广告法》关于"广告发布者"的广告审查义务比较

1994 年《广告法》	2015 年《广告法》
第二十七条 广告经营者、广告发布者依据法律、行政法规查验有关证明文件，核实广告内容。 对内容不实或者证明文件不全的广告，广告经营者不得提供设计、制作、代理服务，广告发布者不得发布	第三十四条 广告经营者、广告发布者应当按照国家有关规定，建立、健全广告业务的承接登记、审核、档案管理制度。 广告经营者、广告发布者依据法律、行政法规查验有关证明文件，核对广告内容。 对内容不符或者证明文件不全的广告，广告经营者不得提供设计、制作、代理服务，广告发布者不得发布

由上述对比可见，2015 年《广告法》中广告发布者对广告承担"核对"义务，而非 1994 年《广告法》中规定的"核实"义务。其区别在于，2015 年《广告法》规定，广告发布者对于广告证明材料只承担形式审查义务，即对广

　　这种新型搜索引擎服务模式是搜索引擎服务提供商在利用自身搜索引擎技术和网络用户的搜索习惯的基础上创设的。网络用户利用搜索引擎服务搜索特定目标信息时，通常会选择以该目标信息中包含的相关词汇作为搜索关键词进行搜索，然后搜索引擎就会利用其搜索技术从浩如烟海的网络信息中将其所能搜索到的包含网络用户使用的搜索关键词或相关词汇的全部网络链接展示给网络用户，这些被搜索到的网络链接的展示顺序通常会以链接的设置内容与网络用户所使用的搜索关键词的关联程度高低密切相关，即与网络用户使用的搜索关键词关联程度高的网络链接一般会排在搜索结果的前列，反之，与网络用户使用的搜索关键词关联程度较低的网络链接自然就会排在后边。所以，网络用户所使用的搜索关键词是其用来进行搜索信息的入口，而且网络用户对搜索关键词的使用仅是为了客观地搜索信息之用，不具有任何商业目的，即使使用了他人的商标进行搜索，也不会构成商标侵权，因此，网络用户所使用的搜索关键词不是本文中所要讨论的网络搜索关键词。

　　基于上述网络用户的搜索习惯和搜索引擎服务的技术特点，搜索引擎服务提供商创设了网络搜索关键词服务。这种服务模式主要表现为：搜索引擎服务提供商提供网络搜索关键词服务，商品/服务或其他信息的推广者可以向其申请开设账户并购买一些关键词，然后在账户中设置包含拟推广的商品/服务或其他信息的网络的链接时使用这些关键词，这些关键词既可以单纯地被设置在账户中，即网络用户不能直观地看到这些关键词，亦可以被嵌入推广者设置的网络链接的推广语句中并随着网络链接的展示而被展示给网络用户，当网络用户通过该搜索引擎服务提供商的搜索引擎搜索推广者购买的关键词时，推广者的网站链接就会排在搜索结果的前列或在该搜索引擎服务提供商为购买关键词的推广者专门辟出的、比较醒目的网络链接展示空间中展示。这样就使推广者的网络链接从成千上万的网络链接中脱颖而出，极大地增加了推广者的网络链接被网络用户注意并点击的机会，进而使推广者的商品/服务或其他信息得以被成功推广。百度公司推出的"竞价排名""火爆地带"关键词网络推广服务即属于此种服务。由此不难看出，推广者购买网络搜索关键词的主要目的是获得商业利益或其他利益，在这种前提下，使用他人商标作为网络搜索关键词难免会引起商标权人的不满，进而引发商标侵权纠纷。所以，本文中讨论的"网络搜索关键词"特指推广者向提供网络搜索关键词服务的搜索引擎服务提供商购买的用于其商品/服务或其他信息的网络推广的关键词。

二、以他人商标作为网络搜索关键词是否属于商标法意义上的商标使用

网络用户通过搜索引擎搜索相关商品/服务的信息时，往往喜欢直接以他们心仪的商品/服务的商标作为关键词进行搜索以提高搜索的效率，基于此，推广者在通过网络搜索关键词服务对其生产经营的商品/服务进行网络推广时总喜欢向提供网络搜索关键词推广服务的搜索引擎服务提供商购买与自己提供的商品/服务所标注的商标相同、近似或相关的词汇作为网络搜索关键词以增加自己的网络链接与网络用户所使用的搜索关键词的匹配度，进而增加自己的网络链接被网络用户发现并点击的机会。推广者以自己的商标作为网络搜索关键词自然不涉及侵权问题，所以，本文没有必要对此种情况进行论述，这里所要讨论的是推广者以他人的商标作为网络搜索关键词进行网络推广是否属于商标的合理使用的问题。

将他人的商标作为网络搜索关键词这种使用方式与以往人们所熟知的商标使用方式有很大不同，这种使用方式不是用来直接标注商品/服务或以其他公开的方式直接用于商品/服务上，而仅是由推广者在搜索引擎服务提供商提供的平台上设置包含其拟推广的商品/服务信息的网络的链接时进行使用，如果推广者未将其嵌入将被展示的网络链接的推广语句中，网络用户是不能直观地看到推广者如何使用这些商标的，所以，以他人商标作为网络搜索关键词是对商标的一种非常特殊的使用方式。目前针对推广者这种使用商标的行为是否属于商标法意义上的商标使用有很大分歧。而对本问题的厘清之于本文的讨论主题具有非常重要的影响。因为如果这种使用商标的行为不属于商标法意义上的商标使用，一般情况下都属于对商标的合理使用，原则上不会引发商标侵权，我们也就没有进一步讨论其是否是商标的合理使用的必要了。

2019年《商标法》第48条规定，"本法所称商标的使用，是指将商标用于商品、商品包装或者容器以及商品交易文书上，或者将商标用于广告宣传、展览以及其他商业活动中，用于识别商品来源的行为"。国家知识产权局于2020年6月15日国知发保字〔2020〕23号文件公布的《商标侵权判断标准》第6条第（1）项规定："商标用于广告宣传、展览以及其他商业活动中的具体表现形式包括但不限于：（一）商标使用在广播、电视、电影、互联网等媒体中，或者使用在公开发行的出版物上，或者使用在广告牌、邮寄广告或者其他广告载体上；（二）商标在展览会、博览会上使用，包括在展览会、博览会上提供的使用商标的印刷品、展台照片、参展证明及其他资料；（三）商标使用在网站、即时通信工具、社交网络平台、应用程序等载体上；（四）商标使

用在二维码等信息载体上；（五）商标使用在店铺招牌、店堂装饰装潢上。"

由上述规定不难看出，是否将商标用于商业活动中作为获得商业利益的手段是判断对商标的使用是否属于商标法意义上的商标使用的一条标准。另外，按照商标法的基本原理，是否以商标标示商品和服务的来源以使相关公众能够对商品和服务的来源进行区分是判断是否对商标进行商标法意义上的使用的另一条标准。对商标的使用只有全部符合上述标准，才能构成商标法意义上的使用。因此，我们在判断推广者使用他人的商标作为网络搜索关键词来推广自己生产经营的商品/服务或其他信息时是否属于商标法意义上的商标使用时，也要依据上述标准。

一般情况下，商品/服务的推广者使用他人的商标作为网络搜索关键词来推广自己的商品或服务时均具有商业目的，而且当网络用户利用该商标搜索商标权人以该商标所标注的产品/服务时，却看到推广者的网络链接排在搜索结果的前列，这很可能会使网络用户认为推广者即是其所寻找的商品/服务的提供者。因此，在这种情况下将他人的商标用作网络搜索关键词的行为属于商标法意义上的商标使用。如果推广者对商标使用不当，就有可能构成商标侵权。

反之，如果推广者使用他人商标作为网络搜索关键词并非为了商业目的之用或并非为了标示商品/服务的来源之用，则其对商标的使用就不属于商标法意义上的商标使用了，原则上不会构成商标侵权。例如，某新闻评论网站对某个品牌的商品/服务的相关情况进行客观报道，该网站为了方便网络用户搜索到其上述报道而使用该品牌作为网络搜索关键词的行为则不属于在商业中对商标的使用行为，不属于商标法意义上的商标使用。

虽然，对商标进行非商标法意义上的使用，原则上不得视为侵权，但是我们必须看到目前对商业性使用的定义有越来越宽泛的趋势。因此，在具体实践中判断推广者使用他人的商标作为网络搜索关键词的行为是否属于对该商标进行商标法意义上的使用时，我们必须对使用行为的性质和目的等使用细节仔细分析，才能确定其是否属于商标法意义上的商标使用。

三、商标合理使用行为的界定

（一）商标合理使用的表现形式

1. 叙述性使用

目前，我国关于商标合理使用最直接和最常见的法律依据是 2019 年《商标法》第 59 条，该条规定："注册商标中含有的本商品的通用名称、图形、型号，或者直接表示商品的质量、主要原料、功能、用途、重量、数量及其他特点，或者含有地名，注册商标专用权人无权禁止他人正当使用。"

该条规定是我国立法机关为了保护社会大众的知情权，更好地平衡商标权人和社会大众的利益而对商标权人的商标专用权进行的合理限制。该条规定明确了商标合理使用的一种表现形式，即叙述性使用。

因为在所有被注册的商标中，除了少数不具有任何含义的臆造词商标，其他商标在成为注册商标之前本身就是具有一定含义的叙述词，而注册商标仅是这些词汇的"第二含义"。虽然这些词汇在被注册为商标后，由商标权人在一定范围内对其享有专用权，但商标权人的这种专用权不能妨碍他人为了表明自己的商品的原料、重量或产地等时对该词汇原有的第一含义进行叙述性使用。例如，金华是我国浙江省的一个地区，这个地方自古以来就以盛产火腿而闻名，后浙江省食品公司将"金华"于火腿商品上申请了商标注册并获得授权，但其无权阻止金华地区的其他火腿生产企业在他们生产的火腿产品上标注"金华特产火腿"等字样或在厂址中标注"金华"来表明火腿的产地。

2. 指示性使用

目前我国还没有针对"指示性使用"这种商标合理使用的另一种形式的明确规定。但在司法实践中，法院考虑到社会大众有了解与产品/服务有关的真实信息的权利，已经认可在非使用他人商标不能真实、明确地指示自己提供的商品的特定用途或服务的内容，进而不能向社会大众准确传递真实商品或服务信息的情况下使用他人商标的行为系商标的合理使用。例如，某品牌二手车经销商在经营中必须使用其所经营的二手车的商标来告知社会大众其经营该品牌的二手车的事实，否则，其无法准确告知相关公众其经营的产品信息。

3. 非商业性使用

正如上文所述，对他人商标进行非商业使用，例如，在新闻报道、新闻评论或客观介绍中使用他人商标，仅是为了陈述与该商标所标注的商品有关的客观事实或对该商标所标注的商品进行客观评论而不得不使用该商标，否则就无法清楚地告知社会大众报道或评论的对象，原则上不会构成商标侵权。因此，这种非商业性使用一般会被视为对商标的合理使用范畴。

（二）判断是否属于"商标合理使用"的标准

目前，我国法律上并无专门关于商标合理使用判断标准的直接明确的规定，不过，根据现有规定及对法院在此类案件中所持的观点的总结，判断对他人商标的使用行为是否属于合理使用大致需要综合考虑以下标准。

（1）使用者在使用他人商标时，是否还加注了其他说明性文字，以表明该商标确实属于"说明性质"的作用。

（2）被使用的商标是否被作为商标进行使用，是否足以标识、区别商品来源，该商标的使用是否能使公众正确区别该商品与商标权人之间的真实关系，是否会造成公众对商品来源的误认、混淆。

（3）使用者在使用该商标时是否在刻意强调该商标的显著性。

（4）使用者是否同时在明显地使用自己的商标。

（5）商标权人是否可能因该商标使用而遭受损失。

（6）使用者主观意图是否善意，是否存在通过对该商标的使用而不正当地获得竞争优势的目的。

对他人的商标进行使用并非必须具备上述全部标准才可被认定为合理使用。从目前的司法判例来看，一般对上述第（2）项、第（4）项、第（6）项的回答都对使用者有利时，法院比较倾向认定使用者对商标的使用行为系合理使用。

四、以他人商标作为网络搜索关键词之各种情形是否属于商标合理使用

通过上文的阐述分析，我们已经明确了网络搜索关键词的含义、使用方式及在什么情况下以他人商标作为网络搜索关键词构成商标法意义上的商标使用和商标合理使用的表现形式及判断标准，下面我们就在此基础上对以他人商标作为网络搜索关键词进行网络推广的各种具体情形逐一进行具体分析，以明确在以他人商标作为网络搜索关键词进行网络推广的各种情形中对商标以何种方式使用才属于合理使用，进而才能避免商标侵权。

（一）推广者是该品牌商品的授权或非授权销售商

如果推广者是该商标所标注的商品的授权销售商，则推广者往往与商标权人之间存在合同关系。根据合同约定，如果推广者有权在使用该商标推广该商品，并且推广者在通过网络搜索关键词推广服务进行实际推广时对商标的使用符合双方的约定，这种情况就属于基于合同关系的被许可的使用，其权利义务以合同约定为准，不存在合理使用问题。

如果推广者是该商标所标注的商品的非授权销售商或提供者，或者虽为授权销售商但并无商标许可约定，只要推广者推广的产品是真品，即不是侵犯商标权的假冒产品，则推广者仍可基于客观真实陈述的目的使用该商标作为网络搜索关键词，但使用该商标的目的应当仅限于让网络用户知晓所销售的产品品牌，而且应当能让网络用户清楚地判断推广者与商标权人之间的关系仅仅是货物销售的关系。比如，如果推广者是福特汽车的非授权销售商，其虽然可以以该商标作为网络搜索关键词对福特汽车进行网络推广，但其不能在展示的网络链接的推广语句或该链接指向的网站中将"福特""福特汽车"等词汇单独或突出使用，而应该与一些说明性的文字共同使用，比如"本公司出售福特汽

车"；同时，在此情况下，推广者亦应通过展示的广告链接或该链接指向的网站，对自己的身份作清楚的标注，以使相关公众不会混淆其和福特公司之间的关系，从而使相关公众清楚福特汽车的来源。

其实，虽然目前我国现行有效的商标法律法规尚未对上述使用商标的方式系合理使用作出明确规定，但是在实践中这种商标的使用方式系对商标的合理使用的观点已得到广泛认可，而且域名争议解决领域也已作出了类似规定。网络名称与号码分配公司（Internet Corporation for Assigned Names and Numbers）制定的《统一域名争议解决办法》第 4 条第 3 款规定："针对投诉人的投诉，域名持有人伸张自己的权益和合法利益的抗辩依据包括（i）在得知域名争议之前，域名持有人已将域名或与域名相关的名称用于或可以证明用于诚实地提供商品或服务；或者（ii）……；（iii）……"❶

为了方便大家理解上述规定的含义，我们先对上述规定举例加以解释：福特汽车配件的分销商或转售商注册了包含"fordpartsonlinesale"的域名，并在销售福特汽车配件的过程中使用了该域名。如果福特公司不满该分销商或转销商在域名中使用自己的商标"ford"而向域名争议解决机构进行投诉，那么该域名持有人就可以自己已将含有"ford"的域名用于诚实地销售福特汽车配件进行抗辩。因为虽然该销售商在其域名中使用了福特公司享有商标专用权的商标"ford"，但是其域名不仅包括"ford"，亦包括其他说明性词汇，相关公众可以容易地辨识出商品提供者为福特汽车配件的分销商或专销商，而不是福特公司，其使用"ford"商标作为域名一部分的目的仅是向人们指示其销售福特汽车配件这一事实。

另外，商标权用尽原理也为推广者以上述方式使用商标提供了依据。根据该原理，商标权人或其被许可人将负载商标的商品投入市场销售后，商标权人无权限制其他任何人进一步使用或销售该商品，否则，负载商标的商品就无法在市场上正常流通。而他人在进一步销售这些商品时要想准确地传递商品的信息，就会不可避免地使用到该商品的商标，但是使用商标时应以显著方式告知消费者商品来源。

美国霍姆斯（Holmes）法官的说法精确地概括了商标合理使用的原理，即"商标权在于阻止他人将他的商品当成权利人的商品销售，如果商标使用时只是为了告知真相而不是欺骗公众，我们看不出为何要加以禁止，商标不是禁忌"。❷

---

❶　*Uniform Domain – Name Dispute – Resolution Policy* 4（c）（i）.

❷　44 U. S 367.

（二）推广者为该品牌商品提供零部件或替代部件或提供服务

在此情况下，判断标准与上述商标合理使用标准第（1）项相仿，因为销售某种品牌产品的零部件或替代部件，与销售该完整产品，在判断商标侵权问题上并无本质性差异。

有的商标权人的商标可能并未在该产品的某些零部件所对应的产品类别上注册，但根据我国法律法规的规定和法院案例，产品的零部件经常被视为与产品相类似的商品类别，因此，在判断商标侵权上通常没有本质差异。

比如，如果推广者是汽车轮胎的销售商，其销售的汽车轮胎可适用于"福特汽车"，则其可以利用"福特"作为网络搜索关键词对其所销售的"汽车轮胎"进行网络推广，但是在使用时最好不要单独使用，而是加上说明性的文字，比如"适用于福特汽车的轮胎"。另外，其也不能将"福特""福特汽车"等词汇在被展示的网络链接的推广语句或该链接所指向的网站中单独或突出使用，而应该与一些说明性的文字共同使用，比如"本公司出售可用于福特汽车的轮胎"，而不应让购买者理解成"福特"牌汽车轮胎，或理解成福特公司指定的福特汽车专用轮胎；同时，在此情况下，相关公众通过展示的网络链接的推广语句或该链接所指向的网站，应该能清楚地区别推广者的身份，而不会混淆推广者和福特公司之间的关系，从而使相关公众清楚推广者所销售轮胎的来源。

同理，如果推广者为某品牌产品提供服务，其也可以使用该品牌作为网络搜索关键词，但其也应采取合理措施避免相关公众对服务的来源产生混淆或认为其与商标权人之间存在某种特殊的关系，比如可以在展示的网络链接的推广语句或该链接所指向的网站中标明"本公司可修理福特、奥迪汽车"，而不能将"福特""奥迪"单独或突出使用，也不能使用"福特特约维修服务字样"。

（三）推广者为该品牌商品提供配套部件或提供服务

配套部件与上述商标合理使用标准第（2）项所述零部件在商标法意义上并无本质区别，都属于与注册商标所使用的产品相类似的商品类别，因此其商标合理使用的判断与上述商标合理使用标准第（2）项相同。

（四）推广者网站对该品牌商品进行评论

对某品牌商品的评论一般可以分为商业性评论和非商业性评论。商业性评论一般是指评论者为了自身利益而评论他人的商品，被评论者一般为评论者的竞争者。非商业性评论是指评论者处于中立地位，与被评论的商品的生产经营者无竞争或其他利益关系，仅是为了客观评论该商品的性能、功效等而进行评论。

对商品进行非商业性评论的网站，亦可使用该商品的商标作为网络搜索关键词，以方便相关公众能够比较容易地获得其评论信息，但最好不要单独使用商标作为关键词，而是使用"××（品牌）××（商品名称）评论"作为关键词，这样会更符合合理使用的要求。另外，在网站链接的推广语句或具体的评论中对于商标的使用更要符合上文所述的关于合理使用的要求，需要与其他说明性文字同时使用，比如"有关福特汽车的评论"。

当然，因评论不当所产生的名誉权侵权等责任另当别论，不是本文所要讨论的内容，在此不加讨论。

对于商业性的评论，更是应当十分慎重，除了在使用商标作为关键词时最好使用"××（品牌）××（商品名称）评论"外，在网络链接的推广语句中不要对该商标作突出使用，并且也应标明是有关该品牌商品的评论字样。另外，在具体的评论中更是要格外注意，不要对他人的商标作突出使用，同时也要避免对自己或他人的产品进行虚假的引人误解的陈述，否则，极有可能侵犯商标权人的权利。

（五）推广者网站对该品牌商品提供信息或新闻

本项内容与上述商标合理使用标准第（4）项关于非商业性评论的内容相仿。客观地提供有关某品牌商品的信息或新闻，也可以合理使用相关商品的商标作为网络搜索关键词以方便网络用户发现这些信息，但也应符合上文所述的合理使用的要求，最好不要单独以商标作为关键词，而是与相关说明性文字一并作为关键词，例如"福特汽车技术参数"，另外，也需要在展示的网络链接或该网络链接所指向的网站中对商标作上述类似使用。

（六）推广者网站对该品牌商品与自有品牌的同类商品进行对比

将自身品牌的产品与具体竞争对手的同类产品进行对比（称为直接对比），或者将自身品牌的产品与不特定竞争对手的同类产品进行对比（称为间接对比），这是个在法律上非常敏感、法律风险非常高的行为，这种行为在我国并不多见。

根据我国广告法规定，对于药品、医疗器械，不得在广告中进行功效、安全性等方面的比较。

我国的反不正当竞争法、广告管理等方面的法律法规，都对对比广告进行了较严格的限制，禁止通过对比广告贬低他人的同类产品。例如，2019年《反不正当竞争法》第8条规定，"经营者不得对其商品的性能、功能、质量、销售状况、用户评价、曾获荣誉等作虚假或者引人误解的商业宣传，欺骗、误导消费者"。该法第20条还规定："经营者违反本法第八条规定对其商品作虚假或者引人误解的商业宣传，或者通过组织虚假交易等方式帮助其他经营者进行虚假或者引人误解的商业宣传的，由监督检查部门责令停止违法行为，处二十万元以上一百万元以下的罚款；情节严重的，处一百万元以上二百万元以下的罚款，可以吊销营业执照。经营者违反本法第八条规定，属于发布虚假广告的，依照《中华人民共和国广告法》的规定处罚。"上述规定常用来制止不恰当的对比广告。

当然，对比广告的合法性及其限制并非本文讨论的重点。这里只是要强调，推广者进行竞争性产品的对比是属于法律严格限制、法律风险较高的行为。对于其中合法的对比行为，笔者认为也应该可以合理使用被比较的产品商标，但更应该严格注意本文第三部分关于合理使用的判断标准，具体商标使用方式与上述商标合理使用标准第（4）项关于商业性评论中的以商标作为网络搜索关键词的使用方式类似。

通过上文分析，我们不难看出判断推广者以他人商标作为网络搜索关键词的行为是否属于商标的合理使用，是个主观性非常强的、较为复杂的问题，通常要结合推广者的经营内容、商标权人的经营内容、商标权人的商标是否会被认定为驰名商标、对他人商标的实际使用状态、商标近似程度等因素综合确定。但是，最核心的考量因素就是是否将商标作商标法意义上的使用以及这种使用是否会使相关公众对商品/服务的来源造成混淆误认（包括初始利益混淆）或对商品的品质等相关信息产生错误认识。

延伸阅读：互联网关键词搜索中的权利纠纷和服务商责任问题*

杨安进

互联网搜索已经成为人们上网获得信息的一种重要方式，因此也成为一种重要的增值服务行业，在为数不多的可盈利的网络增值服务领域显得既宝贵又竞争激烈。有人将关键词搜索对于互联网的意义，类比为操作系统之于 PC 机的意义，称为互联网的操作系统。❶

互联网搜索服务是基于两种需要产生的一种商业性服务：一是社会经济组织希望更好地传播其网站信息，使他人能够更方便地访问其网站，由此希望在其传统标识（商标、商号等）与其网站、网页间建立直达（类似域名一样直接访问）或非直达的联系；二是社会公众希望从浩如烟海的互联网信息世界中方便快捷地找到所需信息，无须准确记忆众多的域名、URL 等符号也能较快地登录所希望的网站、网页。搜索服务商在这两种需求中应运而生，充当了两种需求之间的桥梁。

互联网搜索的种类很多，包括分类搜索、索引搜索、书签搜索等，并且随着互联网技术的发展和商业应用的发展而不断变化，其中以关键词为搜索入口的网页索引搜索在目前应用最为广泛。而在关键词搜索中，又以 IE 地址栏寻址搜索、付费搜索中的竞价排名搜索以及搜索结果广告三种商业模式，在当前取得应用普及层面和商业盈利层面的双丰收。

本文主要论述在关键词搜索中，涉及关键词的一些权利冲突问题，以及与之相关的搜索服务商责任问题。

一、关键词的属性

互联网的发展速度似乎超出了人们的思维速度，更超出了社会应对速度。当前几年域名纠纷轰轰烈烈从而引发人们对域名特性的热烈讨论尚未取得权威

---

* 本文成稿于 2015 年 3 月。

❶ 太议. 搜索是网络的操作系统 ［EB/OL］. (2005 – 05 – 23). http://www.itlearner.com/article/.

性的一致时，关键词的纠纷又源源不断送到各地法院。

域名纠纷和关键词纠纷在某些方面有类似之处，某些问题也许恰好可以来个"合并处理"。

笔者认为，关键词的属性主要可以分为商业属性、技术属性以及法律属性，而这三个特性又密切依赖于关键词在搜索中的现实应用情况。讨论互联网领域的法律问题就是要时刻密切跟踪活生生的社会现实，社会现实变了，"说法"就得跟着变。

（一）关键词的商业属性

关键词的商业属性一方面取决于互联网搜索服务的巨大商业价值，这一点已经被众多的搜索服务巨头和该行业的研究者阐述得很清楚，此不赘述。

另一方面，关键词的商业属性取决于特定的关键词本身所蕴含的商业价值。理论上讲，任何关键词都有商业价值，只是大小问题。关键词的纠纷主要集中在一些商业价值大的关键词。从现实来看，商业价值大的关键词主要包括知名品牌（如"海尔"）、特定知名词汇（如"9·11事件"）和通用词汇（如"计算机"）。由于目前的关键词还只是限于文字、数字、符号的表达形式（以后也许会扩展到其他形式），尤其是文字，因此，词汇就成为最主要的争议关键词。

词汇的商业价值在于其所代表和凝聚的社会生活信息，是这种信息的符号，这种符号被人们在日常生活中使用和关注得最多，从而形成价值。这种价值与人们的生活习惯、生活方式密切相关，也与不同地域、文字、文化背景、民族、年龄等因素密切相关。

基于此，人们对商业价值高的关键词就更热衷。

（二）关键词的技术属性

关键词搜索一般是指搜索服务商抓取了互联网中数量巨大的网页，并对网页中的每一个文字（潜在的关键词）进行检索，从而建立网页索引数据库。当互联网用户使用某个关键词进行搜索时，所有在页面内容中包含该关键词的网页都将作为搜索结果被搜索出来。在经过复杂的算法进行排序后，这些结果将按照与搜索关键词的关联度高低顺序排列。

关键词作为词汇本身是自然客观存在的，与所有词汇一样毫无特色，而只有在进行互联网搜索时才有意义。从技术上讲，关键词就是互联网用户输入给搜索引擎程序的一个符号，这些符号有待于搜索引擎程序在其数据库中进行运算处理，并最终显示出与该符号存在关联度不同程度的网页。

由此可见，关键词的技术特性与搜索软件技术相关，服务商的控制空间非常大。

（三）关键词的法律属性

通过以上分析可知，在互联网搜索中，关键词具有必不可少的信息引导功能，这是其核心和本质价值。关键词的法律属性应围绕这个功能展开。

在很多情况下，关键词是一些传统标识在互联网上的新应用，其本质在于试图将传统标识的标识效果延伸到互联网空间，使企业在互联网上的活动能获得同样的标识效果，从而实现其目的和利益。

但识别性并不是关键词的必备特性，从信息引导功能来看，甚至可以说，关键词的特性和价值就在于其不具备识别性。真正的识别性是体现在搜索结果上，也就是信息的具体来源上。

很显然，关键词毫不具备赋权的特性，更不足以成为一种独立的权利，在这个问题上与域名略有区别，下文再述。

关注关键词的法律属性，不能把注意力集中于关键词本身，那是毫无意义的，而要集中于搜索结果，具体来说就是集中于服务商对关键词的控制上。

（四）关键词与域名

关键词与域名具有完全不同的使用价值取向。域名的价值在于提供访问特定网站的上网功能，而关键词的价值在于信息搜集功能。

由于 IP 地址的全球性、有限性以及域名与 IP 地址在技术上的密切联系，这些决定了域名是企业利用互联网传递、交换信息的基础性技术要件，属于相对有限的资源，因此，域名注册一般是由享有一定行政权力的国家机关或国家机关委托的机构管理。

因此，鉴于域名对社会公众利益的极端重要性和相对有限性，域名注册服务是一种普遍服务，域名注册管理机构、域名注册机构不能将域名以及域名背后的 IP 地址资源作为自有的商业资源来进行市场销售，而是要在国家的干预下为不特定的公众无条件提供服务。

而在搜索服务中，有一种地址栏寻址搜索，其性质与域名极为类似，主要功能价值也是用于访问特定网站。两者有根本性的区别，域名是全球统一体制下的基础性上网方式，具有全球唯一性，而地址栏搜索是在域名体系上建立的增值性商业服务，不具备也无须具备唯一性，地址栏搜索不仅可以提供上网服务，还可以提供一定的搜索功能。

也正因为这种差别的存在，使得域名的识别价值大大高于关键词。所以，企业申请域名，经常是行使已有的标识性权利（如商标、字号），不会也不允许像关键词那样选择一些特殊知名词汇、通用词汇。

这样看来，如果类似地分析一下域名的商业属性、技术属性和法律属性，就会发现域名同样不足以赋予独立的权利，而仅仅是已有权利的一种行使方式而已，所不同的是域名常与那些标识性的权利联系更紧密些，而关键词常要松一些。

二、关键词搜索中的权利纠纷

根据上文分析，关键词的商业价值在于其所代表的信息符号属性，因此，关键词的冲突主要集中于以下三种：标识性权利、通用名称、特定词汇。

关键词搜索中的此类纠纷，都产生于服务商对关键词的某种控制或干预，但因此产生的问题又无法单独依赖服务商来解决。

（一）标识性权利

在此类关键词中，最常见的有商标、字号、网站名称、产品或项目名称。而分析导致此类纠纷的原因，又要考虑以下因素：权利的地域性和互联网的无国界性、商标的注册分类特性、商号的行政地域特性、网站名称的随意性、产品或项目名称的随意性。

同时，在处理此类纠纷时又得考虑一些利益的平衡：权利人的权利边界、社会其他公众使用互联网服务的权利、互联网行业本身的发展等。

在考虑上述因素的情况下，如果一个企业对另一个企业所购买、持有的关键词产生异议，那么首先应该审查的是异议人对该关键词是否享有某种权利，而不是首先审查关键词的购买、持有者是否享有某种权利。如果异议人对该关键词不享有任何权利，则其异议一般不能成立。如果异议人享有上述的某种权利，再审查购买、持有者是否享有某种权利，如果他也享有某种权利，则往往能作为很好的抗辩理由，使得异议也难以成立；如果此时关键词的购买、持有者不享有任何权利，则此时应审查异议人所享有的权利边界，如果该边界能涵盖关键词搜索，则其异议应能成立，否则就不应成立。

考虑权利的边界，应考虑该权利的性质、关键词搜索的结果、双方的地域和具体业务情况等因素。尤其是商标和商号的权利边界，是否能涵盖关键词搜索，应该根据案件的具体情况确定，无法统一进行认定。

对于特意在网页中预埋他人在先的标识性权利作为关键词，引诱搜索引擎错误地抓取和排序的，由于这种情况超出了服务商的控制，属于技术措施使用是否适当和合法的问题，与此处讨论的权利冲突问题具有本质不同，另撰文讨论。

这里有两个特例，其一是驰名商标。根据我国对驰名商标的保护，当驰名商标被作为关键词，则商标权人的异议常容易成立。

其二是网站名称。由于我国对网站名称的管理尚处于试验摸索阶段，对网站名称的审查、核准、争议等均存在实体上和程序上的缺陷。在此情况下，当事人所获得的网站名称初步注册，往往还存在很多不适当甚至违法之处。因此，在此情况下，对于基于网站名称的权利主张，应当在司法中再进行权利审查，并且从严把握，而不应仅仅根据注册证书而不恰当地扩大网站名称注册者的权利。

（二）通用名称

购买、持有通用名称作为关键词，通常不应被禁止。其主要有两个方面的原因。

其一，关键词的价值就在于其所凝聚的信息符号特点，如果被禁止，就失去了关键词搜索这个行业存在的价值。

其二，有些权利（如商标、商号）中之所以禁止使用通用名称，一个原因是这些权利的价值在于识别性，如果没有识别性，则此类权利就没有存在的价值，而关键词恰好不需要识别性，需要的是信息性；另一个原因是这些权利多少存在一定的独占性特点，而关键词搜索没有任何独占性，服务商并非一家，搜索结果也可以多方并存。

以竞价排名搜索为例，可以将这种搜索理解成广告。如果你是房地产商，你在机场高速路上买了个户外广告，别人就能经常看到你，如果你不出这个钱，你就不能出现。网络就是这条信息高速路，路两边密密麻麻挤满了上网用户，服务商就是广告牌的拥有者。服务商谁能够拥有最多用户路段，谁就能拥有最多的广告牌资源。

但这并不是说通用名称的关键词搜索就可以随意。搜索存在的核心价值是收集、查找信息，如果搜索结果违背了这个核心准则，不能够使大部分人利用这个关键词获得常规合理的信息，如购买者根本无法提供与关键词相关的信息，或者关键词与所提供的信息极其不相称，搜索服务商就会赢得广告而失去用户，从而在信息高速路两旁失去广告牌资源，最终就会失去广告。这是市场规则对服务商的约束，但严格来说，服务商并没有向公众提供普遍常规合理搜索信息的义务。

另外还涉及公序良俗的问题。比如，不应将一些严肃的通用名称让一些不严肃的网站所有者购买，有一些涉及政治、民族、宗教等敏感的通用名称不应作为关键词，等等。但涉及此类问题时，由谁作为主体予以纠正将是个问题。❶

（三）特定词汇

这主要是涉及一些特定公共事件的词汇、公民姓名等。目前此类关键词的

---

❶　关于这一问题，可参照我国《商标法》第 10 条的禁止性规定。

商业使用可能不多，纠纷也少见。如果出现具体个案，将可能需要比照上述标识性权利词汇和通用词汇的有关原则和标准来判断。

三、服务商的义务和责任

搜索服务商在其经营性质上与经营域名注册服务、电子邮件、BBS、网络广告等服务商一样，存在一些共同特性：其一是充分尊重、利用和发挥互联网的快速、便捷、高效特性；其二是面对不特定的公众主要提供技术平台服务，不实质性介入服务内容本身的经营活动。

由于上述第一个特性，决定了网络服务商的服务必须基于互联网进行，而且必须快速处理，甚至实时进行。否则，互联网就失去了技术优势，从而失去了经济优势。要满足这个特性，服务商就必须节省程序，不进行复杂耗时的审查、异议、答辩等程序，而将相关问题一方面交由客户自己斟酌处理，另一方面交给后续程序处理。

由于上述第二个特性，使服务商必须面对空前的大量信息，对这些信息的获取、辨别、筛选，要么完全超出了网络服务商专业范围、人力和财力范围，要么超出了网络服务商进行判断的权利范围。同时，这个特性还使网络服务商所提供服务内容的法律风险掌握在客户和第三方手中，自己无法预知和控制。要满足这个特性，服务商就只能对这些信息进行初步筛选，以一名普通公众的眼光进行筛选，并且主要针对涉及国家、公共利益的信息进行筛选，而无法对涉及具体主体的信息进行筛选。

这些特点由于互联网的特殊属性而具有特殊内容，综合起来，这些服务商一般都要针对互联网这个开放系统所拥有的大量不可知、不确定信息，在线为不特定的对象提供不见面的快速、准确的服务。网络服务商因此带有一些特殊性。

在这类商业活动中，确定网络服务商的义务和责任时就要充分考虑平衡各种关系，其中最重要的是互联网技术所带来的好处和所带来的对现有法律秩序的冲击之间的平衡。而在考虑可能发生的对现有法律秩序的冲击中，对直接利用互联网服务的行为人的约束应足以促使其在法律框架内规范使用互联网，而对网络服务商的约束应足以打击恶意行为但又不至于迫使服务商放弃基于互联网的商业服务。

可见，确定服务商的注意和审查义务时，就不能损害网络服务商服务行为的上述两个特性，否则，过重的义务和责任就只能迫使服务商放弃服务。

我国当前各种法律、法规以及其他规范性文件尚未对网络服务商的义务和责任进行统一规定，但在现有的一些规定中，基本上都贯彻了上述原则，具体表现为：对网络服务商的行为，不要求事先审查义务，而实行事后纠正义务；除故意且不进行纠正以外，一般不追究法律责任。

比如，2000年11月最高人民法院《关于审理涉及计算机网络著作权纠纷案件适用法律若干问题的解释》第4条规定，网络服务提供者通过网络参与他人侵权行为，或通过网络教唆、帮助他人实施侵权行为的，承担共同侵权责任。第5条规定，提供内容服务的网络服务提供者，明知网络用户通过网络实施侵权行为，或者经权利人提出确有证据的警告后仍不采取移除侵权内容等措施以消除侵权后果的，承担共同侵权责任。第9条规定，网络服务提供者经著作权人提出确有证据的警告而采取移除被控侵权内容等措施，被控侵权人要求网络服务提供者承担违约责任的，人民法院不予支持。著作权人指控侵权不实，被控侵权人因网络服务提供者采取措施遭受损失而请求赔偿的，人民法院应判令由提出警告的人承担赔偿责任。

2000年9月国务院颁布的《互联网信息服务管理办法》第16条规定，互联网信息服务提供者发现其网站传输的信息明显属于本办法第15条所列内容之一的，应当立即停止传输，保存有关记录，并向国家有关机关报告。

2002年8月信息产业部公布的《中国互联网络域名管理办法》第22条规定，因持有或使用域名而侵害他人合法权益的，责任由域名持有者承担。

2001年7月最高人民法院发布的《关于审理涉及计算机网络域名民事纠纷案件适用法律若干问题的解释》，也仅规定域名注册、使用者的法律责任，未涉及追究域名注册机构法律责任问题。

2005年4月国家版权局、信息产业部发布的《互联网著作权行政保护办法》第5条、第7条、第12条对网络服务商也只要求纠正义务、禁止明知故犯。

1997年5月国务院信息化工作领导小组办公室颁布的《中国互联网络域名注册暂行管理办法》第19条、第23条规定，域名注册申请人对域名的真实性、合法性负责，域名管理单位不负责向国家工商、商标管理部门查询域名是否与他人注册商标、企业名称冲突，此类纠纷由申请人自己负责处理并承担法律责任。同时颁布的《中国互联网络域名注册实施细则》第13条重申这些规定。

2006年5月国务院颁布的《信息网络传播权保护条例》第14～17条、第23条也规定，网络服务商只要遵从"通知"和"反通知"的规定，没有实施

明知侵权仍故意提供服务的行为的，就无须承担赔偿责任。❶

实践中的许多判例也确认了这些网络服务商义务和责任的原则。

实践证明，将审查的义务和法律风险直接由行为人承担，这种对于直接行为人行为的约束，本就足以保障正常的网络经营秩序，保护合法利益、弥补正当损失。

对网络服务商义务和责任的上述规定，是考虑到现实中网络服务商不可能逐一核实这些海量信息，这些核实的工作将使得互联网技术优势荡然无存。因此，法律责任一般由直接行为人承担，而只规定网络服务商的事先的一般注意义务和事后纠正义务。事先的一般注意义务只要网络服务商不是自己直接实施侵权，也不是故意串通的，则算尽到此义务。事后的纠正包括根据权利人的适当警告进行纠正，也包括依据仲裁裁决、司法判决进行纠正。网络服务商尽到事先的一般注意义务和事后纠正义务的，应当可以免责。

上述规定和原则并非中国独有，相反是国际比较通行的做法在中国的实践，是一种国际惯例和国际经验的国内化。

因此，针对搜索服务商的法律义务和责任问题，笔者认为：

（1）服务商可以采纳《互联网著作权行政保护办法》《信息网络传播权保护条例》中关于"通知"和"反通知"的规定，将其合理融入自己的作业流程，而该规定虽然逻辑上很严谨，但操作起来恐怕不易。

（2）只有在故意的情况下，服务商才可能需要承担责任。

（3）服务商应尽到一般社会公众的审查义务，主要是防止侵权和避免破坏公序良俗。服务商应积极履行生效判决、裁决、调解文件中的需要服务商从事的行为。

---

❶ 2006 年 7 月 20 日新华网刊发国家版权局版权司负责人就《信息网络传播权保护条例》答记者问，记者问网络服务提供者提供网络服务，是否需要经权利人许可并支付报酬？负责人答，条例没有区分网络内容提供者（通称 ICP）与单纯网络服务提供者（通称 ISP）。严格来说，除条例另有规定外，只有网络内容提供者向公众提供网络内容，才需要经权利人许可并支付报酬。条例第 20～23 条提到的四种网络服务提供者，通常只提供网络技术服务，不提供网络内容服务，所以不因网络内容提供者侵权而承担连带赔偿责任。

案例七："云杉沟帮子"商标行政授权确权及"沟帮子"驰名商标认定案

案情整理及评析：杨安进　沙仁高娃　周　硕

【"云杉沟帮子"商标行政授权确权案】

原告：辽宁沟帮子熏鸡集团有限公司

被告：国家工商行政管理总局商标评审委员会

第三人：辽宁沟帮子云杉熏鸡有限公司

一审：北京市第一中级人民法院，（2014）一中知行初字第 5467 号

二审：北京市高级人民法院，（2015）高行（知）终字第 2533 号

再审：最高人民法院，（2016）最高法行申 4033 号

代理人：杨安进、王青，北京市维诗律师事务所律师，代理辽宁沟帮子熏鸡集团有限公司

【"沟帮子"驰名商标认定案】

原告：辽宁沟帮子熏鸡集团有限公司

被告：国家知识产权局

第三人：沈阳市冰城食品有限公司

一审：北京知识产权法院，（2017）京 73 行初 2366 号

二审：北京市高级人民法院，（2019）京高行终 1508 号

代理人：杨安进、沙仁高娃、刘汉川，北京市维诗律师事务所律师，代理辽宁沟帮子熏鸡集团有限公司

第一部分　基本案情

一、案件背景

原告是辽宁省北镇市一家从事熏鸡等肉类制品的民营企业,在当地享有较高的知名度,其自 1992 年起开始陆续注册带有"沟帮子"字样的商标,现已有十多件核准注册的带有"沟帮子"字样的注册商标,原告就其带有"沟帮子"字样的商标进行大规模的宣传和使用,已享有较高的知名度和市场识别度。

原告与两案的第三人均是同区域的同业竞争者。

【"云杉沟帮子"商标行政授权确权案】

本案争议商标与引证商标信息如表 1 所示。

表 1　本案争议商标与引证商标信息

	争议商标	引证商标 1	引证商标 2
标样			
申请人	第三人	原告	原告
商标号	9651191	5463189	627274
申请日期	2011/06/28	2006/07/06	1992/03/14
类别	29	29	29
商品服务项目	死家禽;鱼制食品;肉罐头;水果沙拉;食用果冻;熏猪肉;香肠;板鸭;牛奶制品	肉;死家禽;猪肉食品;鱼制食品;蛋;牛奶制品;食用油;加工过的瓜子;酱菜;花生酱	肉;家禽;野味;肉汁

在该案中,云杉公司于 2011 年 6 月 28 日提出争议商标" "的注册申请,在该商标的初审公告期内,原告以争议商标与其在先申请注册商标构成类似商品上的近似商标为由提出异议申请,商标局经审理裁定异议理由

不成立，争议商标予以核准注册。后原告不服异议裁定，以相同的理由向原国家工商行政管理总局商标评审委员会（以下简称"商评委"）提出异议复审申请。而后商评委作出异议复审裁定，该裁定认定争议商标与引证商标构成近似商标，但只在部分指定商品上构成类似商品，故核准了争议商标在与引证商标不构成类似商品部分的注册申请。原告不服该复审裁定遂提起诉讼。

1. 原告主张

原告辽宁沟帮子熏鸡集团有限公司以争议商标与自己在先申请引证商标近似、核定商品服务类似，极易在相关人群中导致商品服务来源混淆的后果为由，主张复审裁定事实认定及法律适用均错误，要求法院撤销该复审裁定，并责令商评委重新作出裁定。

2. 第三人主张

在一审及二审的审理过程中，第三人辽宁沟帮子云杉熏鸡有限公司均主张争议商标与引证商标不构成 2001 年《商标法》第 28 条规定之情形，即不构成类似商品或服务上的近似商标，均未获合议庭支持。

其后，在再审阶段第三人再次提出"沟帮子"是熏鸡等肉制品行业的通用名称，根据 2001 年《商标法》第 11 条第 1 款第（1）项的规定："下列标志不得作为商标注册：（一）仅有本商品的通用名称、图形、型号的"，据此主张引证商标应予以撤销。

【"沟帮子"认定驰名商标案】

本案中，第三人沈阳市冰城食品有限公司（以下简称"冰城公司"）于 2013 年 4 月 25 日提出第 35 类第 12487592 号"**沟帮子**"商标（争议商标）的注册申请，并于 2015 年 2 月 21 日核准注册。原告以该商标与自己在先注册第 29 类第 7539378 号"**沟帮子**"商标（引证商标）构成在相同类似商品服务上的近似商标为由提出注册商标无效宣告申请，同时请求认定引证商标为驰名商标。

在商评委阶段，商评委认定争议商标与引证商标构成近似商标，但认为只在部分核定商品上构成类似商品，故核准争议商标在与引证商标不构成类似商品部分的商标注册申请。

1. 原告主张

原告认为，原告在先注册的第 29 类第 7539378 号"**沟帮子**"商标应属于驰名商标，对第三人争议商标在所有核定商品上的注册申请均不应核准。

2. 第三人主张

第三人在本案一审、二审中均未提交答辩意见。

二、法院观点及判决结果

【"云杉沟帮子"商标行政授权确权案】

1. 关于争议商标与引证商标是否构成类似商品或服务上的近似商标

争议商标的申请日是 2011 年 6 月 28 日，故本案适用 2001 年《商标法》。本案争议商标是否与引证商标构成 2001 年《商标法》第 28 条规定之情形，即商标近似、指定商品服务类似，均是三级审理过程中的焦点问题，且三级审理就该问题的认定均一致，即争议商标与引证商标均包含"沟帮子"商标呼叫及整体视觉效果差异不大，属于近似商标标志；争议商标与引证商标核定使用的商品在功能用途、销售渠道、消费对象方面存在密切关联性的商品，属于类似商品。

2. "沟帮子"是否为熏鸡行业的通用名称非本案的审查范围

在本案中，最高人民法院认定"沟帮子"是否是熏鸡行业的通用名称的认定超出了本案的审查范围，故未就"沟帮子"是否是熏鸡类产品的通用名称作出认定。

但是，最高人民法院就如何认定"通用名称"是有相关规定的，《最高人民法院关于审理商标授权确权行政案件若干问题的意见》第 7 条规定："人民法院在判断诉争商标是否为通用名称时，应当审查其是否属于法定的或者约定俗成的商品名称。依据法律规定或者国家标准、行业标准属于商品通用名称的，应当认定为通用名称。相关公众普遍认为某一名称能够指代一类商品的，应当认定该名称为约定俗成的通用名称。被专业工具书、辞典列为商品名称的，可以作为认定约定俗成的通用名称的参考。"

在本案中，被告未向任一级管辖法院提交任何符合上文要求的，满足认定"沟帮子"是否属于通用名称的法律规定或者国家标准、行业标准等文件。

3. 判决结果

本案一审判决撤销被告国家工商行政管理总局商标评审委员会作出的原异议复审裁定，并责令被告国家工商行政管理总局商标评审委员会重新作出裁定。

一审判决后，被告及第三人不服一审判决，向北京市高级人民法院提起上诉，二审维持原判。

4. 后续程序

第三人不服二审判决，向最高人民法院申请再审，最高院驳回其再审申请。

裁判文书来源

一 审：https://www.iphouse.cn/cases/detail/4zx04dqy8w59klwzwwelog27vn1pr3me.html? keyword =（2014）一中知行初字第 5467 号.

二审：

再审：

【"沟帮子"驰名商标认定案】

1. 关于"沟帮子"商标是否构成驰名商标的认定

在此案中争议的焦点是争议商标**沟帮子**申请注册是否构成 2014 年《商标法》第 13 条第 3 款的规定："就相同或者类似商品申请注册的商标是复制、摹仿或者翻译他人未在中国注册的驰名商标，容易导致混淆的，不予注册并禁止使用。就不相同或者不相类似商品申请注册的商标是复制、摹仿或者翻译他人已经在中国注册的驰名商标，误导公众，致使该驰名商标注册人的利益可能受到损害的，不予注册并禁止使用"，即注册驰名商标保护条款。

一审法院对于原告的该主张未予以支持，二审法院对此进行重新认定，认为原告主张的"沟帮子"商标在第 29 类上构成驰名商标，具体理由如下。

（1）原告提交的证据可以证明在争议商标**沟帮子**申请日 2013 年 4 月 25 日之前，原告据以作为引证商标的**沟帮子**商标已经具有较高的知名度。

（2）第三人具有显著恶意。原告与第三人有数次诉讼纠纷，第三人在实际知晓原告及其品牌的基础上，仍恶意申请带有"沟帮子"字样的商标，攀附商誉等恶意明显。

综上所述，结合本案的实际情况，二审法院对原告享有注册商标专用权的第 7539378 号**沟帮子**商标在熏鸡等商品上构成驰名商标予以认定，争议商标构成对驰名商标的复制，损害了原告的合法权益，应予以无效宣告。

2. 关于争议商标与引证商标是否构成指定商品服务类别类似

一审法院认定为原告主张的争议商标、引证商标指定商品服务差别较大，不构成类似。

二审法院则认为，鉴于北京市高级人民法院已经通过 2014 年《商标法》第 13 条认定争议商标构成对引证商标的复制并给予跨类保护，故对于原告主张的争议商标、引证商标指定商品服务构成类似不再评述。

3. 判决结果

本案一审判决驳回原告的诉讼请求。

一审判决后，原告不服一审判决，向北京市高级人民法院提起上诉，二审进行改判，认定原告主张的第 29 类上"沟帮子"商标为驰名商标，并判决撤销一审判决、撤销被告原国家工商行政管理总局商标评审委员会作出的原无效宣告裁定，并责令国家知识产权局重新作出裁定。

裁判文书来源

第二部分　案件评析

评析人：杨安进、沙仁高娃、周硕

1. 关于地名与商标

"沟帮子"是辽宁省的一个地名，行政区划属于乡镇一级。熏鸡是沟帮子当地的特产。原告是沟帮子当地熏鸡等肉类制品的龙头企业，早在清朝年间，原告负责人的先人就开始研制"沟帮子"熏鸡独特制作工艺，并经原告对"沟帮子"商标的长期使用和宣传，发展到如今原告的"沟帮子"熏鸡在全国范围内有很高知名度。

在原告的"沟帮子"品牌取得巨大成功之后，当地在很短的时间内就兴起了多家各种各样的"熏鸡企业"，并均试图以各种方式使用"沟帮子"商标。

有的竞争对手以"沟帮子"是地名为由，认为其也可以用于产品宣传，甚至可以用来注册商标。这就涉及商标与地名问题。

首先，地名可以用来注册商标。2001 年《商标法》第 10 条规定，禁止作为商标进行注册的是县级以上行政区划的地名。本案中，"沟帮子"在行政区划上是乡镇一级，不符合禁止性条款的适用。从既存权利的基础上说，"沟帮子"虽是地名，但也是原告已核准注册的商标，故原告享有"沟帮子"商标专用权合法、有效。

其次，已经被核准注册为商标的地名，权利人对其享有商标专用权。《商标法》在 2001 年之后对于已被核准注册的用地名的商标是否继续有效的规定是一致的，即"继续有效"。这一规定与商标的意义是相辅相成的。

"商标的生命在于使用。"商标进入市场使用，实现其区分商品服务来源的作用，就是该标识"商标性"逐步强化的过程，也是标识本身的字面含义逐渐弱化的过程。为保护权利人合理信赖利益，也为维护既存市场利益分配的稳定性，已经被核准注册为商标的地名，权利人理应享有持续、稳定的商标专用权。

再次，他人是否可以以使用地名为由，在申请的商标中包含该地名。笔者认为，答案是否定的。该问题的核心在于，地名是否可以作为禁止其他商标注册的抗辩主张。诚如上文所述，当包含地名的商标本身是无瑕疵的权利客体时，该权利是受保护的，保护的边界在于，相关公众是否足以将在先商标与争议商标的识别产生混淆。当争议商标的申请已经落入保护边界以内，毫无疑问是要被予禁止的，仅以地名作为抗辩主张是站不住脚的。

最后，他人是否可以以使用地名为由，在产品的宣传中使用该地名。笔者认为，答案仍然是否定的，在产品的宣传中使用该地名有可能构成商标侵权或"搭便车"的不正当竞争。沟帮子熏鸡当前具有相当的市场影响力和认可度，但这种局面不是凭空而来的，更不是随着地名而自动产生的，而是原告作为商标权人长期、持续、高效进行商标使用和宣传等商业运营的结果。

2. 关于商标与通用名称

"通用名称"是常见的商标侵权的抗辩理由，因为一旦某一商标被认定为通用名称，即认为其属于共有区域，不再涉及侵权问题。

通用名称并无立法层面上的定义，尽管最高人民法院颁布了司法解释，其中规定了认定通用名称的标准，但在实践中仍有问题存在，主要集中在以下两个方面。

其一，地域范围认定模糊。司法解释中规定，"以全国"为地域范围，要兼顾区域的"历史传统、风土人情、地理环境等原因"。在实务中，法院并不一定会就认定的地域作出阐述，出现认定区域模糊的情况。

例如，在"澳门豆捞"案中，最高人民法院未就"范围"作出说明，而是沿用二审判决中的措辞"二审判决鉴于502号判决认定'豆捞'是人们对当今流于港澳地区的一种海鲜火锅的简称，也叫'香港火锅'、'澳门火锅'"，从而认定"澳门豆捞"系餐饮行业的通用名称并无不当。但并未对"人们"的来源区域予以说明。

在认定通用名称时，划定区域是十分有必要的。中国幅员辽阔，文化差异较大，进而导致的结果就是：事物认知差异巨大，若无视或忽视这样的差异进行通用名称的认定，既不符合实际市场需要，对权利人也是极为不利的。

其二，认定标准主观性太强，实际操作中把握合适的尺度较难。认定通用名称的标准究竟应该满足哪些量化性的指标呢？目前尚无定论。最高人民法院在"2009年指导案例46号：山东鲁锦实业有限公司诉鄄城县鲁锦工艺品有限责任公司、济宁礼之邦家纺有限公司侵害商标权及不正当竞争纠纷案"明确了判断具有地域性特点的商品通用名称，应当注意的综合分析点，包含：（1）该名称在某一地区或领域约定俗成，长期普遍使用并为相关公众认可；（2）该名称所指代的商品生产工艺经某一地区或领域群众长期共同劳动实践而形成；（3）该名称所指代的商品生产原料在某一地区或领域普遍生产。

这样的判例是有积极作用的，但作用有限，原因有二：其一，案例只是给出了"判断具有地域性特点的商品通用名称，应当注意的综合分析点"，但缺乏操作层面的统一标准，在实际运用中还是要很大程度上依靠法官的自由裁量和心证；其二，该案例未给出全国性质的通用名称认定，应该如何分析，是否应该参照区域性的认定呢。

此外，笔者认为，在认定通用名称时，应严格划定时间节点，严格地将时间拨回到涉案商标的申请日，尽可能还原、重现事实，并结合申请日时期的历史、行业背景进行综合分析，尤其是区分因历史积淀而产生的商标知名度和因商标本身及通过使用而产生的知名度。

3. 关于非物质文化遗产与商标

本案中，原告的熏鸡制作工艺被认定为辽宁省非物质文化遗产，该问题虽然在本案中并非争议焦点问题，但引发笔者对于非遗与商标关系的思考。

非物质文化遗产与商标注册本身并不冲突。《非物质文化遗产保护法》第44条规定："使用非物质文化遗产涉及知识产权的，适用有关法律、行政法规的规定。"据此，非物质文化遗产涉及商标权的，应当适用我国《商标法》的相关规定。

北京市高级人民法院就杨某某与商评委及第三人李某某、郭某某因第3993808号"汤瓶八诊"争议商标注册商标无效宣告引发的商标行政确权纠纷的第（2016）京行终 1479 号判决，就非物质文化遗产及商标的关系作了认定。该案争议焦点为与非物质文化遗产同名的标志能否注册为商标。北京市高级人民法院认定，争议商标"汤瓶八诊"虽然经过使用具有一定知名度，并被评为宁夏著名商标，但相对于已有 1300 年历史、在回族民间广泛流传并被认定为国家级非物质文化遗产的"回族汤瓶八诊疗法"，无论是在争议商标的使用时间、使用范围方面，还是在相关公众的客观认知效果方面，争议商标通过使用所建立的知名度，仍不足以抵消或者超越相关公众对"汤瓶八诊"是一种具有中国回族特色的养生保健疗法的认知，因此，在案证据尚不足以认定争议商标属于《商标法》第 11 条第 2 款规定的可以注册的情形（经过使用取得显著特征，并便于识别的，可以作为商标注册），争议商标应予无效宣告。

据此可知，非物质文化遗产名称是否可作为商标注册，须考量的因素为：使用非物质文化遗产名称注册的商标，经过使用并有一定知名度的，若该商标无论在使用时间、使用范围方面，还是在相关公众的客观认知效果方面，其知名度仍不足以抵消或者超越相关公众对该标识作为非物质文化遗产的认知，则该商标就属于《商标法》第 11 条第 1 款规定的情形，不应予以注册。

据上文所述，笔者认为，在判断非物质文化遗产名称是否可以主张成为注册商标，需要比较非物质文化遗产名称和相关商标在相关公众中的知名度，即是否存在后者被前者完全覆盖的情况，如有，则争议商标不能被核准注册。但在判断是否有完全被覆盖之情况时，又需综合考虑非物质文化遗产认定和争议商标使用的时间先后，以及申请核准的商品及服务类别是否有类似及高关联度等。

此外，非物质文化遗产的传承人往往并非唯一，这是非物质文化遗产的特殊属性所致。非遗行政管理机构往往是对某一项非物质文化遗产的代表性传承人进行认定，而对于客观存在的"非代表性传承人"，无论是从历史渊源进行追溯，还是从后期的商业运营，均难以否认其权利人身份。与非遗有关的商标在代表性传承人和非代表性传承人之间如何分配权利，也是实践中需要不断摸索的问题。

4. 商标淡化

现可追溯的关于"商标淡化理论"最早出现于弗兰范·斯凯特（Frank Schechter）1927 年在《哈佛法律评论》上发表的《商标保护理论基础》一文，其中指出："在所有这些案件中，必须结合商标的功能，才能测算真正的损害。这种损害表现在，由于被使用在非竞争的商品上，商标或名称在公众心目中的形象和影响逐渐削弱和降低。商标越是显著或独特，给公众的印象就越深，防止该商标与其特定商品之间的联系被削弱或消失的需要就越强烈。"❶ 在美国，"反淡化"致力于给驰名商标以一种"开放式"的保护，"驰名商标视为其权利人的一种财产权，禁止淡化。这种禁止是排他性的、绝对的，而不是仅存在于竞争性的领域"。❷ 该"反淡化理论"又被称为"联想理论"，❸ 即在司法实践中并不要求真实地产生消费者对于商品服务来源的混淆，而只要争议商标与驰名商标之间的关联度能够引发公众在思想上的联想，有意或者无意地将二者进行比较和对比，就构成对在先驰名商标的侵犯，"'联想理论'合理性的根源源于'禁止搭便车'"。❹

关于我国是否有关于"商标淡化"的规定，目前较为统一的说法是，最高人民法院在 2009 年颁布的《关于审理涉及驰名商标保护的民事纠纷案件应用法律若干问题的解释》第 9 条第 2 款规定的"足以使相关公众认为被诉商标与驰名商标具有相当程度的联系，而减弱驰名商标的显著性、贬损驰名商标的市场声誉，或者不正当利用驰名商标的市场声誉的，属于商标法第 13 条第 2 款规定的'误导公众，致使该驰名商标注册人的利益可能受到损害'"，实质上是关于"商标淡化"的规定。从该规定的表述上来看，我国对于"商标淡化"的认定还是立足于"混淆理论"，这与美国在相关领域的立法精神有所区别。

传统的混淆理论把商标视为区别不同商品来源的标识，禁止混淆是为了保护消费者的权利，并非直接保护权利人的财产权。禁止混淆理论并不是从私法的角度出发保护私权，而是从反不正当的角度出发，维护市场的正常竞争秩序。

在实践中，商标授权确权争议的行政程序基本仍呈现对于"混淆理论"的坚守，但在诉讼阶段，法院对"联想理论"的适用已开始。例如，百度在线网络技术（北京）有限公司诉商评委及第三人夜来香公司"百度避孕套"一案中，在商标无效阶段，商评委认为，避孕套等商品与百度公司所属行业相差较远，争议商标不会产生混淆，裁定维持了第三人"百度"商标在第 10 类"子宫帽、避孕套、非化学避孕工具"上有效；百度公司不服提起行政诉讼，一审法院判决中认定"百度"为驰名商标，判决撤销商评委裁定；后商评委

---

❶ 黄晖. 驰名商标和著名商标的法律保护［M］. 北京：法律出版社，2001：42.

❷ 沙海涛. 中美驰名商标保护制度比较［C］//中华全国律师协会知识产权专业委员会，江苏省律师协会. 2009 中华全国律师协会知识产权专业委员会暨中国律师知识产权高层论坛论文集（上）. 南京：177 – 180.

❸ 张军荣. 驰名商标反淡化的误区和出路［J］. 重庆大学学报，2018（6）.

❹ 袁真富. 驰名商标异化的制度逻辑［D］. 上海：上海大学，2010.

不服提起上诉，二审维持原判。二审判决称："相关公众看到'百度'商标，很容易想到其指代了百度公司所提供的互联网搜索引擎服务，该商标由于使用而获得的显著性较强。夜来香公司注册的争议商标与百度公司的'百度'商标标志几乎完全相同，虽然两商标指定使用的商品与服务并不类似，但消费者看到使用在'避孕套'等商品上的争议商标时，仍难免将其与百度公司的'百度'驰名商标建立相当程度的联系，进而破坏'百度'商标与百度公司提供的互联网搜索引擎服务之间的密切联系，削弱百度公司'百度'驰名商标的显著性"。❶ 可见，二审法院已经比较清晰地适用"联想理论"。

我国立法中尚未明确适用哪一种理论，导致在实务中认知上出现差异，典型地表现为商评委❷作为"准司法机关"与法院的"同案不同判"。笔者认为，在司法主导的大环境下，应尽快统一标准，以使得社会公众对该类争议有更明确的预期。

5. 驰名商标保护中的问题

（1）驰名商标保护的本质。

"已注册驰名商标"给予商标权人突破一般商标权人更强的保护，集中体现为跨类保护。关于驰名商标与普通商标受保护的重大差异，如表2所示。

表2　注册商标与未注册商标保护程度对比

	注册状态	保护程度	保护范围
未注册	普通商标	不保护	可能间接受著作权法等保护
	附着于知名商品服务的商标	弱保护	反不正当竞争法调整的范围
	驰名商标	保护	容易导致混淆时，禁止在相同或类似商品上使用相同或近似商标
已经注册	一般商标	保护	禁止在相同或者类似商品上使用相同或者近似商标
	驰名商标	强保护	不仅可以禁止在相同或类似商品上使用相同或近似商标，还可以在特定条件下禁止在不相同或不类似商品上使用相同或近似商标（跨类保护）

关于驰名商标保护的本质，有学者指出，按照驰名商标保护的国际惯例和我国现行驰名商标法律规定，驰名商标认定仅仅是解决商标纠纷的手段及其程

---

❶　北京市高级人民法院（2012）高行终字第1081号行政判决书。

❷　因2018年机构改革，现更名为"国家知识产权局"。

序，认定驰名商标"只是依法给予特别保护的前提事实，属于案件事实认定范畴"。❶ 所以，驰名商标的认定只是解决商标纠纷的必要手段之一。

关于驰名商标强保护的合理性与市场运营规则是紧密联系在一起的，驰名商标背后蕴藏着巨大的商业投入、市场运营成本，驰名商标保护作为一种解决纠纷的机制，并给予其在法律层面上的强保护是尊重并迎合市场规律的。

（2）驰名商标非正常认定。

如上文所述，在法律层面上，"驰名商标"更多的是一种事实认定层面的问题，然而在商家眼里，"驰名商标"是荣誉和声望的象征。市场上对于"驰名商标"认定的追捧依旧热度不减，因此也曾发生过关于"驰名商标非正常认定"的事件，其"非正常"之处主要有两点，其一是涉及证据真实性存疑；其二是虚假争议、诉讼。

关于证据真实性方面，如在第 7602098 号"洪家鸡"商标无效宣告案中，大连洪家畜牧有限公司在向商评委申请争议商标无效的基础上，同时请求商评委认定其第 3212075 号"洪家 Hongjia"商标驰名，为实现认定驰名商标这一目的，大连洪家畜牧有限公司在评审阶段提交了大量的销售合同、广告合同等作为证明其知名度的证据。本案在评审阶段，商评委认定第 3212075 号"洪家 Hongjia"商标已达驰名；在后的诉讼中，一审、二审法院均认定，大连洪家畜牧有限公司提供的证据的"真实性存在重大瑕疵"，并判决撤销了关于认定第 3212075 号"洪家 Hongjia"商标构成驰名的无效裁定。❷

关于通过虚假争议、诉讼以达到认定驰名商标问题，在宁波伊司达洁具有限公司与上海乔柏律师事务所、自然人陈某某恶意串通制造虚假诉讼案件以认定"伊司达"驰名商标的事件中，经四川省人民检察院抗诉，最终判决驳回了原告全部诉讼请求，而审理该案的承办法官李某某也被四川省威远县人民法院判决构成受贿罪。❸

无论是虚假证据还是虚假争议、诉讼的方式，都与驰名商标保护制度设立初衷背道而驰。

（3）非注册驰名商标保护的不足。

我国法律中涉及未注册商标保护的主要法律依据散见于《商标法》和《反不正当竞争法》。《商标法》涉及非注册商标保护的条款有：第 13 条第 2

❶ 陶鑫良. 我国驰名商标保护的误区及其出路（三）[N]. 中国知识产权报，2007 - 11 - 21.
❷ 北京市高级人民法院（2016）京行终第 3474 号行政判决书。
❸ 最高人民检察院. 检察机关保障和促进科技创新典型案例 [EB/OL]. (2017 - 07 - 14) [2019 - 01 - 17]. https: //www. spp. gov. cn.

款，是关于未注册驰名商标的规定；第 5 条第 1 款、第 2 款，关于被代理人、被代表人未注册商标保护的规定；第 32 条后半段，关于禁止不正当抢注他人在先使用并有一定影响力的商标的规定；第 59 条第 3 款，关于未注册商标保留原有条件的继续使用。《反不正当竞争法》涉及的关于未注册商标保护的是第 6 条，对于"有一定影响的商品名称、包装、装潢"保护的相关规定，以及"其他足以引人误认为是他人商品或者与他人存在特定联系的混淆行为"的规定。

由上文总结可知，我国现行的法律规定中，关于未注册驰名商标保护的直接规定是《商标法》第 13 条第 2 款，根据该规定，未注册驰名商标的权利人可以禁止他人抢注，并可据此提出无效宣告请求，但对于是否可以要求损害赔偿还是尚存争议。有学者认为，"可以说我国商标法事实上已经赋予未注册驰名商标以相当于（普通）注册商标的商标权，未注册驰名商标制度，此系注册取得商标权体制下商标权取得的一种同时机制"。[1]

如上文所述，对未注册驰名商标保护是有法可依的，但同样是驰名商标，受保护的强度差别如此之大，是否具有其合理性和正当性呢？关于保护力度，有专家指出："我国仍旧以商标注册制度为主，虽然法律上有必要给予在先使用的未注册商标一定保护，但保护水准不宜过高，以免冲击到注册制这一商标管理中的基本制度。"[2] 这样的观点是否可以立论？笔者从以下三个方面论述该观点的片面性。

第一，关于未注册驰名商标保护的源头。

《巴黎公约》第 6 条要求成员方通过注册豁免给予未注册驰名商标对抗混淆的权利，我国《商标法》第 13 条第 2 款是履行《巴黎公约》关于未注册驰名商标保护的国际义务所作出的规定。由此可见，对于未注册驰名商标的保护是国际通行的方式和趋势，我国不会也不应作为例外。

第二，关于商标注册制度与未注册驰名商标保护的高度兼容性。

我国是采用商标注册制，原则上没有"注册"就没有法律上的"保护"，如果完全、机械来套用"注册制本位"原则，未注册驰名商标就完全不应该被保护，但这又显然不具有合理性，原因在于，首先，无论是《商标法》还是《反不正当竞争法》，其致力于保护的法益均是市场的有序、正常运行，未注册驰名商标权利人不仅客观上已经产生实际市场影响力和利益，而且其实际已经超过了相同类似商品上的大多数注册商标，不予保护不仅不公平，而且对

---

[1] 王太平. 我国未注册商标保护制度的体系化解释［J］. 法学，2018（8）.

[2] 郎胜. 中华人民共和国商标法释义［M］. 北京：法律出版社，2013：114.

其保护力度不够也是不公平的。

其次，对于未注册驰名商标的保护并不会影响已注册权利人的权利保障，也就是说保护未注册驰名商标与注册制并无冲突，可实现兼容。这一点是未注册驰名商标数量微小这一客观事实所直接导致的，"由于未注册驰名商标的数量非常有限，相对于注册商标，未注册驰名商标几乎是微不足道的。因此，未注册驰名商的保护范围仍然是非常有限的，不会对注册商标制度造成严重冲击"。❶

第三，机械遵守"注册制本位"的局限性。

机械地遵守"注册制本位"，将不能满足市场需求。如"恶意抢注"，被抢注的商标多为国外知名品牌，其在国内没有申请注册商标，但有知名度，如果按照"注册制本位"原则，再结合"属地原则"，那么被抢注权利人只能"干瞪眼"了。针对这一现象，孔祥俊教授在著作中这样论述："如果一个国外的商标已经具有了较高的知名度，且为国内同行业或者相关公众所知悉，即可视为其在中国境内有一定影响力。倘若该外国企业在中国与国内企业进行业务交往中使用该商标，可以视为中国境内使用。倘若国内企业抢先注册，可以认定为属于商标法第三十二条后半段规定的抢先注册他人在先使用并有一定影响力的商标。"❷ 由此可见，商标的知名度是一个商标的灵魂所在，在一定程度上可以起到"遮瑕"的作用。有制度可循是好的，更好的是跳出制度辖制，立足于其精髓，寻求识时务的解决路径是当行之事。

综上所述，笔者认为，在现有法律框架对驰名商标予以强保护的背景之下，回归驰名商标保护的本质的基础上，兼顾市场贡献，是将个人及市场权益得以权衡的有效途径之一，也有助于将驰名商标保护行之有效地落地。

---

❶ 王太平. 我国未注册商标保护制度的体系化解释 [J]. 法学，2018（8）.

❷ 孔祥俊. 商标法适用的基本问题 [M]. 北京：中国法制出版社，2014：37.

延伸阅读：腾讯争夺 weixin.com 域名可能导致"劫贫济富"的路径合法化[*]

杨安进　　李欣洋

有个人十年前画了一幅人物肖像，十年后他人生了个孩子，长得很像这个肖像，孩子长大后成为大人物，那么，这个大人物能告画画的人侵犯了肖像权吗？显然不能。

为什么呢？因为画画的人不是根据他的肖像来画的，跟他长什么样子没关系，所以即使他是大人物，去告画画的人也是不合理的，如果现实中真的发生了，将是十分滑稽的。

一、案件背景

（一）"weixin.com"域名争议案情简介

2000 年 11 月 21 日，"weixin.com"域名获准注册，注册人为 Hai Shen Yang。之后，"weixin.com"域名的所有人发生多次变更，当前该域名的所有者为"beijing jiangzhi wangluo kejiyouxiangongsi"，即北京将至网络科技有限公司（以下简称"北京将至公司"），联系人为"li ming"，即"李明"，李明是北京将至公司的股东。

2011 年 10 月 25 日腾讯控股有限公司（以下简称"腾讯"）申请的"微信""weixin"商标已经在我国香港和台湾地区、马来西亚注册。

2015 年 7 月 30 日，北京将至公司成立，注册的经营范围包括：技术开发、技术转让、技术推广和技术服务。北京将至公司在 weixin.com 网站主页发表声明："本站与腾讯微信无任何关联，非腾讯微信官方网站。weixin.com 是专业的第三方微信开发者平台，为生态而生。"

2015 年 10 月 27 日，腾讯将"weixin"作为商标在国内进行注册申请，其申请指定范围不包括"替他人创建和维护网站、托管计算机站（网站）、网站设计咨询、通过网站提供计算机技术和编程信息"。

---

* 本文成稿于 2016 年 2 月。

2015 年 12 月 1 日，腾讯向亚洲域名争议解决中心香港秘书处［以下简称 "亚洲域名中心（香港）"］就 weixin. com 域名提出投诉，2016 年 1 月 29 日，亚洲域名中心（香港）作出裁决，专家组多数意见支持腾讯的投诉请求，将争议域名 weixin. com 转移给腾讯，少数意见为驳回腾讯的投诉请求。

2016 年 2 月，北京将至公司和李明向北京市海淀区人民法院针对腾讯公司提起诉讼，"要求确认原告注册和使用 'weixin. com' 争议域名不具有恶意，不侵犯被告的合法权益，确认原告对争议的域名享有合法权益，有权继续持有并使用域名"。据报道，双方最终和解，该域名转移给腾讯公司。

（二）"微信"商标争议案情回顾

2010 年 11 月 12 日，创博亚太科技（山东）有限公司（以下简称 "创博亚太公司"）向国家工商行政管理总局商标局（以下简称 "商标局"）提交 "微信"商标注册申请。

2011 年 1 月 21 日，腾讯发布微信 1.0 for iphone（测试版）。

2011 年 8 月 27 日，创博亚太公司的 "微信"商标经商标局初步审定公告。

2011 年 11 月 21 日，腾讯对创博亚太公司的 "微信"商标提出异议。

2014 年 10 月 22 日，商标评审委员会作出裁定，认为 "由于创博亚太公司并没有向大众推出以 '微信' 为名的服务，因此不能认定其已经使用 '微信' 商标。截至作出裁定前，（腾讯的）微信用户已超过 4 亿，并已经形成了稳定的市场和消费群体。因此，考虑到公众利益，为了防止微信用户产生误认、不便和损失，作出了不予核准的裁定"。

2015 年 3 月，北京知识产权法院判决维持商标评审委员作出的上述裁定，即对创博亚太公司提交的 "微信"商标不予核准注册。

二、澄清关于域名争议解决的两个程序问题

首先是要澄清域名争议解决的程序问题。关于亚洲域名中心（香港）的裁决，笔者发现有个别文章或报道把它叫作仲裁裁决，这是不对的。因为关于域名争议解决，是由专门负责域名争议解决的机构处理，而该域名争议解决机构往往是由管理域名的机构设立的，本案中的 weixin. com 是国际顶级域名，由美国 ICANN 负责管理运营，并成立了相应的域名争议解决机构，亚洲域名中心（香港）便是其中之一。

域名争议解决机构可以受理域名争议，如果你觉得别人域名侵犯了你的权利就可以去投诉，就像本案中的腾讯一样。但域名争议解决机构并不是仲裁机构，没有仲裁机构的法律地位，而且域名争议解决机构裁决依据的规则也是按照域名管理运营机构自己制定的规则，并不是依据仲裁法律的规定。所以域名

争议解决机构作出的决定并不是仲裁裁决，只是域名专家组的决定。

因此，域名专家组作出的决定并不具有仲裁效力，因为仲裁效力是"一裁终局"，作出裁决就生效了，是很严肃的裁决，拥有相应的法律地位，不能轻易被撤销。而域名争议解决机构专家组作出的决定则没有这样的效力，当事人可以去向法院起诉，起诉之后，专家组的决定就不能生效，而是要等到法院作出判决，依照生效判决来执行，而不能依照专家组的决定来执行。虽然，实践中域名争议专家组作出的决定一般也都比较权威，也都得到了当事人的尊重，但从法律上来讲，专家组的决定没有仲裁的效力，这个是务必需要澄清的。

其次，weixin. com 域名争议案中有个非常核心的问题，即这个域名是 2000 年注册的，但在 2015 年转让给现在的持有人，这就有了一个非常重大的影响，因为根据世界知识产权组织（WIPO）的观点，域名发生了转让就被视为是新注册，也就是说，现在域名持有人所拥有的 weixin. com 域名将被视作是 2015 年注册的。

而腾讯的微信产品是在 2015 年之前就已经产生了，而且在我国港台地区和马来西亚都取得了相应的商标，因此依据 WIPO 的前述观点，腾讯的微信商标相对于 weixin 域名最后一次转让的时间就有在先权利，这是对这个案子至关重要的一点。在域名争议解决机构，WIPO 的前述观点是可以适用的，但这个案子到了法院却不一定遵循这个观点，因为法院主要是要适用中国法律来解决争议，并不受 WIPO 观点的约束。

三、腾讯的在后权益不能溯及他人的在先权益

针对别人的域名要提出投诉并且投诉成立，基本在全世界范围内都是遵循以下三个条件。

（1）被投诉的域名与投诉人在先享有的民事权益的名称或标志是相同的，或者足以导致混淆和近似性。这个条件就是说投诉人在域名注册之前拥有民事权益，是个名称也好、标志也好，先得有个权益，这个域名跟这个权益是相同的或者足以导致混淆和近似性。

（2）被投诉的域名持有人对域名或域名的主要部分不享有合法权益。

（3）被投诉的域名持有人对域名的注册和使用具有恶意。具体什么叫恶意，又有一些比较详细的规定。

要想投诉成立，这三个条件必须同时具备。

就这三个条件来说，腾讯第一个条件就不具备。因为 weixin. com 域名是 2000 年就注册的，而微信产品是 2011 年左右才推出的，隔了十多年，因此不

能说域名注册时腾讯就享有权益。

虽然这个域名在 2015 年作了转让，但转让的仍然是这个域名，其作为独立的民事权益，无论叫知识产权还是叫其他民事权益，都是客观存在的权益，只是从这个人的手里转移到另外一个人手里，这个权益本身没有变。所以要看腾讯是否享有在先的民事权益，时间点还是要从 2000 年，也就是这个域名开始注册时候算，而不能从 2015 年域名转让时开始算。

所以 WIPO "如果域名转让就视为重新注册"的观点，实质上并不具有合理性。实际上，在亚洲域名中心（香港）的裁决里，有少数专家（迟少杰）意见，也是持这样的观点。

就第二个条件来讲，腾讯的投诉也不具备。

"被投诉的域名持有人对域名或域名的主要部分是否享有合法权益"，这里面对合法权益的要求是比较低的。对域名享有一定权益就是说只要具有一定市场价值就可以享有合法权益了。这个域名从 2000 年注册就一直在使用，使用就会使人知晓，知名度或高或低，只会影响合法权益的量变，而不影响权益的有无。也就是说，它可能是个很重要或者不那么重要的民事权益，但毕竟这个民事权益是客观存在的，并不是没有。

第三个条件，"被投诉的域名持有人对域名的注册和使用是否有恶意"，因为 weixin.com 域名是 2000 年注册的，如果这个域名不发生转让的话，很难界定这个域名对腾讯具有什么样的恶意，那时候腾讯没有微信产品，更谈不上借助微信产品实现自身宣传。

如果 2000 年的注册没有恶意，又如何认定后面是恶意受让呢？受让是个民事权益的转移，只要这个民事权益以及转移行为合法，那么就不存在恶意受让的问题。除非这个民事权益本身是有瑕疵的，或者转移行为非法。但这个民事权益起码在 2000 年注册之后一直到 2015 年转让前是没有问题的。而域名转让行为则是转让人与受让人基于自由意志达成的合意，不存在违法问题。

所以 weixin.com 域名争议案在随后的法院司法审查过程中，应该按照法院的审判规则而非域名争议解决机构的规则来处理争议，尤其是关于域名转让后将视为新注册这个观点，不应该由法院来当然适用，法院应该有自己的观点。

四、是域名还是网站内容导致混淆？后果是什么？

腾讯的投诉中有个观点，认为域名持有人在 2015 年受让这个域名后，域名所对应的网站内容是围绕着微信提供一些服务，叫微信开发者平台，腾讯认为容易造成混淆，使他人误认为这是腾讯的网站。

这个观点不能说一点道理都没有。这要看网站内容是什么样的，对微信的描述以及对自身所提供服务的描述，是否会让消费者造成混淆，让人误以为这个网站是腾讯的。

从这点来讲，导致混淆的原因并不是域名本身，而是网站内容。这个域名已经持续十多年了，域名本身并没有造成过混淆，因为域名是 2000 年注册的，腾讯直到 2011 年才有微信，要说混淆，有可能是腾讯产品给域名造成混淆，而不是域名对微信产品造成混淆。

假设一下，如果域名中间不转让，一直由原来的域名注册人使用，到了 2015 年，他把网站内容改成与微信相关的服务性内容，那还能说域名混淆了么？域名是原来就一直有的，如果说导致混淆，那也是网站的内容导致混淆。

网站内容之所以可能导致混淆，是因为它提供了与微信相关的服务。从这点而言，腾讯应该主张的是域名持有人所建立的网站内容可能构成不正当竞争，而不是说域名导致了混淆，如果域名对应的网站是卖汽车或者卖肉的，你还能说域名对腾讯造成了混淆么？很显然不会。所以说，如果导致混淆，一定不是域名导致的，而是网站内容导致的。

换一个角度讲，如果说域名不是 weixin.com，而是别的跟微信无关的域名，但网站的内容还是提供跟微信相关的服务，这种情况下还是有可能导致混淆，让人觉得这网站是腾讯办的。这也进一步说明，容易导致混淆的是网站内容本身，而不是域名。

当然，我们也不能说只要网站的内容是提供与微信相关的服务就一定导致混淆，导致混淆的原因是对产品或服务的来源未表明清楚，如果网站非常清楚地表明网站是谁办的、服务是谁提供的，这种情况下，即使它提供的服务跟微信有关，也不会导致混淆。这个混淆并不是因为它提供了与微信相关的服务，而是说提供的服务要把来源非常清楚地向消费者表明，否则就可能导致混淆。

不仅如此，即使这个网站提供与微信相关的服务，还使用了腾讯的微信商标，也不一定造成混淆，因为商标还有合理使用的问题。合理使用对方的商标，就不会造成混淆。这里面最典型的例子就是路边的汽车修理店，他可以用奔驰标志以表明他可以修奔驰汽车，只要他清楚地表明了自己的身份就可以，这样消费者就知道是那个主体向我提供了修理奔驰的服务，而不是奔驰公司向我提供服务。

再退一步讲，即使域名或网站内容导致混淆，它的法律后果是什么呢？导致混淆可能是因为一种广义的侵权行为。侵权行为的后果是停止侵权，也就是网站不得再用这些内容，而非导致域名的转移。也就是说，如果我侵权了，我可以不这么干，但不能把东西给你。亚洲域名中心（香港）裁决中存在的一个问题就是，因为网站内容导致混淆，从而让腾讯把域名给夺过去了，这种决定是有问题的。

五、核心问题：腾讯自身的知识产权管理缺陷

无论是微信的商标争议也好，还是 weixin. com 的域名争议也好，其实问题的核心都是腾讯自身在知识产权管理上的缺陷，这是腾讯需要自己反思的。

就微信这个产品而言，在给这个产品命名为微信的时候，是否注意到了相应的知识产权风险，也就是说，这个产品的命名会不会侵犯别人的权利？这个涉及专业能力问题。

推出一个新产品名称的时候，是否做到了足够尊重他人在先的知识产权？新产品名称是不能随便取的，企业是否通过检索和查询做到了足够尊重他人的知识产权？这在经营上是个商业道德的问题。

如果能够做到这两点，像微信商标和 weixin. com 的域名争议在很大程度上是可以避免的。

或者企业事先做好知识产权储备，比如对未来可能推出的某些产品提前注册一些商标、想一些名字，先在那放着，这也是企业的一种知识产权管理。

但是，如果自身知识产权管理存在缺陷，企业在发现后，诚恳的做法应该是及时弥补这些缺陷，而不是在商业上取得成功之后，就开始对那些相对弱小的、在先的知识产权权利人动脑子，采取类似于"巧取豪夺"的方式，去把那些别人的权利夺回来，这样的经营思路是有问题的。

其实这个案子有一个非常明显的细节，体现了腾讯自身知识产权管理的缺陷。这个域名争议是在香港受理的，像".com"这种国际顶级域名在亚洲有三个机构可以受理，一个是设在北京的中国国际经济贸易仲裁委员会域名争议解决中心，这是 ICANN 在北京设立的一个秘书处，另外两个分别设立在中国香港和韩国首尔。

本案中腾讯是在中国大陆的公司，域名持有人即被投诉人也是在北京的公司，腾讯为什么不在北京提出投诉，而要去香港投诉呢？

这个难言之隐恐怕在于，腾讯在 2011 年就在中国香港注册了微信商标，而在大陆则是 2015 年才开始提交微信商标的申请。所以，即使按照 WIPO "转让视同新注册"的观点，腾讯也只有在香港才会有相对于 weixin 域名的在先权利，而在大陆，即使按照 WIPO 的前述观点，腾讯也没有在先权利。

归根结底，腾讯在微信产品推出之后，对相关的商标、域名的知识产权管理没有跟上，尤其在大陆这块的知识产权管理更是没有跟上，所以才导致域名投诉只能在香港而非北京提出。腾讯作为互联网行业的大公司，在很显然自己存在这些缺陷的情况下，经营管理上的心态应该是诚心诚意纠正自己的缺陷，

尊重别人的知识产权和知识产权的规则，而不应该采取夺取别人知识产权这种方式来弥补。

六、"强者通吃"将对社会产生致命的不良后果

腾讯的微信商标案和 weixin.com 域名案有个共同特点，都是别人获得权利在先，腾讯取得商业成功在后，但腾讯却把在先的权利人的权利实际上给夺过来了。

对这种纠纷的处理结果实际上会给社会公众一种暗示，就是你只要取得商业上成功、挣了大钱，就不必遵循知识产权规则；或者反过来说，这个暗示可以理解为如果没有取得商业上的成功，那么你所以为你拥有的知识产权，还不一定是你的，很有可能被后来者、成功者给夺过去。

这是一种什么样的效果？客观上导致胜者通吃、强者通吃一切，而弱者失去一切。这个效果好吗？肯定是不好的，因为它破坏了产业的健康生态。一个产业的健康生态应该是各种形态的从业者都有，有大的，有小的，各有各的特色，最后形成丰富的生态环境，而不是"大鱼吃小鱼，小鱼吃虾米"，变成了一种零和博弈，形成一些横行江湖的寡头。这样也会导致社会经济秩序不稳定。因为公司肯定有大有小、有强有弱，弱者也有他的权利，也是辛辛苦苦付出和经营，但因为各种原因没有取得像强者那样的成功。如果强者通吃一切，就会让这些弱小公司的权利和财产处于不稳定的状态中，从而使得社会经济的秩序处于不稳定的状态。或者再换一个角度，从全社会的角度讲，这实际就变成了弱者要"为强者讳"。也即强者叫了这个名字，无论在先还是在后，弱者就不能与其同名了。我们古时候有叫"为尊者讳"，汉朝有个皇帝叫刘秀，因为他的名字中有"秀"字，所以天下的秀才就不叫"秀才"了，改为叫"茂才"。历朝历代我们都有"为皇帝讳""为尊者讳"的现象，实际反映的是落后的等级观念。

而在当下市场经济、法治社会的环境下，各个经营主体都应该是平等的，中国在各个领域都不再需要"皇上"。

相反，强者应该对自己所拥有的优势采取相对谦虚的态度，反垄断法等法律从某种角度上就是对这种谦虚态度的强制性要求。因为从某种角度上讲，企业的竞争优势也是整个产业生态乃至整个社会所赋予的，其中的优秀者应该起到法律和道德上的表率作用，也就是承担一定的社会职能，否则，如果胜者通吃一切，人类文明进步到现在，就只能说还是在丛林法则中倒腾了。

延伸阅读：通用名称——非物质文化遗产知识产权保护的命门？[*]

沙仁高娃

现行的《非物质文化遗产法》中规定，❶ 知识产权单行法（如《商标法》）是非遗知识产权保护的法律依据。通用名称属《商标法》范畴不予核准注册商标的法定原因之一；实践中已有将与非遗名称认定为通用名称的案例。商标承载着商业主体利益和公众清楚消费的诉求，非遗背后关系着非遗代表性传承人和非代表性传承人并存的利益平衡。本文聚焦在将非遗名称认定为通用名称的实务背景下，如何实现多方利益的平衡。文中所指的非遗是狭义非遗，即仅指被列入非遗名录的项目，包括国家级，也包括省、市（区）级别的名录；进入名录的传承人即是代表性传承人。

一、问题的提出

在中国的非遗法律制度和社会实践中，非遗往往与特定的传承人之间建立密切关联，尤其是非遗的认定须由政府认可，故这种密切关联带有公权力背书的色彩。从这个角度而言，某个非遗项目往往与官方认定的特定传承人之间建立起一一对应的关系。

但是，标示某个非遗项目的具体因素（如非遗名称、非遗工艺名称、非遗传承人名称等）中，有些因素又带有一定的通用属性。

这样，非遗与特定传承人的密切关联性及其通用属性，往往就成为一对矛盾，由此形成的张力构成现实中的一些冲突，并给非遗产业带来现实的影响。

"通用名称"是指行业规范或社会公众约定俗成的对某一商品的通常称谓，属《商标法》范畴，是禁止注册的理由。禁止通用名称注册为商标的原因在于其不能实现区分商品、服务来源的作用。认定构成通用名称即意味着进

---

* 本文成稿于 2019 年 7 月。

❶ 《非物质文化遗产法》第 44 条："使用非物质文化遗产涉及知识产权的，适用有关法律、行政法规的规定。"

入共有领域，垄断性权利的终结。

从立法层面上，非遗知识产权保护是通过知识产权单行法（如《商标法》）落地的。因此，非遗项目要与特定传承人建立起特定关联，往往依赖于商标之类的知识产权制度。

在司法实践中已有将非遗名称认定为通用名称的判决；在司法认定的案例之外，现实中还存在一些非遗的名称已经基本具有了通用名称的特点的事实情况，使得其与传承人之间的关联度下降，进而在市场中对传承人造成困扰。

在此语境下，非遗名称的通用名称化是否会造成非遗知识产权保护的真空地带？会不会导致传承人与公众之间、代表性传承人与非代表性传承人之间利益关系的失衡？

二、司法实践中非遗名称构成通用名称情况

（一）《商标法》中关于通用名称立法情况梳理

在我国第一部《商标法》（1982 年）中已有关于通用名称禁止注册之规定，而后在《商标法》进行的四次修改中对通用名称的修改鲜有，仅有的改变也体现为体例上的微调，立法初衷、规制的具体行为并无二般。关于通用名称在《商标法》历次版本的规定具体摘录如表 1 所示。

表 1　关于通用名称在《商标法》历次版本的规定

《商标法》版本	关于通用名称的规定
1982 年	第八条　商标不得使用下列文字、图形： （5）本商品的通用名称和图形
1993 年，第一次修改	第八条　商标不得使用下列文字、图形： （5）本商品的通用名称和图形
2001 年，第二次修改	第十一条下列标志不得作为商标注册： （一）仅有本商品的通用名称、图形、型号的
2013 年，第三次修改	第十一条　下列标志不得作为商标注册： （一）仅有本商品的通用名称、图形、型号的
2019 年，第四次修改	第十一条　下列标志不得作为商标注册： （一）仅有本商品的通用名称、图形、型号的

在司法解释层面，截至目前，最高人民法院、最高人民检察院出台的关于商标方面的司法解释共有 30 余部，其中现行有效的 20 余部中有关通用名称的内容规定集中在 2010 年颁布的《最高人民法院关于审理商标授权确权行政案

件若干问题的意见》第 7 条❶及 2017 年颁布的《最高人民法院关于审理商标授权确权行政案件若干问题的规定》第 10 条❷中，两处规定无冲突。

综上，在立法层面上"通用名称"是自始即有的，但无论是狭义的法律还是司法解释，均未对非遗名称是否应被认定为构成通用名称、如何认定、应适用何种标准予以明确规定。这样，就导致本文开头提出的问题：（1）与非遗有关的名称在申请商标时，是否要考虑非遗的特殊性，制定与非遗有关的专门规则；（2）立法在考虑与非遗有关的名称是否核准注册为商标时，如何兼顾非遗传承人与公众、代表性传承人与普通传承人之间的关系。

（二）现实中关于非遗名称认定为通用名称的情况

1. 司法实践中的认定

（1）案例一："鲁锦案"。

"鲁锦案"是最高人民法院颁布的指导案例，在司法审判中具有指导意义。

山东鲁锦实业有限公司（以下简称"鲁锦公司"）是第 1345914 号"鲁锦"文字商标的权利人，核定使用的商品为第 25 类服装、鞋等。后鲁锦公司发现甄城县鲁锦工艺品有限责任公司（以下简称"甄城县公司"）、济宁礼之邦家纺有限公司（以下简称"礼之邦公司"）也在与第 1345914 号商标相同类似商品上使用"鲁锦"字样；此外，甄城县公司还将"鲁锦"作为其商号进行登记，登记时间晚于第 1345914 号商标的申请时间。鲁锦公司遂以甄城县公司和礼之邦公司实施侵犯其注册商标专用权及不正当竞争为由提起诉讼，两被告均以"鲁锦"是通用名称进行抗辩。

一审法院认定被告甄城县鲁锦工艺品有限责任公司、济宁礼之邦家纺有限

---

❶ 《最高人民法院关于审理商标授权确权行政案件若干问题的意见》第 7 条："人民法院在判断诉争商标是否为通用名称时，应当审查其是否属于法定的或者约定俗成的商品名称。依据法律规定或者国家标准、行业标准属于商品通用名称的，应当认定为通用名称。相关公众普遍认为某一名称能够指代一类商品的，应当认定该名称为约定俗成的通用名称。被专业工具书、辞典列为商品名称的，可以作为认定约定俗成的通用名称的参考。

约定俗成的通用名称一般以全国范围内相关公众的通常认识为判断标准。对于由于历史传统、风土人情、地理环境等原因形成的相关市场较为固定的商品，在该相关市场内通用的称谓，可以认定为通用名称。"

❷ 《最高人民法院关于审理商标授权确权行政案件若干问题的规定》第 10 条："诉争商标属于法定的商品名称或者约定俗成的商品名称的，人民法院应当认定其属于商标法第十一条第一款第（一）项所指的通用名称。依据法律规定或者国家标准、行业标准属于商品通用名称的，应当认定为通用名称。相关公众普遍认为某一名称能够指代一类商品的，应当认定为约定俗成的通用名称。被专业工具书、辞典列为商品名称的，可以作为认定约定俗成的通用名称的参考。约定俗成的通用名称一般以全国范围内相关公众的通常认识为判断标准。"

公司生产销售带有"鲁锦"字样行为构成对鲁锦公司注册商标专用权的侵犯；甄城县公司在第 1345914 号"鲁锦"申请日之后还将"鲁锦"作为其商号进行登记的行为构成不正当竞争。

二审中山东省高级人民法院认定"鲁锦"构成山东传统民间手工纺织品的通用名称，其主要依据是：首先，鲁锦有着悠久的流传历史；其次，"鲁锦"具有极强的指代性。提到"鲁锦"两字时，人们想到的是一种山东民间手工棉纺织品的织造工艺及用这种工艺织造出的纺织品。

据此，二审法院认定，"鲁锦"在 1999 年被上诉人鲁锦公司将其注册为商标之前，已是山东民间手工棉纺织品的通用名称，甄城鲁锦公司、济宁礼之邦公司的使用销售行为不构成商标侵权，也不构成不正当竞争。

（2）案例二："汤瓶八诊系列案"。

2004 年 4 月 2 日，杨某某向原国家工商行政管理总局商标局提出第 3993808 号"汤瓶八诊"商标（以下简称"争议商标"）的注册申请，指定使用在第 44 类"按摩（医疗）、医疗诊所、医务室、医院、保健、医疗辅助、理疗、护理（医务）、芳香疗法、疗养院"服务上，2007 年 2 月 21 日争议商标获准注册。围绕该争议商标共有两个案件。

【案件一】

上述争议商标权利人杨某某认为东营天泽汤瓶八诊保健有限公司使用"汤瓶八诊"字样侵权其商标专用权，故提起商标侵权诉讼。

本案二审法院山东省高级人民法院于 2012 年 3 月 2 日再作出（2011）鲁民三终字第 198 号生效判决，判决认定："'汤瓶八诊'四个字构成通用名称。根据中华人民共和国中央人民政府公布的《第二批国家级非物质文化遗产名录》，'回族汤瓶八诊疗法'已被列入国家非物质文化遗产。这一事实表明，'汤瓶八诊疗法'本身属于公共领域的范畴，'汤瓶八诊疗法'这一名称具有特定含义，包含了该疗法特有的专用器具'汤瓶'、非医药的诊疗理念和对头、面、耳、手、脚、骨、脉、气等八部位进行诊疗的疗法，如果使用汤瓶这种专用器具实施同样方式的治疗或保健，唯有使用'汤瓶八诊疗法'这一名称才能进行准确的表述。"❶

而后，杨某某向最高人民法院申请再审，后最高人民法院作出裁定：驳回杨某某的再审申请，但其理由是基于被申请人"天泽公司"民事诉讼主体资格消失的事实；对于山东省高级人民法院 198 号判决中关于"'汤瓶八诊'构成通用名称"这一认定持反对意见，认为"汤瓶八诊构成通用名称的证据不

---

❶ 北京市高级人民法院（2016）京行终 1479 号行政判决书。

充分"。❶

【案件二】

在案件一尘埃落定后，2013 年 1 月 28 日，郭某某和李某某以上述争议商标的注册违反 2001 年 10 月 27 日修改的《中华人民共和国商标法》（以下简称《商标法》）第 11 条❷、第 41 条❸的规定为由，对该商标提出撤销申请。

2015 年 4 月 29 日，原国家工商行政管理总局商标评审委员会以争议商标缺乏显著性为由，依据 2001 年《商标法》第 11 条第 1 款第（3）项❹对争议商标予以无效宣告。杨某某不服该裁定，提起行政诉讼，一审法院维持无效裁定，并认定"杨某某作为非物质文化遗产的传承者，亦不妨碍其继续使用该标志"。而后杨某某上诉于北京高院。

二审法院北京市高级人民法院认定：争议商标"汤瓶八诊"虽然经过了使用具有一定知名度，并被评为宁夏著名商标，但相对于已有 1300 年历史、在回族民间广泛流传并被认定为国家级非物质文化遗产的"回族汤瓶八诊疗法"，无论是在争议商标的使用时间、使用范围方面，还是在相关公众的客观认知效果方面，争议商标通过使用所建立的知名度，仍不足以抵消或者超越相关公众对"汤瓶八诊"是一种具有中国回族特色的养生保健疗法的认知，因此，在案证据尚不足以认定争议商标属于《商标法》第 11 条第 2 款规定的可以注册的情形（经过使用取得显著特征，并便于识别的，可以作为商标注册），争议商标应予无效宣告。❺

在案件一中，二审法院山东省高级人民法院认定"汤瓶八诊"构成通用

---

❶　最高人民法院（2013）民申字第 364 号民事裁定书。

❷❹　《商标法》第 11 条："下列标志不得作为商标注册：

（一）仅有本商品的通用名称、图形、型号的；

（二）仅仅直接表示商品的质量、主要原料、功能、用途、重量、数量及其他特点的；

（三）缺乏显著特征的。

前款所列标志经过使用取得显著特征，并便于识别的，可以作为商标注册。"

❸　《商标法》第 41 条："已经注册的商标，违反本法第十条、第十一条、第十二条规定的，或者是以欺骗手段或者其他不正当手段取得注册的，由商标局撤销该注册商标；其他单位或者个人可以请求商标评审委员会裁定撤销该注册商标。

已经注册的商标，违反本法第十三条、第十五条、第十六条、第三十一条规定的，自商标注册之日起五年内，商标所有人或者利害关系人可以请求商标评审委员会裁定撤销该注册商标。对恶意注册的，驰名商标所有人不受五年的时间限制。

除前两款规定的情形外，对已经注册的商标有争议的，可以自该商标经核准注册之日起五年内，向商标评审委员会申请裁定。

商标评审委员会收到裁定申请后，应当通知有关当事人，并限期提出答辩。"

❺　北京市高级人民法院（2016）京行终 1479 号行政判决书。

名称，主要理由是："汤瓶八诊是国家级非物质文化遗产，进而推定其已被公众所熟知，达到了'公众熟知'的认定司法解释中认定通用名称的标准"；对于此说理，最高人民法院予以反驳，最高人民法院认为："物质文化遗产是指被非物质文化遗产主体视为其文化遗产的传统文化表现形式以及与传统文化表现形式相关的实物和场所。《中华人民共和国非物质文化遗产法》第四十四条规定：'使用非物质文化遗产涉及知识产权的，适用有关法律、行政法规的规定。'非物质文化遗产与公有领域的内容虽有重叠，但不等于一经认定为非物质文化遗产，就当然地进入公有领域。'回族汤瓶八诊疗法'是否属于公有领域的范畴，要看该疗法是否受某项知识产权专用权的保护。二审法院仅凭'回族汤瓶八诊疗法'被列入国家级非物质文化遗产名录一项证据不足以证明该疗法已经属于公有领域的范畴。"❶

在案件二中，北京市高级人民法院虽对涉案的与非遗同名的标识是否构成通用名称未置可否，也未依据通用名称条款作出判决，而是适用了"是否具有显著性"作出判决。或有遵守维护最高院认定并统一裁判标准的考虑在其中，但仍不妨碍其道出了与非遗同名的标志能否注册为商标名称、与非遗同名的商标不被认定为"通用名称"的关键考量点，即非物质文化遗产名称和相关商标在相关公众中的知名度，即是否存在后者被前者完全被覆盖的情况、相关商标是否还可以实现其作为商标区分商品服务来源的本质性作用，"非物质文化遗产与公有领域的内容有重叠，但不等于一经认定为非物质文化遗产，就当然地进入公有领域，❷也是可以作为商标注册，也可不被认定为通用名称。

根据上述"汤瓶八诊"两案，关于非遗名称和认定通用名称的关系可总结为如下几点。

（1）非遗名称并不当然应被认定为通用名称，从此进入公有领域。

（2）非遗的保护应在现行知识产权法体系框架内去讨论。

（3）非遗名称是否构成通用名称的认定标准，适用对一般通用名称的认定标准，不考虑其特殊性。

（4）在衡量非遗名称是否构成通用名称时，要量化非遗知名度与非遗标识作为商标知名度的覆盖面；非遗知名度大于与非遗同名商标，可能构成通用名称的情况；非遗知名度小于与非遗同名商标，不涉及构成通用名称的情况。

2. 产业实际情况

在司法判决之外，非遗名称通用名称化程度也可见。例如，"北京内画鼻

---

❶　最高人民法院（2013）民申字第 364 号民事裁定书。
❷　北京市高级人民法院（2016）京行终 1479 号行政判决书。

烟壶技艺"是国家级的非遗项目，原本只有代表性传承人按照传承下来的特殊制作技艺配以特制工具完成的鼻烟壶才可称作是"真正"北京内画鼻烟壶，但实际情况是市场中内画鼻烟壶随处可见，造价低廉，久而久之"内画鼻烟壶"的渊源已少有人问津，其与北京烟袋斜街上10块钱2个的花色鼻烟壶之间画等号。通用名称化导致非遗商品的市场贬值化和市场淡化严重，进而导致市场衰退，这给传承人带来损害，也给公众对识别商品服务来源造成困扰；此外，从文化传承的角度来看，技艺失传也不是完全没有可能。

（三）小结

"鲁锦"和"汤瓶八诊"都是非物质文化遗产的名称，但法院认定"鲁锦"构成通用名称，"汤瓶八诊"则不然，为什么会导致这样的差异呢？笔者认为可能的原因之一是，认定通用名称标准不同导致的。"鲁锦案"中法院依据"是否在某一区域内约定俗成，长期普遍使用并为相关公众认可"，但"汤瓶八诊案"关于约定俗成，长期普遍使用并为相关公众认可的地理范围法院未作明确的说明，但结合在"汤瓶八诊案"之前颁布实施的《最高人民法院关于审理商标授权确权行政案件若干问题的意见》第7条规定的"认知范围确定原则"可知应是以全国作为认知范围。❶ 标准不同导致认定结果不同。

此外，是否考量非遗名称实现其在《商标法》意义上的作用是造成两案差异的另一个原因。鲁锦案中二审法院没将非遗名称作为商标的知名度、显著性纳入考量是否应被认定为通用名称的因素，而是纯粹只以"'鲁锦'是非遗"为切入点，转而去论述"鲁锦"作为非遗项目应当具有的普遍知晓程度等，并将该因素作为认定构成通用名称的主要考量因素；"汤瓶八诊案"则稍有不同。"汤瓶八诊案之案一"中二审法院认定"汤瓶八诊"构成通用名称的理由和"鲁锦案"一脉相承，均未考虑非遗名称是否实现《商标法》意义上的作用和对区分商品服务来源之贡献大小，但在再审程序中最高人民法院对此予以反驳，认定二审法院将"汤瓶八诊"认定为通用名称证据不足；在"汤瓶八诊案之案二"中，一审、二审法院均考量了非遗名称作为商标应具的显著性、知名度及其对区分商品服务来源之贡献大小，但因"认定是否构成通用名称"不属于行政诉讼的受案范围，故未在判决结果中得以体现其结论。

---

❶ 《最高人民法院关于审理商标授权确权行政案件若干问题的意见》第7条："人民法院在判断诉争商标是否为通用名称时，应当审查其是否属于法定的或者约定俗成的商品名称。依据法律规定或者国家标准、行业标准属于商品通用名称的，应当认定为通用名称。相关公众普遍认为某一名称能够指代一类商品的，应当认定该名称为约定俗成的通用名称。被专业工具书、辞典列为商品名称的，可以作为认定约定俗成的通用名称的参考。约定俗成的通用名称一般以全国范围内相关公众的通常认识为判断标准。"

尽管两案在最终认定的结果上有差异，但不影响两者仍有贯通之处，也可据此总结出在司法实践中关于非遗名称是否被认定为通用名称的切入点。

（1）在《商标法》立法和实施的框架内展开对非遗是否构成通用名称的认定。

（2）非遗同名的标识是否可以实现其作为商标区分商品服务来源的本质性作用；如果可以，则可作为商标，也不会被认定为通用名称；反之，则不可作为商标或被认定为通用名称。这一点是认定是否构成通用名称的核心所在。

（3）与非遗名称相同的商标可以通过使用形成商标法意义上的显著性，以避免被认定为通用名称；即使与非遗同名的商标因无显著性或构成通用名称丧失或不能取得《商标法》意义上的专用权，但援以传承人身份仍可在继续使用。

（4）如司法解释规定，认定非遗名称是否构成约定俗成的通用名称一般以全国范围内相关公众的通常认识为判断标准；区域性的认识不符合认定通用名称的平均认知标准。

由此可见，不仅是审判实务层面的认定，也包括现实生活中的通用名称化，都给传承人带来了损害；关于现实市场中的通用名称化，权利传承人多有"无能为力"之感，更多的是寄希望于司法判决以及行政行为对此类状况予以扭转，因此判决的作用力远超个案判决本身，更是会作用于市场中非遗名称通用名称化之现象，故法院在判决认定中应采取更为谨慎的态度。

三、目前处理方式的优点和不足

（一）关于代表性传承人与非代表性传承人之间的平衡

将非遗名称认定为通用名称可能导致判决与《非物质文化遗产法》保护原则相抵触，动摇代表性与非代表性传承人之间的平衡。

如上所述，非遗知识产权保护的法律依据是知识产权单行法，但又因非遗有着自己的属性，故不能生搬硬套地适用。知识产权的三性"时间性、地域性和专有性"，非遗均不能完全符合。有学者指出，非遗具有"历史悠久、基本处于公开状态、主体也不确定"的属性。❶ 本文所述的非遗通用名称认定问题与"主体"联系紧密，故本文只围绕主体进行论述。

同一或类似技艺代表性和非代表性传承人区别的分界线在于是否进入非遗保护名录，所以非代表性传承不当然等于侵权人。这样两类传承人同时存在之现象正好印证了非遗"主体不确定"的特点。我国现行非遗法通过建立非遗

---

❶ 冯小青. 非物质文化遗产保护与知识产权保护［J］. 知识产权, 2010（20）.

名录的形式来确定保护的客体范围，即进入名录是依据《非物质文化遗产法》获得保护的前提条件。非遗项目与代表性传承人之间是一一对应的关系，是受《非物质文化遗产法》保护的客体，也应是最有权将非遗名称作为商业标识使用的主体。目前实践中将非遗名称认定为通用名称的做法，导致非遗名称进入公有领域，包括非代表性传承人在内的任何人都可以使用，换言之就是这样的做法打破了非遗项目与代表性传承人之间是一一对应的关系，突破原有对非遗保护的原则，造成即使进入名录也可能因属公有领域范畴而不受保护，原只有代表性传承人可用的与非遗同名的标识，非代表性传承人也可以用了，那对代表性传承人的保护又体现在何处？创立非遗名录、确定保护范围的现实意义究竟如何落地实现？

（二）关于传承人与公众之间的平衡

将非遗名称认定为通用名称可能导致"非遗"泛滥，市场混乱。目前实践中将非遗名称认定为通用名称的做法，致使非遗名称进入公有领域的非遗名称人人均可用，大量非遗所指代的商品服务就会涌现于市场，消极结果会体现在两个方面：对于传承人来说，其原本希冀的模式是自己按照老祖宗传承的绝活盈利、发展，市场上同类商品服务仅传承人可以提供，公众只要看到非遗名称就能联想到传承人，这样的"垄断"可以通过商标专用权来实现并得以保障。目前实践中将非遗名称认定为通用名称的做法，导致上述保障消失，传承人的利益就无法再得以维持；对于大众来说，购买非遗商品服务是冲着非遗背后的文化积淀和传承，是源于对文化的认可，基于这样的原动力，大众也希望自己消费"物有所值"，但如果市面上涌出大量带着非遗名称的同类商品，大众如何甄别哪个才是真正的非遗商品服务？如何保障"货真价值"？传承人与公众之间原本"和谐"的供需平衡就此被打破。

此外，市面上涌出大量带着非遗名称的同类商品导致"非遗"天然商业价值贬值。"物以稀为贵"，泛滥的"非遗"市场吸引力只会递减，最终导致市场盈利的减少，受损的还是传承人。从常规的商业模式来看，传承人若想抵制这类消极结果，势必需要树立代替非遗名称的新的商业标识，随之而来的问题就是追加投资支出。

（三）积极效果

对于司法审判实务中将与非物质文化遗产同名的标志认定为通用名称一事所带来的效应，笔者认为也不尽然全是负面的，也有其积极的效果，虽然极其有限，且裹挟带来消极效果。其积极的效果体现为：认定为通用名称可视为"一刀切"标准，虽困扰了"好人"但也拦住了"坏人"。

四、应对方法

如上所述，将非遗名称认定为通用名称需要平衡的利益包括传承人与公众，以及代表性传承人与非代表性传承人之间。对于此，笔者浅谈几个途径，供开拓思路。

（一）在商标法中构建关于非遗的特别制度

如上文所述，非遗本身具有的与知识产权属性不同的特殊属性，即"历史悠久、基本处于公开状态、主体也不确定"，这是既成事实，也是现有的知识产权立法体系不能完全与非遗保护相匹配的原因所在。如何从根源上解决问题？答案也是从根源—立法解决。

现行的商标法范畴内（包括司法解释）无对于非遗是否构成通用名称的特别认定标准，笔者认为可结合非遗属性进行增加和调整，立足于文化保护传承层面进行全局考量，落脚点在于严化认定标准，即"以不认定为原则，认定为例外"，只有这样才可与《非物质文化遗产法》构建的非遗名录、代表性传承人保护体系一口径，实现保护标准的贯穿和统一。

《最高人民法院关于审理商标授权确权行政案件若干问题的意见》第8条❶中规定了认定构成通用名称的时间节点，根据规定内容可知通用名称是动态概念的，时也非也。通过上文论述也可知，关于一般情况下认定通用名称可简单总结为以下两点。

（1）原则上以全国范围内相关公众的通常认识为判断标准作为认定约定俗成通用名称的地域标准。

（2）专业工具书、辞典记载内容是法定参考认定标准范本。

以上两个认定要点适用在非遗名称是否构成通用名称案件中是明显不足的，因为其没有将非遗名称作为标识的"后造"知名度从非遗天然知名度中进行剥离，而是混为一谈进行认定，这对于商业主体而言显然是有失公平的。

鉴于此，笔者认为，在构建关于非遗的特别制度时可参考驰名商标认定制度，将非遗天然知名度进行剥离，量化商业主体对涉案商业标识知名度的贡献。笔者初步思考认为，总结非遗发展的历史走向，并与商业主体投入运营非遗商品服务后市场发展状况线路进行对比，试图找寻非遗知名度与商业标识知

---

❶ 《最高人民法院关于审理商标授权确权行政案件若干问题的意见》第8条："人民法院审查判断诉争商标是否属于通用名称，一般以提出商标注册申请时的事实状态为准。如果申请时不属于通用名称，但在核准注册时诉争商标已经成为通用名称的，仍应认定其属于本商品的通用名称；虽在申请时属于本商品的通用名称，但在核准注册时已经不是通用名称的，则不妨碍其取得注册。"

名度之间的关联性，目的在于量化商业主体对非遗市场知名度的贡献量，具体指标可参考驰名商标认定制度，如广告投入、发放量、纳税情况等。

（二）在非遗领域建立证明商标制度

我国对于非遗的保护模式上经历了一个纯粹的公法保护到以公法为主、兼顾私法的过程，❶鉴于此，行政机关可以通过建立官方色彩的"证明商标"来实现为非遗代表性传承人正名的目的，弥补通用名称认定带来的保护真空。

笔者初步构思，证明商标应匹配名录层级进行设置，即分为国家级、省级、市（区）级等；主管证明商标的部门应和申报部门保持一致，以确保无错漏；关于使用方式，可考虑采用和运营非遗市场主体的其他商标或商业标识一并使用，可参考地理标识的使用模式。

证明商标的作用可以分为两个层面：第一个层面，可以帮助公众实现"真假"非遗的甄别；第二个层面，弥补在认定通用名称语境下对进入名录的非遗项目及代表性传承人的保护。

证明商标制度有三个好处，第一，在认定通用名称的背景下，仍然可实现非遗商品在市场上区别其来源的作用；第二，便于行政机关统筹市场管理，不断完善非遗名录，实现对非遗更为系统的保护；第三，为运营非遗项目的商业主体建立了可持续发展的途径。

（三）以其他商业标识辅助建立非遗的标识性权利保护网络

每个市场主体若想实现长期、可持续的良性发展，必须打造自己的商业标识，并且在商业活动中尽可能多的投入流通使用，建立唯一确定的指向性。故，证明商标是第一步，也是途径；在证明商标的基础上，创设运营自己独创的商业标识是后期发展所需。在刚起步阶段可能还是会一定程度依赖证明商标及非遗名称，但随着独创商业标识知名度的提升，到后期脱离依赖也不是完全不可能。

可选择的商业标识可以是运营非遗技艺的商业主体的商号，也可以是代表性传承人的头像、画像，还可以是技艺在流传过程中较为知名的典型性事件名或人物等。此外，代表性、非代表性传承人各自通过将与自己传承有关的信息聚化成商业标识投入市场，首先有利于各家商业形象的确立；其次也利于在市场中将两者予以区分，不致混淆，更会降低抢占市场的风险。

归根结底"发展才是硬道理"，非遗是老祖宗智慧的结晶，也是文化的聚像，只有实现良性的市场化运营，保持市场参与活力，才能让文化源远流长，生生不息，这可能才是屡屡谈及非遗保护的人心所向。

❶ 黄玉烨. 论非物质文化遗产的私权保护［J］. 中国法学，2008（5）：136－145.

案例八：强生"采乐"商标确权
纠纷引发的亿元索赔案

案情整理及评析：杨安进　沙仁高娃

原告： 佛山市圣芳（联合）有限公司
被告： 强生公司、西安杨森制药有限公司、陕西西药控股集团有限公司、西安康胜会计师事务所有限责任公司
一审： 北京市高级人民法院，（2010）高民初字第 496 号
二审： 最高人民法院，（2015）民四终字第 22 号

代理人： 杨安进、安徽，北京市维诗律师事务所律师，代理被告强生公司及西安杨森制药有限公司

第一部分　基本案情

一、案件背景

强生公司于 1992 年 2 月在第 5 类上申请注册"采樂"商标，用于"人用局部抗菌剂"。

圣芳公司关联企业于 1997 年 8 月在第 3 类"洗发香波"等商品上申请注册"采乐"商标，后转让给圣芳公司。

此后，强生公司于 1998 年针对原告圣芳公司"采乐"商标注册提出异议，商标局针对该异议作出决定，认为双方商品一个是药品，一个是洗发水，商品类别不类似，对圣芳公司商标予以注册。

2000 年 7 月，强生公司针对圣芳公司"采乐"商标提出商标撤销申请，原国家工商行政管理总局商标评审委员会（以下简称"商评委"）认为两者商品渠道和消费群体不一样，决定维持注册。

强生公司在经前述程序救济未果后，以 2001 年中国因加入 WTO 修改《商标法》为契机，再次于 2002 年 8 月向商评委申请针对圣芳公司"采乐"商标

的撤销请求。商评委经审查，认定被告的"采樂"商标为驰名商标，并认定圣芳公司的"采乐"商标注册构成在不相同和不相类似的商品上复制模仿他人的驰名商标，误导公众，使得驰名商标注册人利益可能受到损害的情形，并据此作出了对圣芳公司"采乐"商标予以撤销的决定。

而后，圣芳公司不服该决定，于 2005 年 7 月就此提起行政诉讼。2007 年 5 月，北京市第一中级人民法院（以下简称"一中院"）作出一审判决，维持商评委决定。圣芳公司不服，向北京市高级人民法院（以下简称"北京高院"）提起上诉，北京市高院于 2007 年 12 月作出二审判决，仍然维持商评委裁决。

圣芳公司对上述二审判决不服，遂向最高人民法院（以下简称"最高院"）提起申诉。最高院于 2009 年 10 月作出判决，判决撤销一审、二审判决，同时撤销商评委关于圣芳公司"采乐"商标撤销的裁决，维持圣芳公司"采乐"商标有效。

随后，圣芳公司以最高院上述判决为基础，提起本案侵权损害赔偿诉讼，向四被告索赔 1.2 亿元人民币。

二、原告主张

圣芳公司向四个被告主张损害赔偿，其事实基础是，最高院在圣芳公司"采乐"商标的上述确权案件判决中认为，被告强生公司在商标评审阶段提交的三份证据，即"关于西安杨森'采乐'洗剂 1994 年至 1996 年销售量证明"和"康胜公司出具的西康胜会审字（2004）1-062 号和（2004）1-063 号审计报告"等真实性存疑，不足以采信。

圣芳公司据此认为，被告"伪造"上述证据，并误导商评委作出错误裁定，致使在比较长的时间内，圣芳公司的"采乐"商标权长期处于不稳定状态，出现经销商退货等情况，从而产生损失，圣芳公司就此提起本案财产损害赔偿之诉。

三、被告强生公司及西安杨森公司主张

被告强生公司及西安杨森公司认为：

（1）原告圣芳公司主张无事实依据。被告在商标评审阶段提交给商评委两份证据，无论从证据形式还是证据内容，如审计报告数字的真实性、关联公司及主管部门对销售趋势的了解确认及广告费的合理出入等均是符合法定的关于证据的实质要件，无瑕疵，且原告圣方公司并无证据支撑自己的主张，仅仅是怀疑。

（2）关于举证责任的适用。首先，"谁主张，谁举证"是民事诉讼举证的基本原则。其次，本案中，原告主张适用《关于审理涉及会计师事务所在审计业务活动中民事侵权赔偿案件的若干规定》中所规定的举证责任分配方式，但根据该规定，原告主体不适格，不应适用；最后，即使是适用上述规定，原告也负有证明基本事实的举证责任，事实上，原告并未也无法完成该举证责任。

（3）审计报告内容本身的真实性已经经过商标评审阶段在先案件的审理，不属于本案审查范围，且被告对此在评审阶段就已穷尽了其举证能力。

（4）原告圣芳公司的程序及实体权利在商标评审阶段均已得到救济，不可再依据同一事实和理由起诉。

（5）知识产权权利的不稳定性是其天然属性，故商标确权争议的败诉方不应承担确权案件之外的对胜诉方的赔偿责任，胜诉方亦不可就此提出案外的索赔。

（6）圣芳公司就其所谓损失的实际发生，以及损失与被告行为之间的因果关系，并无证据予以充分证明。

四、法院观点及判决结果

（一）关于主体是否适格的认定

一审法院认为，本案中所需审理的本质问题是，被告在商标评审阶段所提交的证据是否构成"伪证"，进而误导商评委作出错误的裁定，从而造成圣芳公司的损失。该问题的本质属于民事纠纷，与之前已诉至最高院的诉讼无本质联系，也就不涉及是否构成"一事不再理"的判断，根据《民事诉讼法》的规定，圣芳公司有权提起本案诉讼。

二审法院也将题述案件的性质认定为"财产损害赔偿纠纷"，认可一审的结论，即圣芳公司有提起本案诉讼的资格。

（二）关于举证责任的分配问题

一审法院认为，圣芳公司提起的既然是财产损害赔偿之诉，依据《民法通则》（2009年修正）的规定，圣芳公司对其主张审计报告虚假的事实负有举证责任，并应以此证明被告及其关联公司存有过错。但由于圣芳公司并未提交证据证明上文所述证据虚假这一事实，而且被告及其关联公司提供证据的行为本身无过错，无可苛责性，圣芳公司应承担无法履行其举证责任的不利后果。

圣芳公司主张，关于本案的举证责任应适用《关于审理涉及会计师事务所在审计业务活动中民事侵权赔偿案件的若干规定》（以下简称《规定》），即举证责任倒置，应由被告承担自证其真实性的责任。其具体依据是《规定》

第 4 条，"会计师事务所因在审计业务活动中对外出具不实报告给利害关系人
造成损失的，应当承担侵权赔偿责任，但其能够证明自己没有过错的除外"。

对此，二审法院认为，圣芳公司并非《关于审理涉及会计师事务所在审
计业务活动中民事侵权赔偿案件的若干规定》中所指的利害关系人，不可适
用本规定中的举证责任分配原则，应自证其诉讼主张。二审法院还认为，即使
应当适用举证责任倒置，或是由法院依职权调取证据，都需要圣芳公司就相关
事实提供初步证据。但圣芳公司未就相关事实提供初步证据的情况下，法院不
予支持其主张。

（三）判决结果

一审法院认定圣芳公司没有证据证明自己的事实主张，应承担不利后果，
对圣芳公司要求被告强生公司等因其行为存有过错承担民事责任的请求，不予
支持，判决驳回圣芳公司的全部诉讼请求。

圣芳公司上诉后，最高院于 2015 年二审驳回圣方公司的上诉，维持一审
判决。

圣芳公司随后提起再审，最高院于 2016 年驳回其再审请求。

裁判文书来源

一审：无

二审：

第二部分 案件评析

评析人：杨安进、沙仁高娃

一、商标确权程序中类似于圣芳公司这样的主体是否享有本案的诉权

原告圣芳公司是否在商标确权程序后还享有类似本案的诉权，是本案的一
个基本程序性争议。

圣芳公司的权利在此前的商标确权程序中已得到了充分的救济机会，其不
应基于同样的事实和理由另行行使诉权。圣芳公司关于质证的权利、提出反驳

证据的权利、获取后续救济的权利都得到了充分的保障。

在上述救济机会充分的情况下，圣芳公司的实体权利和程序权利在原商标争议程序中均得到保障，由此作出的裁决应当得到尊重。

即使圣芳公司在商标确权程序中未积极有效地行使权利，未充分提出反驳的意见和证据，其亦不应且无权在后续的行政程序中再提出，相应的后果也应当由其自行承担。

如果任由此类案件中的当事人都像圣芳公司这样就其所怀疑的证据另案索赔起诉，将会导致无穷无尽的循环诉讼，从而冲击法律的秩序。

二、当事人是否应就案件败诉承担案外的责任

本案争议所引发的问题是，针对商标确权程序中，商评委、法院对同一争议事项在事实认定和法律适用上的不同观点，从而导致的不同决定、判决，败诉方除了承担败诉案件本身的结果，是否还应承担案件之外的对胜诉方的侵权赔偿责任？胜诉方是否可就争议解决程序中曾经出现的不利裁决给其造成的不利影响享有索赔的权利？

笔者认为答案是否定的。

（1）行政机关、法院是依照法律行使其行政权力和司法审判权力，观点的不同并不影响其行使权力本身的合法性。因此，商评委和法院均是合法地行使行政和司法权力，其行使权利并无违法之处。因观点上的不同，产生不同的裁决，正是合法行使这些权力的正常现象和合法局面。因此，无论裁决是否对当事人有利，只要裁决权的行使是合法的行为，而不是违法的损害行为，裁决的结果就不应导致违法损害的后果，从而不应导致基于违法损害的诉权。

（2）纠纷结果的不确定性，归根结底是社会各种纠纷的性质所决定的，也是纠纷解决的程序所决定的。民事诉讼、行政诉讼作为国家的基本诉讼制度，其制度本身就预设了结果的不确定性，这种不确定性属于国家的制度性安排，而非当事人的行为所能决定。因此，因为纠纷解决程序中结果的不确定性而迁怒于当事人，是不符合民事诉讼、行政诉讼制度的基本价值取向的。

（3）在商标确权程序的商评委、法院程序中，案件处理过程都是商评委、法院在主导，对证据的采信、事实的认定和法律的适用，最终都是由商评委、法院作出裁决，而当事人只是合法地行使权利，无法主导、控制案件结果。因此，案件作出的某种结果并非当事人之间的民事法律行为，原则上不应在当事人之间产生基于案件结果的但又属于案外的民事法律责任，但当事人权利未被穷尽保护情况除外。

（4）退一万步来讲，即使案件的某种结果或者案件进展过程确实对当事

人产生不良影响，这也是法治社会必须承受的代价。如果败诉方不仅要承担本案中的败诉后果，还要承担既非败诉方主观意志又非其客观行为所导致的牵连性后果，势必打击通过争议解决程序进行维权、解决争议的积极性，最终会损害法治本身。

因此，本案中，如果圣芳公司的诉讼请求得到支持，将带来巨大的社会危害性，具体有以下表现。

其一，就同一争议，如果不同程序的裁决不一样，就会产生新的损害赔偿纠纷。社会公众和法院要么去承受这些源源不断的新的损害赔偿纠纷，要么就要求不同程序的裁决结果必须一致，这样就失去了设置不同程序的意义。

其二，当事人就证据采信、裁决作出等自己无法控制的行为可能要承担巨大的责任，这使得公民法人面临的风险完全超出了自己控制的范围。

其三，公民法人涉诉以及遭遇不同结论的裁决，是公民法人在一个法治社会生活所面临的正常风险，且应该都能预见。虽然涉诉会导致一些麻烦甚至损失，但这也是法治社会的正常代价，对所有公民法人都是机会平等的。这种正常的风险不能转嫁给他人。

其四，圣芳公司的诉求归根结底是在追究商评委、法院的责任，如果其诉讼请求得到支持，这将使商评委、法院独立行使裁决权力面临严峻的挑战，亦将使这些机关行使正常权力职能面临不可预知的风险，因为不同当事人所面临的机会"损失"可能不一样，这一点并非作出裁决的机构所能预见或控制。

三、圣芳公司的索赔是否有法律依据

该公司在本案中索赔的依据，主要是《民法通则》《侵权责任法》中的原则性条款。二审法院也将本案的性质定性为"财产损害赔偿纠纷"，并据此要求圣芳公司依据上述法律依据承担被告有过错，并有侵权行为的存在的举证责任。但因圣芳公司未完成上述举证责任，因而承担了不利的后果。

但可以换一个思路来看待这个问题，本案的争议是源自商标确权程序，本质上还是属于商标争议，但遍览中国商标法及其相应的法规，均无此类索赔依据。

究其原因，商标权等知识产权，其权利接受挑战并存在权利的不稳定性，这是知识产权的固有属性，是任何知识产权权利人自取得权利时起都必须接受的法律原则及客观现实；与之相对应，现代法律体系为其提供了行政裁决、行政诉讼等救济机制，以实现知识产权权利人与其他权利人以及社会公众权利之间的平衡。

因此，圣芳公司提起本案诉讼内在动因中所反映的商标权在某个时间段上

的不稳定性，以及寻求救济所花费的时间成本，甚至因权利的不稳定和程序救济的不同结果而引起市场、社会的相应反应，这是知识产权制度、程序救济制度的正常现象，任何一方为此所付出的成本，也都是法治社会应该承受的代价。对于这一情况，不能归咎于任何当事人，更不应由某一方当事人为对方当事人完全承受这个代价。

综上，笔者认为，在探讨类似于题述案件是否有获赔的法律依据时，在立足于考虑案件本身的共同性之外，仍要结合案件本身的个案属性。

四、本案是否适用"专家责任"制度中的举证责任倒置

首先，谁主张谁举证是民事诉讼的基本原则，尤其是圣芳公司，应当对其基本主张提供基本证据，而不应仅停留在怀疑、猜测的层面；根据《最高人民法院关于民事诉讼证据的若干规定》第 70 条规定，一方当事人提出的证据，对方当事人提出异议但没有足以反驳的相反证据的，人民法院应当确认其证明力。

其次，本案的发生，并非由于前案（商标撤销程序）中认定了"伪造"证据的事实，在此情况下，如果任何案件中的任何当事人对于前案中未被采信的证据都将其怀疑为"伪造"证据，进而提出本案这样的财产损害纠纷案件，并要求对方举证，很显然不仅会严重破坏基本的民事诉讼制度，引发无休止的诉讼，而且对于相对方几乎是要求其"自证无罪"，显然是非常不公平的。

最后，即使对于举证责任倒置的某些特殊类型案件，也并非免除上诉人的任何举证责任，而是仍然需要上诉人举证证明基本事实的存在（比如存在新产品制造方法，存在高度危险作业及其主体，存在共同危险行为及其主体等基本事实），举证责任倒置主要发生在证明过错这个环节的倒置，而非一方举证一方不举证。

圣芳公司认为，本案属于"专家责任"侵权案件，根据《最高人民法院关于审理涉及会计师事务所在审计业务活动中民事侵权赔偿案件的若干规定》（以下简称《规定》）第 4 条，"会计师事务所因在审计业务活动中对外出具不实报告给利害关系人造成损失的，应当承担侵权赔偿责任，但其能够证明自己没有过错的除外"，应适用举证责任倒置，即应由被告举证证明其无过错。

笔者认为，"专家责任"制度的适用，应受以下三个条件限制。

（1）主体条件。

该《规定》第 1~2 条规定了适用该规定提出侵权赔偿诉讼的主体，该主体应是利害关系人，即"因合理信赖或者使用会计师事务所出具的不实报告，与被审计单位进行交易或者从事与被审计单位的股票、债券等有关的交易活动

而遭受损失的自然人、法人或者其他组织",而本案中圣芳公司显然并非合理信赖或使用相关报告与强生公司、西安杨森公司从事相关交易,故不符合诉讼主体的规定。

（2）行为条件。

根据该《规定》,只有会计师事务所存在出具"不实报告"的行为,才能适用该规定。但本案中,圣芳公司并无任何事实或法律的依据以证明存在"不实报告"这个基本事实,而强生公司提交的证据足以说明,涉案争议的审计报告与其提交的财务凭证记载的客观事实相符,不存在出具"不实报告"的行为。

同时,圣芳公司没有任何基本证据证明存在"不实报告"的情形,仅凭其非专业的质疑而提起本案诉讼,显然并非该《规定》应适用的情形。

（3）领域条件。

该《规定》的立法宗旨在于规制出具向不特定公众公开的审计报告的行为,尤其针对社会上股东出资不到位的情形,立法背景是考虑到此类报告对公众的影响力,而公众缺乏必要的专业判断能力,因此需要出台该《规定》以保护不特定公众的利益,尤其是在证券投资领域。

而本案中所涉及的审计报告仅是特定主体争议程序中的证据,该审计报告并不公开,并非针对不特定公众,对不特定公众没有影响。

即使依据该《规定》,圣芳公司也应提出审计报告"不实"的基础证据,亦即证明"不实报告"的存在,然后才由审计机构就其过错问题承担举证责任,而非任何人只要无凭无据地怀疑报告不实,审计机构就必须自证无罪。

五、关于此类马拉松式连环诉讼案件的诉讼时效及相应举证责任问题

本案中,按照原告圣芳公司的逻辑,其实际是认为,自商评委采信这些"伪造"的证据并作出裁决时,损害就开始产生了。商评委作出裁决的时间是2005年6月,因此,最迟从那时起,原告就知道损害已经发生。而本案是2010年提起的,期间相隔近五年。

而最高院就争议商标授权确权案件的判决不应以诉讼时效为起算点,而是原告所谓的损害结果的终止日,原因有三。

其一,原告圣芳公司所称的伪造证据,是个事实问题,该事实一旦发生,就不会消失,与法院最终如何判决商标撤销是没有关系的。也就是说,即使原告不向最高院申请再审,只要确实存在因伪造证据而导致其损害的情形发生,其都可以主张损害赔偿的权利。

其二，最高院判决并未认定是否存在伪造证据问题。

其三，根据原告起诉状中的陈述，原告称是在最高院作出最终裁决之前，代理商大量退货，产品受到查处等，从而受到"损失"。

诉讼时效的目的是敦促权利人及时行使权利，这一点在本案中显得尤为重要。如果此类案件不存在诉讼时效问题，就意味着原告在任何时候都可以主张权利。

而此类案件的特点，是因连环诉讼而耗时久，形成马拉松式持久诉讼。其中关键证据涉及审计报告，而审计报告所依据的财务账目和原始凭据，在法律上是有保存期限的，到了期限会被销毁，而在客观上，也可能随着时间推移而破损、灭失。这样就可能导致西安杨森公司这样的被告因无法拿出原始凭证，从而无法还原审计报告后面进一步的客观事实，最终很冤枉地被诬告为伪造证据。当然，幸亏本案中西安杨森公司对十多年前的财务资料仍保存完好，故仍能拿出原始财务资料以证明审计报告内容的真实性。如果换一个公司，或者本案持续的时间更长一些，情况可能就不一样了。

因此，对于像本案这样诉讼请求已经超过诉讼时效的案件，即使出于尊重诉讼时效制度的目的，也应至少适当加重原告的举证责任，减轻被告的举证责任。

延伸阅读：浅谈专业细分领域的
知名品牌恶意抢注的应对*

沙仁高娃

实践中，随着国际大品牌知识产权保护意识的强化及法律措施的落实，在商标方面体现为大规模抢注国际知名大品牌的时代基本结束，抢注行为转向专业细分领域的知名品牌，这些专业细分领域的专业公司在一定程度上表现为保护意识滞后于市场发展，前瞻性布局不完善，法律应对措施经验不足等。时值《商标法》第四次修订，总结已有问题，探索解决方案，是本文的目的。

一、问题的提出

过去几十年的全球化浪潮一直伴随着一个法律现象，就是抢注他人知名品牌。其中，大众消费类国际知名大品牌历经过去二三十年维权努力和制度完善，已经有了实质性改观。但笔者发现，抢注知名品牌的战场转向了专业细分领域的知名品牌。

这些领域的经营者普遍存在以下特点：（1）企业以中小型企业居多；（2）产品服务非大众消费品，而是专业性很强的细分领域的产品，对大众无知名度，但在专业人群中知名度高；（3）海外市场商标布局策略欠缺，甚至无预防能力；（4）在维权时缺乏法律应对经验和手段，一般体现为知名度证据难以符合要求。

笔者发现，与此前抢注大众消费类国际知名大品牌相比，针对专业细分领域的知名品牌的抢注行为出现了一些新情况，需要采取新的应对策略和思路。

二、寻求救济的法律依据

目前现行有效的法律规定中尚未有针对该类专业细分领域的知名品牌企业的特殊规定，对于抢注行为进行规制适用的主要法律依据是《商标法》第32条："申请商标注册不得损害他人现有的在先权利，也不得以不正当手段抢先

＊ 本文成稿于 2018 年 8 月，收入本书时略有修改。

注册他人已经使用并有一定影响的商标。"

在 2019 年 4 月 23 日发布的《商标法》第四次修改中，第 4 条增加了"不以使用为目的的恶意商标注册申请，应当予以驳回"。诸多专家、学者均一致认为该增加的内容是为了规制恶意囤积行为，笔者也赞同该观点，与此同时，笔者也认为，新增内容也可对恶意注册行为实现规制。抢注商标的去向大致包含两种，其一，抢注人自己使用；其二，转让获利。第二种情况就会落入第 4 条的规制。

在司法实务保护层面，北京市高级人民法院于 2019 年 4 月 23 日公布的《商标授权确权行政案件审理指南》中也对恶意抢注行为的构成做了细化性的规定。

在行政管理层面，国家知识产权局于 2019 年 2 月 12 日对外公布的《关于规范商标申请注册行为的若干规定（征求意见稿）》中规定了对非正常申请予以打击，其中非正常申请包含："（二）抢先申请注册他人已经使用并有一定影响的商标，不当攫取他人商誉；（三）明知或应知存在其他在先权利，但仍抢先申请注册与其相同、相近似的商标。"目前，该规定仍处在公开征求意见阶段，但足可看出对该类抢注行为予以打击已成趋势。

三、对策和建议

（一）专业细分领域的知名品牌如何证明自己的知名度

依据《商标法》第 32 条进行保护，需要证明被抢注商标的知名度及抢注人的恶意，在证明这两点上，小众品牌区别于大众消费品品牌，是有难度的。

在大众品牌的抢注案中，通常证明知名度的方式有：宣传资料、广告资料、所获奖项，等等。这样的证明方式强调和重视广告的辐射面、广告费的投入量、知悉人群面等这些计算"知名度面积"，对于题述的专业性强，但又不重视市场宣传及可能客观上也不需要进行宣传的企业来说，这类证明知名度的方式是可不取的，故应转化思路，建立新的证明知名度的方式，将品牌的专业属性纳入考虑范围，应转变思路为计算"知名度深度"。所谓"知名度深度"的含义就是，基于商品服务销售推广的范围一定程度固定，就其知名度的深度进行深化挖掘，转变传统思路以证明其知名度。具体可从以下方面进行挖掘，以供参考：（1）所属行业领域。如今行业分工越来越趋于精细化，高精尖、稀缺行业的重要性也随之越来越清晰地被剥离出来，那么上升到一个行业的高度去分析甄别其项下的某一个品牌的专业度，量化其知名度，是更全面、更具说服力的；（2）商品服务的受众群体。也就是去看其商品服务的落脚地，对于国外公司注意的重点就落在其合作伙伴及合作伙伴进入市场的商品服务上，国内的合作伙伴就像是国外公司的一面镜子，借由客户及产品服务的市场价值来量化国外公司的专业度和知名度；（3）国内同行业的平均发展状况。在该点讨论的核心就落在了"可替代性"上，如果小众品牌指向的商品服务在国内已经属于发展较为成熟，已无核心疑难问题需借助外力解决，且从专业层面上已无继续深掘的必要性，那么国外小众品牌的可替代性高，其被抢注的价值随之低。

（二）专业细分领域的知名品牌如何证明抢注者的恶意

知名度和恶意，既是独立的，又是相关联的，不能抛开其中任何一个去单独证明另一个。

关于恶意的证明方面，因考虑到地域、认知的差异，应尽可能地开阔思路，结合知名度的证据，以寻求连接点。以下几点浅见，供参考之：第一，进行恶意抢注的企业往往会在自己的官网及各种宣传渠道中将"提供……国家的先进技术"等信息作为噱头进行发放，这类信息是可以证明其恶意的一个方面。第二，寻找抢注人与国外企业在中国的合作伙伴是否有连接点，也可作证明恶意的突破口，此处与 2013 年《商标法》第 15 条的适用是不发生冲突的，因为在实践中一般的抢注者不会直接以合作伙伴的主体身份进行申请注册，而是会通过身份的转化等形式，此处建议的切入点是后者。第三，可查询抢注企业是否是抢注的"惯犯"，即将其名下所有商标进行核查，是否还有其他抢注的行为。第四，抢注企业的招聘信息也可看出其业务方向，作为证明恶意的方式，再看抢注者与权利人是否曾就商标许可、商标转让等进行过联络。第五，详细的将被抢注商标的来由及含义进行阐述，通过证明商标的固有显著性来证明其恶意。

在笔者成功办理的几个小众品牌维权案件中，即是按照上述思路，在传统做法为基础的前提下，突破固有思维模式，着力于将品牌的专业程度纳入作为其知名度应考量的重要元素，效果令人满意。

（三）专业细分领域的知名品牌应提前作好市场布局

1. 专业细分领域的知名品牌应重视市场布局

根据世界知识产权组织（WIPO）发布的 2018 年马德里体系国际商标注册申请量数据显示，2018 年，中国申请人提交马德里商标国际注册申请 6900件，同比增长 7.9%，位列全球第三。2016 年，该数据为 3200 件，2017 年已经增长到 5230 件，2018 年与排在第二位的德国相差无几，申请量增长快速。一方面，这反映了国内市场对于商标及商标布局的重要性已经有了长足的提高；另一方面，越来越多的中国企业或者个人不再局限于在国内市场的发展，而是将发展的眼光投向世界。在这样的大背景下，为了防止抢注、"搭便车"

等不当竞争行为，最终实现维护并发展现有市场份额，专业细分领域的知名品牌应给予市场布局足够的重视程度。

2. 关于抢注者的总结

从目前已有的抢注者的情况来看，有以下共性：（1）公司整体规模属中型、小型；（2）常用的对外宣传噱头是可提供世界多个国家的先进技术；（3）名下商标多有模仿其他国家同业公司商标、字号之情形；（4）如争议商标被无效或不予注册后，抢注人会变换主体再进行申请。

根据抢注者行为模式，可知这样的公司多半并无真正与这些专业公司正面竞争的主观意愿和能力，本身也不具备研发能力，且也无意阻碍这些公司进入中国市场，之所以实施抢注就是为了实现短线的利益，造成混淆和误认，哄骗一些不完全知晓真实情况之人。如后期无法实现上述的销售盈利行为，如商标仍得以保留，就可以通过转让商标再行实现一次盈利，之后便可转换市场。

3. 关于市场布局的建议

根据上述总结分析，笔者建议专业细分领域的知名品牌企业应注重市场布局，布局范畴可大致分为两个方面：一是商标布局，二是商业市场的布局。

关于商标布局，商标申请是商标布局的开端，因为权利需要公示并通过强制力实行保护，也符合我国商标注册取得制的要求。这样的布局主要是应对在国内毫无权利基础，但又难以实现举证的情况。

关于商业市场的布局，可采取在国内签订有采取维权手段的代理商或者其他可实际实现市场关注并及时采取救济措施的布局形式，这样做的目的是应对企业对在中国国内发生抢注或者其不正当竞争行为不知，导致救济不当或者错过救济机会的情形。

知识产权保护应该立足于现在，并放眼于未来，在解决现有问题的同时，对未来的发展趋势有前瞻性的预判，将更有利于维护企业的市场稳固性，协助其将知识产权的财产属性最大限度地实现。

著作权

案例九：谷歌图书搜索中的复制权和信息网络传播权问题

——王某（棉棉）诉谷歌公司等图书搜索案
案情整理及评析：杨安进

原告：王某（笔名"棉棉"）
被告：谷歌公司，北京谷翔信息技术有限公司
一审：北京市第一中级人民法院，（2011）一中民初字第 1321 号
二审：北京市高级人民法院，（2013）高民终字第 1221 号

代理人：杨安进、安微，北京市维诗律师事务所律师，代理谷歌公司、北京谷翔信息技术有限公司

第一部分　基本案情

一、案件背景

2000 年 3 月，上海三联书店出版《盐酸情人》一书，该书总字数为 130 千字，其中包含 11 篇文章，分别为《序：棉棉的意义》《香港情人》《九个目标的欲望》《白色飘渺》《黑烟袅袅》《啦啦啦》《盐酸情人》《看在上海的老外男人》《我会暴怒在音乐里》《上海是我的情人》《把魔鬼放在你面前》。该书著者署名为"棉棉"，但其中的《序：棉棉的意义》一文署名为"葛红兵"。为证明王某与棉棉系同一民事主体，王某提交了其户口登记簿的原件，其中在"曾用名"一栏中显示有"棉棉"字样。

2004 年，谷歌公司宣布了谷歌"图书馆计划"，与参加此项目的图书馆合作，由图书馆提供图书，谷歌公司对其进行数字化扫描，图书馆可以获得这些扫描后的电子版图书。谷歌公司对每一个扫描件进行分析，并为每一个词和句子创建索引，以使读者能够在搜索引擎上搜索到。被搜索的图书只能以片段形式零星展示，不能同时展示完整页或连续页。

涉案图书《盐酸情人》由谷歌公司于 2008 年 3 月 14 日在美国进行扫描。谷歌公司根据与美国斯坦福大学的协议获得涉案作品的纸件版本，并根据美国法律对该图书合法地进行数字化扫描，涉案作品的数字化扫描的电子版本仅保存于谷歌公司在美国的服务器中。北京谷翔信息技术有限公司从未获得、持有该书的扫描后的复制品，其服务器中未以任何形式保存该书的扫描后的版本，亦未以任何形式参与扫描事务。

二、原告主张

2009 年 10 月 30 日，原告发现，在 www. google. cn 网站的图书搜索栏目页面键入"棉棉"关键词，可以搜索到涉案《盐酸情人》。点击该搜索结果，页面显示涉案作品的图书概述、作品片段、常用术语和短语、作品版权信息等内容。在该页面上，选择常用术语和短语中所列明的相应关键词进行搜索，可以看到相关的作品片段，如图 1、图 2 所示。

图 1   图 2

原告认为，被告谷歌公司侵犯其复制权、保护作品完整权。被告北京谷翔信息技术有限公司作为 www. google. cn 的经营者，侵犯其信息网络传播权。

原告为此主张被告承担停止侵权、赔礼道歉、赔偿经济损失 170 余万元及精神损害赔偿 6 万元。

三、被告主张

被告谷歌公司认为：（1）其系在美国注册的公司，对涉案图书进行数字化扫描的行为发生在美国，该行为虽然并未经过涉案图书著作权人的许可，但并未违反美国法律，因此，中国法院对其所实施的行为并无管辖权。（2）本案 www. google. cn 网站并非谷歌公司经营，搜索结果的合法性是本案争议的基础事实，谷翔公司图书搜索的行为是否侵犯原告权利直接决定原告诉讼请求能否成立。

被告北京谷翔信息技术有限公司认为：（1）谷翔公司作为网络服务提供者，其提供给用户的是搜索服务，包括链接服务，而非信息网络传播行为。当谷翔公司在收到原告的权利人通知后已经断开与其作品的链接，不应承担赔偿责任。（2）原告的作品以片段的方式展示，是搜索产品的基本功能，也是对作品的合理使用。www.google.cn 网站不能下载原告作品，故使用的目的和效果并未替代作品本身，不损害权利人的利益，反而会促进权利人利益的实现。

四、法院观点及判决结果

（一）关于中国法院对本案的管辖权

根据《民事诉讼法》第 243 条规定，"侵权行为地"即为其中之一。只要案件中所涉诸多侵权行为之一发生在中国境内，中国法院即对整个案件具有管辖权。鉴于涉案网站 www.google.cn 是在中国登记注册的网站，可以认定中国是被控信息网络传播行为的侵权行为地，中国法院即可对本案全部涉案侵权行为具有管辖权。

（二）本案准据法的确定

因本案为民事侵权纠纷案件，故本案准据法的确定应依据《民法通则》第 8 章"涉外民事关系的法律适用"中有关涉外侵权案件法律适用的相关规定。该部分第 146 条规定，"侵权行为的损害赔偿，适用侵权行为地法律"。

本案中，原告认为两被告应对复制行为和信息网络传播行为承担责任。鉴于中国为涉案信息网络传播行为的行为实施地，以及涉案复制行为的结果发生地，故依据上述规定，可以依据中国的相应法律对涉案被控侵权行为进行审理。

（三）两被告是否侵犯原告的信息网络传播权

1. 北京谷翔公司是否实施了信息网络传播行为

判断某一主体实施的行为是否属于信息网络传播行为，关键因素在于该主体是否实施了将作品、表演、录音录像制品上传至或以其他方式将其置于向公众开放的网络服务器中的行为。

鉴于原告提交的公证书中显示，涉案网站提供涉案图书的整个过程均在涉案网站页面下，既未跳转到其他网站的页面中，其地址栏中的网址亦未变更为其他网站的地址。故上述情形可以初步推定涉案图书系存储于谷翔公司所经营的涉案网站的服务器中，该公司实施了对涉案作品的信息网络传播行为。

2. 北京谷翔公司是否侵犯原告的信息网络传播权

在一定程度上，著作权对权利人个体利益的保护应最终服务于更高的社会利益。在特定情况下，如果他人未经著作权人许可而实施的著作权所控制的行为并未与作品的正常利用相冲突，也没有不合理地损害著作权人的合法利益，则通常可以认定此种使用行为构成对著作权的合理使用，不属于侵犯著作权的行为。

具体到本案，一审法院认为谷翔公司的行为构成合理使用。

（1）涉案信息网络传播行为并不属于对原告作品的实质性利用行为，尚不足以对原告作品的市场价值造成实质性影响，亦难以影响原告作品的市场销路。

（2）涉案信息网络传播行为所采取的片段式的提供方式，及其具有的为网络用户提供方便快捷的图书信息检索服务的功能及目的，使得该行为构成对原告作品的转换性使用行为，不会不合理地损害原告的合法利益。

（四）被告是否侵犯原告的复制权

1. 谷歌公司是否侵犯原告的复制权

鉴于谷歌公司明确认可其对涉案图书实施了全文电子化扫描的行为，该行为属于复制行为，且未取得著作权人的许可。

谷歌公司的复制行为不构成合理使用：

（1）就行为方式而言，这一"全文复制"行为已与原告对作品的正常利用方式相冲突。

（2）就行为后果而言，这一全文复制行为已对原告作品的市场利益造成潜在危险，将不合理地损害原告的合法利益。

谷歌公司这一全文复制行为会在以下两方面对原告的市场利益造成潜在危险：

（1）这一全文复制行为会为谷歌公司未经许可对原告作品进行后续利用提供很大程度的便利。

（2）这一全文复制行为亦会为他人未经许可使用原告作品带来较大便利。

此外，一审法院着重强调以下两点：

（1）谷翔公司的信息网络传播行为是否构成合理使用，与第二被告的全文复制行为是否构成合理使用，并无必然联系。

（2）是否存在对复制件的后续使用或传播行为，原则上不影响对与复制行为本身是否构成合理使用的认定。之所以规定"单独"的复制行为亦原则上构成侵权行为，其根本原因在于单独的复制行为亦会对著作权人的经济利益造成损害：一是可能会对著作权人的经济利益造成"现实"损害；二是可能会对著作权人的经济利益造成"潜在"危险。

2. 谷翔公司是否应与谷歌公司共同承担侵犯原告复制权的法律责任

本案中，原告既无证据证明两被告共同实施了复制行为，亦无证据证明存在教唆行为，故认定是否构成共同侵权行为的关键在于是否构成帮助侵权行为。

虽然两被告均认可涉案网站提供的原告作品源于谷歌公司的复制行为，但鉴于现有证据无法证明在涉案复制行为发生之前，谷翔公司为谷歌公司提供了相应帮助行为，据此，本案中谷翔公司的行为并未构成帮助侵权行为。

（五）两被告是否侵犯原告的保护作品完整权

歪曲、篡改他人作品的行为，构成对著作权人保护作品完整权的侵犯。鉴于保护作品完整权的设立意义在于保护作者的声誉不受损害，故通常情况下，只有在对作品的使用实质性地改变了作者在作品中原本要表达的思想感情，从而导致作者声誉受到损害时，才可认定其构成对保护作品完整权的侵犯。

本案中，将涉案作品拆分为片段并提供的行为虽然使读者无法知晓该作品的完整含义，但这一后果并不足以导致作者的声誉受到损害。据此，上述行为并未侵犯原告的保护作品完整权。

（六）判决结果

谷歌公司立即停止侵权行为，并赔偿原告经济损失人民币 5000 元，诉讼合理支出人民币 1000 元。驳回原告其他诉讼请求。

一审判决后，被告谷歌公司提出上诉，被北京市高级人民法院驳回，维持一审判决。

裁判文书来源

一审：

二审：https://wenku.baidu.com/view/f7165053182e453610661ed9ad51f01dc28157f3.html.

第二部分　案件评析

评析人：*杨安进*

一、类似的美国案件

最迟自 2005 年起，美国也发生了一系列以作家个人、作家协会、出版商为原告，针对谷歌图书馆项目而起诉谷歌公司的诉讼。这些案件分布在不同的法院，与中国案件类似，谷歌公司的一个主要抗辩理由是合理使用。

而这些判决的案件中，法院均支持了谷歌公司合理使用的抗辩。

二、合理使用的标准问题：中美判决差异所在

从上述可见，针对同一个谷歌"图书馆计划"，中国和美国法院判决不同的主要差异体现在对合理使用的认定上。

在中国案件中，由于扫描复制主体（谷歌公司）和搜索主体（www.google.cn 网站的运营者北京谷翔公司）并非同一主体，而且分布在不同国家，因此，法院在合理使用的认定上是分开论述的。

在美国法院，其对合理使用原则的理解不同于中国法院。以 2013 年美国纽约州地区法院判决的作家协会以及作家贝蒂米尔（Betty Miles）、约瑟夫·古登（Joseph Goulden）、吉米·布登（Jim Bouton）等诉谷歌公司案为例，美国法院认为谷歌公司的行为构成合理使用。

法院先论述了谷歌图书馆计划的好处：

（1）谷歌图书向读者和研究者提供了一种全新的图书搜索方式，大大方便了图书管理员对来源进行识别和发现，也给图书馆馆际借阅带来便利，并且方便了对引用情况的寻找和检查。因此，谷歌图书为研究者和图书管理员带来了便利，也为教育事业做出了贡献。

（2）谷歌图书允许人文学科的学者对大数据进行分析，通过对词汇搜索频率等内容的分析，大大促进了"数据挖掘"及"文本挖掘"的发展。

（3）谷歌图书大大增加了公众对图书的接触机会。

（4）谷歌图书有助于书籍的保存，并使其焕发新生命。

（5）通过帮助读者和研究人员对书籍进行识别，谷歌图书也给作者和出版商带来益处。

接下来，美国法院对《美国版权法》第 107 条规定的合理使用问题在该

案中的适用进行了详细论述。

（1）使用的目的和特点。谷歌公司对书籍的使用属于高度转换性使用（transformative use）。谷歌图书将书籍数字化并且将表达文本转换为全面的词语索引，这样大大方便了读者、学者以及他人对图书的查找。谷歌公司使用"片段展示"（snippets view）的方法也属于转换性使用，可以帮助读者对书籍进行定位，并对自己是否对该书感兴趣作出判断。谷歌图书对这些图书的片段化使用扩大了使用者对书籍的选择余地。

谷歌图书并没有全部替代书籍，因为它并非一个图书阅读器。相反，它"为其来源增添了价值"，并且助益于"新形式、新美学、新视野和新理解的创造"。

因此，谷歌公司高度符合合理使用的此要件。

（2）版权作品的属性。谷歌图书馆计划涉及各种类型的图书，包括虚构的与非虚构的，在印的和绝版的，等等。虚构的图书有更高的版权保护理性基础，而该案涉及的图书多数是非虚构的，并且涉案图书多为已出版的图书，是能够为公众所获取的。因此，谷歌公司也满足合理使用的此要件。

（3）使用部分的数量和重要性。谷歌公司对全书进行了扫描。但是法院认为即便如此也可能构成合理使用。

由于谷歌图书的目的在于为使用者提供全书检索，因此全书扫描对于这一目的的实现必不可少，并且谷歌图书采取了相应措施以防止全书内容在网上呈现。

权衡之下，谷歌公司对该要件的满足程度略低。

（4）对图书的潜在市场或价值的影响。原告认为谷歌图书对书籍的市场价值产生了负面影响，因为谷歌图书浏览器充当了纸质书籍的"市场替代品"。原告还认为用户可以通过对搜索词稍加变换的方式获取图书的全部内容。

但无论如何，谷歌并没有售卖其扫描件，并且浏览器也不可能取代书籍。尽管谷歌的合作者（图书馆）能够下载扫描件，但他们在此前已经有此藏书。并且事实证明，用户不可能通过无限次的变换搜索词来获取全文。

相反，谷歌图书促进了图书销售量，增进了出版商的利益。因为书籍售卖的关键在于其是否能为公众所发现。而谷歌图书恰恰是提供了这样一种公众发现的途径。

因此，谷歌公司高度符合合理使用的此要件。

（5）综合考量。成文法所列举的考量因素是非穷尽式的，在判定是否构成合理使用时，要对可能的因素进行全面考量。

在法官看来，谷歌图书有很强的公益属性。它在促进科学和艺术发展的同时，也维护了作者和版权所有者的利益。

三、中美判决差异的原因：对行业理解不一样

从上文看，中美法院在判断合理使用问题上，使用的标准几乎是一样的。

中国法院对合理使用的判断，已经超出《著作权法》第 22 条所列举的范围，该案二审法院北京市高级人民法院在判决书中总结为："判断是否构成合理使用的考量因素包括使用作品的目的和性质、受著作权保护作品的性质、所使用部分的性质及其在整个作品中的比例、使用行为是否影响了作品正常使用、使用行为是否不合理地损害著作权人的合法利益等。"

美国法院对合理使用的判断依据则主要是《美国版权法》第 107 条规定的要素，即使用的目的和特点、作品的属性、使用部分的数量和重要性以及对图书潜在市场或价值的影响。

基本相同的事实，适用几乎同样的标准，为什么两国法院就合理使用问题得出完全相反的结论？

笔者认为，抛开其他影响因素，单就判决而言，美国法院更多地考虑了谷歌图书馆计划这种互联网应用的公益属性，而中国法院则以谷歌公司没有证据证明为由未予考虑其合理使用问题。

这样就涉及互联网纠纷案件处理中的一个关键环节：如何理解所争议的这个行业？站在什么样的角度和高度来理解？

据笔者所代理或知晓的互联网纠纷案件中，很少有法院从公益的角度来理解一个互联网应用。比较通行的做法就是"一刀切"：只要是商业公司，一切行为都是商业的。

这种观点没有充分考虑到社会对司法的需求是很精细的：互联网整个行业、某个互联网公司，甚至某个特定的应用（产品），在不同的年代、不同的发展阶段，其公益性和商业性的混合比例是变动的。如果像上述那样以不变应万变来处理，则难免失之偏颇和粗糙。

四、互联网行业的特点：需要更复杂地看待业务模式

（1）互联网产生的价值取向就是开放共享，因此其先天基因决定了其从业者，尤其是行业开拓者，多少都带有一定的理想主义色彩，希望通过自己的努力改善人类的生活，具有明显的"利他"冲动。这一点与第一产业、第二产业从业者生下来就是为了交换、出售、"利己"存在明显区别。

（2）互联网产业之所以能够一定程度上允许理想主义的存在，是因为高度发达的金融产业源源不断为该行业输入资金，从而使从业者在一定时间内谋

生压力较小。

（3）资本的属性，决定该行业理想主义的存在空间是有限的，谋生也是迟早的事，只不过这个过程更加间接、更加委婉，甚至带有一定的不确定性。该行业投资者已经从第一产业、第二产业对即时交易利益的关注，转为对长远期待利益的关注。

（4）基于以上特点，该行业总体上具有高门槛、高风险、高收益的"胜者通吃"特点。

因此，在复杂地混合着理想主义（对应的是公益属性）和商业主义（对应的是盈利属性）的行业行为中，一旦争议发生时，裁判者不仅要擦亮眼睛仔细辨别，更重要的是以适当的价值取向予以对待。

尤其在实践中，一项互联网服务的推出到最终成功，是具有明显的阶段性的。当刚推出的时候，往往想尽一切办法先占领市场，让用户广为接受，然后在此过程中寻找盈利模式（比如广告）以图盈利。

因此，在互联网商业模式下，产品与盈利模式往往是分开的。这种分开有的是相对分开，比如免费搜索是一种产品，而竞价排名广告则是盈利模式。支付宝等支付软件是免费产品，而存量资金的使用则是一种盈利模式。这种相对分开的情况下，产品与盈利模式是一起推出、密切关联的。

有的则是绝对分开，比如，免费杀毒软件是一种产品，也许很难直接捆绑一种盈利模式，而利用免费杀毒软件树立起行业品牌形象后，相继推出的其他安全产品（如浏览器），则可能成为一种盈利模式。

在这种情况下，讨论某种互联网行为的合法性时，应该区分产品行为和盈利模式行为，当这两种行为都存在时，显然属于明显的商业行为，其公益属性较弱。而如果只存在产品行为，而没有盈利模式行为时，尽管行为人可能也在努力寻找盈利模式，但还是应当认定其具有较强的公益属性。

五、小结：平衡法律适用与行业规律

对于互联网产业的纠纷，归根结底，是判断包括版权合理使用行为在内的行为的合理性问题。

在判断合理性的时候，应该平衡法律适用与行业规律，尤其需要在充分了解行业业务模式的基础上洞悉其对社会的影响，并在此基础上适用法律。

虽然出于价值取向和其他影响因素的差异，很难认定某种取向的优劣，但终归有一些基本规律可以遵循：

（1）考察产品的目的和手段是否正当。

（2）考察其盈利模式是直接还是间接的，是现实的还是未来的，是可预期的还是不确定的。

（3）产品行为和盈利行为是否同时存在。

上述要素（2）、要素（3）都是动态的，因此，对一个互联网产品（行为）的法律判断也是动态的，而不是一锤定音、一成不变的。

考察上述要素的目的，是判断争议发生的时候争议行为中公益成分和商业成分的多寡，从而确定对该行为合理性判断的松严尺度，也就是先确定大方向，再在此基础上根据谷歌图书馆案件中的合理使用判断要素等具体依据作出判断。在此基础上作出的判断，才会实现社会、企业、利益关联方多赢的局面。

案例十：互联网百科类内容的权利蛋糕到底该如何分

——百度公司诉奇虎公司百度百科侵权案

案情整理及评析：杨安进

原告：北京百度网讯科技有限公司

被告：北京奇虎科技有限公司

一审：北京市第一中级人民法院，（2013）一中民初字第 5599 号

代理人：杨安进、黄馨瑶，北京市维诗律师事务所律师，代理北京奇虎科技有限公司

第一部分　基本案情

一、案件背景

互联网百科类服务起源于 Wiki 技术，是一种多人协同写作的网络技术。维基百科（Wikipedia）是互联网百科类服务领域的先驱，其经典的运营模式为：用户在不侵犯其他作品著作权的情况下，根据可靠的第三方来源对信息加以整合并在百科平台予以发布。同时，其内容都是以知识共享—署名—相同方式共享 3.0 协议（CC - by - sa - 3.0）方式授权。作者能保有其创作内容的所有权，同时本授权让这些内容能被自由地散布或复制。

维基百科自我界定为一部内容开放的百科全书，一个动态的、可自由访问和编辑的全球知识体，允许任何第三方不受限制地复制、修改及再发布材料的任何部分或全部。维基百科也是对知识社会条件下用户参与、大众创新、开放创新、协同创新的生动诠释。

其后，以维基百科为范本，各色互联网百科类服务纷纷涌现，但都没有突破其经典运营模式。

互联网百科服务因其丰富、及时的知识性，是互联网上的"百科全书"，广受网民喜爱。许多互联网搜索公司多设有百科服务频道。本案中的原告和被告均有各自的百度百科服务和 360 百科服务。

二、原告主张

原告北京百度网讯科技有限公司（以下简称"百度公司"）认为：原告是百度网站的经营者、管理者，被告的 360 百科自上线以来，存在未经许可大量抄袭、使用百度百科内容的行为，许多内容为热门词条。百度百科的内容是原告长期经营所积累的内容，是其赖以生存的用户基础和流量来源。

被告未付出相应劳动和成本，迅速获得用户和流量，取得本应属于原告的市场份额，削减了原告的竞争优势和交易机会。

故原告请求法院判决被告立即停止相关行为，公开声明以消除影响，并赔偿损失 1000 余万元。

三、被告主张

被告北京奇虎科技有限公司（以下简称"奇虎公司"）认为：被告 360 百科的内容亦由用户产生，而非原告所称的抄袭。在原告举证的内容中，所涉及的词条内容占全部词条内容的比例极少，且原被告各词条的内容并不一致。更重要的是，原被告对词条的编排完全不一样。

百度公司对百科词条的内容并不享有基于竞争法上的权益。

被告请求法院驳回原告的全部诉讼请求。

四、法院观点及判决结果

本案在经证据交换、法庭辩论等庭审程序完毕之后，判决之前，原告百度公司撤诉结案。

第二部分　案件评析

评析人：杨安进

一、百科类服务的特点

百科类服务中的内容通常均来自无数的第三方公开来源，并由用户交互产生，而非一人完成，这符合互联网共享、开放的特点。由于其来源具有公开、广泛性，百科类服务商均不禁止甚至鼓励从其他来源提供信息。且基于词条中客观事实的同一性，因此，百科类服务提供商彼此存在一些相同的词条和内容，也存在一些各自不同的词条和内容。

简而言之，互联网百科的词条内容存在以下特点：（1）用户产生内容；（2）内容来源于公开、广泛的第三方；（3）海量信息；（4）词条内容多为客观事实，涉及虚构和自由创作的较少。

以上特点不但决定了百科类服务的核心竞争力所在，也是对著作权权利边界进行界定和对不正当竞争行为进行判定的基础。

二、基于著作权的权利基础分析

互联网百科词条集合可以被视为数据库的一种，这决定了二者在法律保护上的相似性。但互联网百科的特有属性又决定了其法律保护上的特殊性。在著作权法律保护的视域下，对可能的权利归属进行厘清是问题解决的出发点。

互联网百科有三层数据结构：（1）单个词条；（2）一定数量的词条集合；（3）作为整体的互联网百科。对每一层结构的权益分析，之于互联网百科的保护都有其特殊的意义。

（一）单个词条的权益归属

互联网百科是一个开放式的空间，由数量庞大的词条构成。因此，单个词条是百科的"元单位"。

在词条来源上，词条内容是由用户上传的，其内容也通常来自可靠的第三方来源，但也不能排除编写者的自创内容。就单个词条内容而言，有的词条可以构成著作权法意义上的作品，有的则是不构成作品的数据、独立元素、材料或资料。同时，只有构成"作品"才会落入著作权保护的范围。

由此，单个词条内容是由用户在不侵犯版权作品的前提下，对来源于可靠第三方的素材进行加工而形成的。倘若满足"独创性"之要求而构成著作权意义上的作品，那么该词条（作品）的著作权为用户所有。

在其他情形之下，是没有著作权权利的存在空间的。因此，单个词条内容不是互联网百科服务商可以主张权利的内容，并且根据 CC－by－sa－3.0 协议，尽管不鼓励，但其他网站重新使用某一百科的完整条目并不被禁止。因此，任何由服务商基于单个词条的相似性而提起的所谓侵权争议是缺乏权利基础的。

（二）作为整体的互联网百科词条的著作权分析

1. 关于汇编作品

由于百科类单个词条通常是由用户上传，同时其内容往往反映的只是客观事实，因此单个词条一般并非百科服务平台享有权利的作品。与此同时，《著作权法》第 14 条规定："汇编若干作品、作品的片段或者不构成作品的数据或者其他材料，对其内容的选择或者编排体现独创性的作品，为汇编作品，其著作权由汇编人享有，但行使著作权时，不得侵犯原作品的著作权。"

汇编作品的著作权保护是对"选择"或者"编排"工作在法律上的肯定与认可。但需要符合"独创性"之要求才能够被纳入著作权保护之范畴，恰如英国法官迪沃布克（Beaverbook）所言，"原创性是整个版权法的基石之一"。同时，汇编作品的著作权保护指向的是表达或结构，而不延及内容本身。

易言之，汇编作品的构成要件是：其一，有"选择"或者"编排"行为；其二，选择或编排符合"独创性"之要求。

2. 词条信息的编排结构与汇编作品著作权

百科词条的编排结构有两层含义：一是词条之间的排列关系；二是单个词条内容的顺序和结构。这里只讨论前者。

为什么要强调百科词条的编排问题？因为在实际上，百科类词条数据应该是有序的，不同的百科服务提供商有各自的数据结构。如果数据是无序的，用户就无法使用。而不同的数据结构，不仅导致内容不一样，更重要的是用户体验不一样，比如用户检索词条的方便程度等。

甚至可以说，互联网百科服务提供者的价值，关键就在于为用户提供词条的选择编排服务，这几乎是百科类服务提供者除了提供存储服务之外的唯一劳动性贡献。只不过这些选择编排主要是通过事先设定好的程序实现的，人工劳动只是辅助，而不是像传统上主要靠人工来完成；并且囿于百科服务的特点以及技术上的有限性，百科在编排上的创新空间并不大，也因此而失去"个性"。

然而，需要明晰的是，上述基于一般情形的分析并不意味着对词条集合作为著作权客体的全然否决。倘若百科服务商对信息进行了创造性的选择或编排，并体现结构上的独创性，那么百科可以构成汇编作品，从而落入著作权法保护范畴。

（三）一定数量的词条集合是否享有著作权法意义上的权利

一定数量的词条集合是中间层次的概念。严格地说，这并不是一个独立、严谨的结构层级，更多的是一个数量上的概念。然而，在侵犯著作权争议中，一定数量的词条往往以松散的集合形式出现。其实质是无原创性信息的无原创性集合（或称杂乱集合），或者可简称为简单数据信息的无序堆砌。

在这一层面上，一方面，如前所述，词条集合的内容来源于用户上传的第三方；另一方面，缺乏结构严谨的结构编排。因此，一定数量的词条集合不享有著作权意义上的权利。但是，它在互联网百科的反不正当竞争法保护上颇具讨论价值。

三、基于"额头出汗"原则的权利基础分析——反不正当竞争法的适用

鉴于著作权主张上的困难，就像百度公司在本案中的主张一样，网络服务商可能基于反不正当竞争法中的"公平、诚实信用"兜底条款寻求救济。

（一）基于"额头出汗"原则所享有的权益

"额头出汗"原则（sweat of the brow doctrine）在对上述问题的厘清上颇有助益。"额头出汗"原则的理论基础是将对数据库的保护作为对劳动和投资的回报。在美国版权史上，这一原则曾被用作版权成立的判定标准，但由于其赋予作品以过分的"垄断性"权利而饱受诟病。1991 年的 Feist 案将其推翻，并确认"独创性"是版权成立的必要要件。

诚然，在我国现行法律下，"额头出汗"原则亦不能作为著作权的判定标准，但该原则对法益（而非著作权权利）界定问题的启示在于，尽管百科服务商在选择和编排上付出的劳动并不明显，更多的是为用户提供一个存储平台这样的物质基础。然而，其在人力、物力以及时间上的投入这一事实不容回避。这些投入优化了用户体验，强化了其核心竞争力，进而带来行业竞争优势。

在此情况下，倘若具有竞争关系的服务商直接大量"盗用"其内容，那么，这种通过低成本的"搭便车"行为在短时间内积聚竞争优势的行为是有悖于诚实信用原则和商业道德的。

（二）权益损害的考量因素

基于"额头出汗"原则，百科服务商享有法律上的利益。然而，这种权益基础毕竟相对微弱。同时，鉴于互联网百科具有较强的公益属性，对不正当竞争之判定，应同时符合以下较高的标准。

（1）数量相当大，达到百科信息集合量的实质性重要程度。用单纯数量衡量，起码应达到 60% 以上。

（2）被控方"抄袭"的部分信息集合应与控方相应的部分是局部与部分的关系，也就是说被告被指控的部分与原告的部分应该是完全一样的，而不应存在所谓近似问题。原因有四：

其一，对此类信息集合中的单个信息比较是没有意义的，因为原告对单个信息不享有权利，所以比较单个信息是否近似没有意义。

其二，信息汇集者基于"额头出汗"原则而对信息集合享有的权益本身就很微弱，其信息集合本身以及集合中的每个单独信息都应当是唯一的、明确

的、确定的，不能扩展到近似信息的集合上去。单个的信息如果不一样，所产生的信息集合就是另一个信息集合，而不再是原来那个信息集合。实践中，即使对于具有独创性的作品，判断作品是否近似都应持有较严格的标准，何况权益基础本就很弱的简单数据信息集合。

其三，对此类信息集合的权益进行保护的目的，就是防止他人原封不动地照搬这些信息集合。如果他人所汇集的内容是另行经过加工后形成的，而不是简单复制，就不是信息集合权益所要保护的对象。

其四，百科类词条的内容多为客观事实，同样的词条内容不可能不类似。因此，不应以单个词条内容的近似程度，以及近似词条数量的多寡，作为判断是否存在"抄袭"的依据以及保护其信息集合体权益的依据。

四、互联网百科法律保护的限度：从利益平衡角度出发

互联网百科的法律保护涉及服务商所享有的权益与公共利益之间的平衡关系，以及具有竞争关系百科服务商之间的竞争关系。因此，互联网百科的权利范围界定高度重视利益平衡。

（一）用户公共利益

互联网百科具有天生的公益属性，给予互联网百科以过高的保护水平，可能会阻碍个人在网络上检索、收集和交换信息，易产生服务商对信息市场垄断的危险。这不但会影响他人对资源的获取，也会因其有悖于"足够而良好"的先决条件而撼动权利存在基础。

此外，一些互联网百科服务提供者利用《用户协议》的格式条款，强行占有用户的成果，并利用用户的成果去打击对手，用户则完全被抛弃在一边。用户是百科类服务的核心，损害了用户利益，也是损害该行业。

因此，互联网百科的保护要充分考虑公共利益。

（二）维护市场竞争秩序，促进行业充分发展

反不正当竞争之保护涉及互联网百科类服务的业务模式和经营形态的根本性重大问题。鉴于其经营模式的高度同质化，服务商之间的竞争本应立足于服务创新，而不应试图通过司法确认而独占非自己创造的内容，打击竞争对手。否则，将非常不利于百科类服务的自由竞争和健康发展，会导致行业无序的低水平竞争。

五、结语

基于互联网百科类服务"开放、共享"的特点，结合词条内容的客观性，决定了法律对百科服务者的有限保护。在百科的形成过程中，服务商往往充当

信息存储者的角色，而非信息收集、编排者。因此，在一般情况下，服务提供商并不享有对词条抑或词条集合的著作权法上的权利。

也正因如此，在互联网百科法律保护视域下，反不正当竞争法具有广阔的发挥空间。基于"额头出汗"原则之考量，服务商可能获得有限程度上的法益。然而，权益基础的薄弱性决定了较高的证明标准。只有这样，才能在为服务商提供合理程度保护的同时，避免对市场充分竞争与发展造成阻碍。

案例十一：手机内置视频软件 App 的著作权侵权责任问题[*]
——联想手机视频侵权案
案情整理及评析：杨安进　沙仁高娃

原告：乐视网（天津）信息技术有限公司
被告：北京联想调频科技有限公司
第三人：飞狐信息技术（天津）有限公司
一审：北京市海淀区人民法院，（2017）京 0108 民初 29351 号
二审：北京知识产权法院，（2018）京 73 民终 635 号

代理人：杨安进、刘汉川、王青，北京市维诗律师事务所律师，一、二审代理北京联想调频科技有限公司

第一部分　基本案情

一、案件背景

原告乐视网（天津）信息技术有限公司（以下简称"乐视网"）享有对《被遗弃的秘密》等 24 部作品的独家信息网络传播权。

被告北京联想调频科技有限公司（以下简称"联想公司"）的关联公司摩托罗拉（武汉）移动技术通信有限公司生产了型号为"Lenovo X2 - TO"的智能手机，该手机内置的一款"视频"App 软件，由被告联想公司开发运营，用户通过该软件，可以在线点播涉案影视剧。

第三人飞狐信息技术（天津）有限公司（以下简称"搜狐视频"）与被告联想公司曾于 2014 年签订《推广协议》，该协议约定，联想公司通过其渠道以搜索关键词的方式推广视频内容，即网络用户通过联想手机渠道搜索视频内

* 北京市高级人民法院于 2020 年 12 月作出（2020）京民再 142 号民事判决。

容，联想手机给予视频内容相关链接展现，网络用户点击相关链接后，完全跳转至搜狐视频平台观看视频内容；视频内容播放页面、播放网站、播放软件和播放内容均归搜狐视频所有。

原告以被告通过手机内置"视频"软件进行涉案 24 部影视剧作品播放的行为侵犯其信息网络传播权为由，向北京市海淀区人民法院提起侵权诉讼，要求被告停止侵权行为，并就每部作品赔偿损失 5 万元。

二、原告主张

原告认为，原告对涉案的 24 部作品享有独家信息网络传播权，被告在其关联公司生产的型号为 Lenovo X2 – TO 手机中内置的"视频"软件播放涉案作品，使用户可以通过手机随时观赏原告所主张的影视剧作品，构成侵犯作品信息网络传播权。

同时，原告认为，其与第三人搜狐视频的合作中，不包含通过手机渠道的合作，因此，被告认为其手机播放的影视剧来源于第三人的抗辩，并不影响被告向原告承担侵权责任。

三、被告主张

被告联想公司认为：

（1）被告不构成直接侵权。涉案软件仅是通过 API 接口向"搜狐视频"发送用户输入的关键词，"搜狐视频"完成关键词搜索之后，将搜索结果传回涉案手机软件，涉案软件向用户展示搜索结果。被告没有上传任何内容，也不控制内容，没有提供作品，涉案软件只能是可能的播放工具，不是片源；更不是作品的直接传播者，仅有涉案软件只是具备了播放的可能性，如同照相机只是具有复制照片的可能，不能直接判照相机侵权。

（2）被告只是与第三人进行泛泛的推广合作，而非就具体作品进行合作，更非针对涉案作品进行合作，被告并无与第三人共谋涉案侵权行为的故意，不构成共同侵权或间接侵权。

（3）原告与第三人之间就涉案作品存在授权合同，且第三人与被告也存在合作推广协议，第三人宣称其所有视频均为合法正版来源，故无论这两份协议内容是否存在冲突，被告均已尽到合理注意义务，不存在过错。

（4）原告的主张会导致其从被告和第三人不正当地双重获利，相应的社会效果也是负面的。

四、第三人主张

第三人搜狐视频认为：

（1）第三人不认可其向被告提供了涉案作品的来源，认为涉案软件与第三人没有任何关联。

（2）被告虽与第三人签订了推广协议，但是该协议签署后并没有实际履行，双方没有进一步的合作。第三人未向被告提供过任何端口，且双方签订推广协议的作品展示模式也与本案中涉案作品实际展示模式不同。

五、对有关技术事实的现场勘验

本案的一个核心事实问题，是涉案作品在联想手机上播放时来源于哪里。由于被控侵权作品已经无法在联想手机上播放，即使能够继续播放，亦难以从外在观感判断前述技术事实，故需要通过技术勘验的方式予以确认。

尤其是庭审中第三人搜狐视频拒绝配合开放搜狐视频服务器端口，故进行技术勘验成为唯一选择。

本案一审审理中，被告联想公司向一审法院提交的技术勘验的申请未获批准。二审中，二审法院批准了技术勘验申请，并在二审法院主持下，各方通过抓包软件，抓取被控侵权手机在进行视频播放操作时实时产生的有关数据，并通过对数据包中的数据进行分析，从而获得有关技术事实。

在本案中，我们将手机调整到工程模式界面，手机端抓取并生成相关技术操作步骤的日志信息数据，对该数据进行解析后，可以查看数据源服务器，并获取通用资源标识符 URI 的定位信息如下：

http://open. mb. hd. sohu. com/sdk/search2/keyword/album. json？key =％ E5％8D％8A％ E8％ B7％ AF％ E7％ 88％ B6％ E5％ AD％ 90&o =1&all =0&page =1&pageSize =18&api_key =86809154a07b09c65856451f5b51070a。

在这串勘验所得的字符串中，api_key =86809154a07b09c65856451f5b51070a，表明该串 API 密钥的具体数据。由于该密钥的复杂性，不可能通过偶然测试获得，结合其他证据，发现该串密钥与第三人搜狐视频向被告联想公司此前提供的 api_key 完全一致。

通过技术勘验分析，可以发现，当用户发出对涉案作品的访问请求后，该请求会且唯一会指向第三人搜狐视频的服务器，而非被告联想公司的服务器，且勘验数据的字符串中的 api_key 确与第三人向被告提供的一致，这就说明一个基本事实：联想手机播放的影视剧视频来源于第三人。

这些技术事实确定后，接下来主要就是法律适用问题了。

六、法院观点及判决结果

本案的主要争议事实，是被告联想公司的行为是否构成侵犯信息网络传播权。

（一）一审法院观点和判决

一审法院认为，被告联想公司辩称涉案软件仅提供搜索和链接功能，涉案作品的视频内容由第三人搜狐视频提供，但根据涉案作品在涉案软件中的展现形式，仅凭视频播放时的水印中含有"搜狐视频"，无法确认视频内容来源，被告联想公司对此亦未提交充分证据。被告虽主张其与第三人签署有推广协议，但涉案作品在涉案软件中的展现形式明显与协议关于"完全跳转至乙方平台观看"的约定不相符。同时，第三人不认可被告联想公司关于第三人通过开放接口向其提供涉案作品的主张，在此情况下，被告应承担因举证不能而导致的不利诉讼后果。

在此情况下，一审法院推断是被告联想公司自行提供了作品来源，从而判决被告联想公司停止侵权，对每部作品赔偿3万元。

（二）二审法院观点和判决

二审法院纠正了一审法院认定的播放的涉案作品来源于被告联想公司这一事实认定，并通过现场勘验的方式最终认定播放的涉案作品来源于第三人搜狐视频服务器。

（1）联想公司是否单独提供了涉案作品。

二审法院根据现场勘验的数据分析从而认定，用户在使用涉案手机中的涉案软件进行涉案作品的观看时，当用户搜索涉案作品名称时，软件会向第三人搜狐视频服务器发出搜索请求，通过第三人提供的服务器网络地址查询后获得涉案作品。涉案软件如需正常播放涉案作品，须由第三人提供对应的api_key。

庭审中第三人经二审法院询问，拒绝开放搜狐视频服务器端口，法院现场勘验中涉案作品无法正常播放，但是勘验中抓取的涉案作品URL定位信息中的api_key与第三人搜狐视频工作人员和被告联想公司工作人员的往来邮件内容所涉及的api_key是完全一致的，在第三人否认邮件真实性的情况下，二者的相同难谓巧合。

结合涉案软件搜索播放的视频地址来自搜狐服务器的事实，应当认定被告与第三人履行了《推广协议》的内容，由被告提供具备搜索引擎功能的客户端软件，第三人提供具有合法来源的涉案视频内容。原告乐视网及第三人搜狐视频提交的相反证据不足以证明联想公司提供了涉案作品，一审法院关于涉案作品由联想公司提供的事实认定错误，二审法院予以纠正。

（2）联想公司是否与搜狐视频分工合作提供了涉案作品。

二审法院认定，尽管被告联想公司与第三人搜狐视频签订了《推广协议》，但根据该协议明确约定本协议下双方互不支付任何费用。在本案也再无其他证据证明原告联想公司与第三人搜狐视频之间具有共同提供涉案作品的主观意思联络，且被告能够证明其仅提供搜索连接的网络服务，故被告联想公司并未通过分工合作的方式与第三人搜狐视频共同提供作品。

基于上述认定，二审法院判决撤销一审判决，并驳回原告乐视网的全部诉讼请求。

裁判文书来源

一审：

二审：

第二部分　案件评析

评析人： 杨安进，沙仁高娃

本案是通过技术手段查明有关技术事实，从而认定信息网络传播权侵权事实问题的典型案例。同时，本案也是对于业界争论较大的信息网络传播权认定标准的司法回答，具有很强的产业实践指导意义。

一、判断信息网络传播权侵权的几个主要原则

2010 年修订的《著作权法》第 10 条规定："信息网络传播权，即以有线或者无线方式向公众提供作品，使公众可以在其个人选定的时间和地点获得作品的权利。"

《最高人民法院关于审理侵害信息网络传播权民事纠纷案件适用法律若干问题的规定》第 3 条第 1 款规定："网络用户、网络服务提供者未经许可，通过信息网络提供权利人享有信息网络传播权的作品、表演、录音录像制品，除法

律、行政法规另有规定外，人民法院应当认定其构成侵害信息网络传播权行为。"

根据以上法律规定可见，信息网络传播权集中的焦点在于"作品的提供"，但是究竟如何定义"提供"行为，法律并没有明确规定，因此关于侵权认定就出现了许多的标准，常见的标准有"用户感知标准""服务器标准""实质替代标准""法律标准"及"实质呈现标准"，"各种不同判断标准，本质上是如何对'提供行为'进行解释和认定"。❶

根据"用户感知标准"，如果网络用户认为是设链网站（或其他 ISP）提供了作品，则认定该设链网站实施了作品提供行为，从而侵犯了权利人的信息网络传播权，但"该标准以用户认知为判断依据，缺乏客观性，难以举证。且设链网站完全可以通过附加被链作品网址信息（URL）的方式规避其直接侵权责任"。❷

根据"服务器标准"，关键是判断行为人是否未经许可将作品载于对公众开放的服务器从而使公众可主动获得作品，若是，即构成侵犯信息网络传播权。"服务器标准"更有利于网络服务提供者，而"用户感知标准"更有利于作者等权利人。

"实质替代标准"是指"行为人实施深层链接等行为得到的收益以及对著作权人造成的损害，与直接向公众提供作品的行为并无实质差别。其不从行为特征角度出发，而是强调该行为所带来的获益及损害。有论者认为，这一观点违反基本法律逻辑，扩张了法律规定的信息网络传播权的范围"。

"法律标准"是由孔祥俊教授提出的，其在答人民法院报记者问中指出："经过调研，我们认为，随着技术的发展，不经过服务器的存储或中转，通过文件分享等技术也可以使相关作品置于信息网络之中，以单纯的'服务器标准'技术标准界定信息网络传播行为不够准确，也难以应对网络技术的飞速发展，因此应将信息网络传播行为作广义的理解，以是否直接提供权利人作品的法律标准取代服务器标准来界定信息网络传播行为。"孔祥俊教授后来在其著作中对"法律标准"有了更详细的阐述，指出"所谓的法律标准，既包括事实因素，又包括评价因素，即通过对于特定事实的评价行为进行定性"。由此可见，"法律标准"对"服务器标准"的态度是批判的，认为服务器标准已经不能适用现有网络技术的发展，"废止"已经成为不可阻拦的趋势所在。

"实质呈现标准"是指如果设链者通过加框链接者将他人作品作为自己网页或客户端的一部分向用户展示，使用户无须访问被设链的网站，则设链者就

---

❶ 王艳芳. 论侵害信息网络传播权行为的认定标准 [J]. 中外法学，2017（2）：456－479.

❷ 刘银良. 如何判定信息网络传播权侵权. http://www.civillaw.com.cn/ztlt/？id＝34033.

应当被视为作品的提供者，❶ 即由设链人承担侵权责任。"实质呈现标准"也立足于批判"服务器标准"的不合理性。因为按照"服务器标准"，认定是否成立侵权的立足点在于涉案作品是否在被控侵权人所控制的服务器中处于"随时可提供的状态"，但是对于"加框链接"，❷ 根本不需要将涉案作品进入设链接者的服务器中，即可实现涉案作品的提供，这种情况如果适用"服务器标准"，即无法认定设链者侵权，这显然是不合乎情理的。但也有观点认为："该标准（实质呈现标准）也强调行为的后果是使设链网站获益以及网络用户无须再去访问被链网站，从而造成被链网站被'实质替代'的效果，因此该标准与'实质替代标准'基本一致。"❸

无论是上述哪一个标准，都有一个共同的目标，就是试图找到一个最好平衡权益和权利的标准，在保障互联网信息交互的同时，也将"提供作品的方式、范围"的决定权归还权利人，毕竟这是权利人兑现著作权财产属性的唯一手段和方式。

二、司法实践中对侵权判断原则的适用

在司法实践中，一直都存在不同的侵权判断标准，其中争议最大的集中在"用户感知标准"和"服务器标准"之间。

2004 年三大唱片公司（华纳、正东、新力）诉世纪悦博案一审判决，是关于此类问题的早期典型案例。该判决认定，"被告对被链接对象的资源做了进一步的加工处理，致使前台与后台之间的服务关系形成了一种深度链接和密切偶合的对应关系"，即用户在前台点击的项目与后台的内容源之间是一一对应的关系，不会出现第二种可能性；"歌曲下载过程并未显示被链接网站的页面"，即从感知层面上来看，用户没有可能得出作品源非访问之网站的判断；"被链接网站在该项服务中起到异站存储或外置存储器的作用"，用户只需通过被告的网站，而无须通过被链接网站，即可满足搜索和下载的需求，从用户的感知角度来看，被告网站已经实现实际上作为作品源的功能；"被告以其网站的名义，帮助用户选定了下载的网站，并控制着被链接网站的资源"，即对

---

❶ 崔国斌. 加框链接的著作权法规制［J］. 政治与法律，2014（5）.

❷ "与普通链接呈现作品方式有显著差别的是加框链接，即设链者将自己控制的界面向用户的网页或客户端界面分割成若干区域，在其中部分区域利用链接技术直接呈现来自被链接网站的内容。用户在浏览被链接内容过程中，依然停留在设链者控制的页面或客户端界面上。这样，用户所获得的浏览体验与设链者自己直接提供相关内容时的体验大致相当。"崔国斌. 加框链接的著作权法规制［J］. 政治与法律，2014（5）.

❸ 刘银良. 如何判定信息网络传播权侵权. http://www. civillaw. com. cn/ztlt/？ id = 34033.

于用户来说选定了被告网站，也就意味着确定了作品的资源。由此可见，该案判决体现了"用户感知标准"的适用。❶

本案一审判决也基本沿用"用户感知标准"。比如，一审判决认为，"涉案手机预装的视频软件中提供了涉案作品的播放"，即用户是通过涉案手机上的涉案软件实现涉案作品的观看，对于用户来说涉案软件就是提供源；"仅凭作品播放时的水印无法确认来源，被告联想公司亦没有提供其他证据证明作品源"，即作品上的水印不足以让用户感知作品源，用户还是会认为涉案软件是作品源。故一审法院在未确认涉案作品来源的基础上，依据"用户的感知"推定被告联想公司应当承担侵权责任。

在 2015 年"快乐阳光诉同方案"中，北京知识产权法院梳理了 2003 年以来服务器标准与用户感知标准的不同裁判，认为"服务器标准"是司法实践所坚持的主流标准，据此认定该标准是认定信息网络传播行为的主流合理标准。此案可算作确认信息网络传播权侵权认定标准的分水岭，至此，无论是实务中还是在立法层面上都在进一步巩固"服务器标准"的地位。

在实务层面，在 2016 年腾讯诉北京易联伟达科技有限公司一案中，北京知识产权法院再次重申对"服务器标准"的坚持，在判决书中表述为："虽在本院已审结的快乐阳光诉同方案中，本院已明确指出，信息网络传播行为的认定应采用服务器标准，但实践中依然存在不同意见。尽管如此，本案中，本院依然认为服务器标准是信息网络传播行为认定的合理标准。"❷

该判决在对"服务器标准"予以肯定的同时，也对"用户感知标准"和"法律标准"的适用同样表态明确。针对"用户感知标准"，该判决认定："该标准（用户感知标准）强调的'看起来'是，而非'实际上'是谁在实施提供行为，这一特点使得该标准天然缺乏客观性。不仅如此，该标准以用户的认知为判断依据，但不同用户可能具有的不同网络认知程度，很可能使得即便在案件证据完全相同的情况下，针对同一事实，不同用户亦很有可能得出不同结论。由此可见，该标准不仅不具有客观性，亦无法确保客观事实认定的确定性，从而与信息网络传播行为所具有的客观事实的特性并不契合。但与用户感知标准不同，服务器标准强调的是'实际上'是谁在实施提供行为，在证据相同的情况下，不存在因网络用户认知能力的不同而产生不同认定结论的情形，因此，该标准符合著作权权利性质，也更能准确反映事实的客观性及确定性。"❸ 这一点也与上文所述"用户感知标准"所存弊端相一致。

---

❶ 北京市第一中级人民法院（2004）一中民初第 400 号民事判决书。

❷❸ 北京知识产权法院（2016）京 73 民终 143 号民事判决书。

该判决亦对"法律标准"和"服务器标准"兼容适用作出了认定："有观点认为《最高人民法院关于审理侵害信息网络传播权民事纠纷案件适用法律若干问题的规定》第 3 条❶中所确定的法律标准，是与服务器标准所不同的另一独立的认定标准。但本院认为，该条款中的法律标准与服务器标准并非同一层级的概念，不具可比性。上述条款中将信息网络传播行为限定为'置于信息网络中的行为'，在这个意义上，其确定了信息网络传播行为认定的法律标准。但判断某一行为是否属于置于信息网络中的行为，则如复制、发行、表演等行为的认定一样，属于事实认定问题。而服务器标准，则是对这一事实的认定标准，本院对服务器标准合理性的认定，恰恰便是因为其更能反映该法律标准。据此，服务器标准与第三条中的法律标准并不冲突。"❷ 由此可见，北京知识产权法院认定"服务器标准"适用范围是"事实部分"，关于法律适用部分的认定仍可适用"法律标准"，因此得出"服务器标准"与"法律标准""并非同一层级的概念"，且可兼容的结论。

在立法层面上也有着对"服务器标准"予以肯定的规定。《最高人民法院关于审理侵害信息网络传播权民事纠纷案件适用法律若干问题的规定》第 3 条第 2 款指出："通过上传到网络服务器、设置共享文件或者利用文件分享软件等方式，将作品、表演、录音录像制品置于信息网络中，使公众能够在个人选定的时间和地点以下载、浏览或者其他方式获得的，人民法院应当认定其实施了前款规定的提供行为。"

"这里似乎只是明确何种行为应当被认定为'提供行为'，而不是直接定义'提供行为'，因为它并没有采取普通定义的表述，即'提供行为是指……'这样的行文方式。字面上看，最高人民法院并没有排除其他行为（比如聚合行为）被认定为'提供行为'的可能性。有论者认为，最高人民法院之所以没有正面给'提供行为'下定义，是因为全国人大法工委通常反对最高人民法院在司法解释中采用直接定义的表述方式，认为有越权之嫌。最高人民法院知识产权庭原负责人孔祥俊也指出，这一规定基本属于服务器标准。"❸

理论界对于"服务器标准"的态度也不尽全是认可。最高人民法院法官

---

❶ 网络用户、网络服务提供者未经许可，通过信息网络提供权利人享有信息网络传播权的作品、表演、录音录像制品，除法律、行政法规另有规定外，人民法院应当认定其构成侵害信息网络传播权行为。通过上传到网络服务器、设置共享文件或者利用文件分享软件等方式，将作品、表演、录音录像制品置于信息网络中，使公众能够在个人选定的时间和地点以下载、浏览或者其他方式获得的，人民法院应当认定其实施了前款规定的提供行为。

❷ 北京知识产权法院（2016）京 73 民终 143 号民事判决书。

❸ 崔国斌. 得形忘意的服务器标准［J］. 知识产权，2016（8）.

王艳芳在《论侵害信息网络传播权行为的认定标准》一文中认为，将提供涉案作品的方式圈定为"置于服务器之中"属于过度的限定，"服务器标准是在解释和落实法律规定时附加的，是学理和司法上的认知。法律标准是裁判应当依循的唯一标准，只是法律标准需要解释和操作，所以才需要一些具体的标准加以落实，这些操作性标准是法律标准的下位标准，必须符合法律标准，而不能与法律标准分庭抗礼和鼎足而立。"王艳芳在文章最后主张："著作权是权利人控制作品（专有控制权）及获取经济利益的权利。司法解释规定毕竟是抽象、开放和具有前瞻性的，它受当时经济技术发展阶段的影响，同时有前瞻性，并不拘泥于当时的经济和技术，所以该款规定只是将'上传到服务器'作为提供方式之一，所列举的提供方式都是例示情形，例示之后以'等'字进行概括，且将提供行为定位于'置于信息网络'，而不是'置于服务器'。这足以说明，该解释对提供行为持开放态度，并不以'置于服务器'为限。"❶

本案二审法院也是采用了"服务器标准"，其在判决书中表述为"用户在使用涉案手机中的涉案软件进行涉案作品的观看时，搜索涉案作品名称，软件会向搜狐服务器发出搜索请求，通过搜狐视频提供的服务器网络地址查询后获得涉案作品"。据此，二审法院判决撤销一审判决，并驳回原告乐视网的全部诉讼请求。

三、深度链接的作品信息网络传播权侵权认定

（一）深度链接的概念及特点

网络链接可分为普通链接和深度链接：在普通链接中，当用户在网站上进行信息搜索时会出现明显的跳转步骤，目标信息事实上仍是由跳转之后的被链网站提供的，也就说在普通链接中，网络用户是清楚地知道目标信息源的。

在深度链接中，设链网站无须跳转到被链网站，隐藏了设链网站与被设链网站的关系，直接在其页面上向公众呈现目标信息，也就是说网络用户并不能明确辨别信息源。本案属深度链接之情况。在实践中争议最大的就是深度链接是否可以构成直接侵权。

（二）深度链接提供者的责任承担

如上文所述，目前司法实践中认定侵权普遍适用的是"服务器标准"，因此在深度链接的案件中，被控侵权人就着力证明自己只是提供了跳转向第三方的链接，作品由第三方提供，非被控侵权人。

---

❶ 王艳芳. 论侵害信息网络传播权行为的认定标准 [J]. 中外法学, 2017 (2)：456 – 479.

"司法实践中较为典型的样态是被链网站经权利人授权取得非独家信息网络传播权，但权利人禁止被链网站与他人合作链接视频节目，此时，设链网站深度链接了被链网站的内容，如果不存在设链网站与被链网站分工合作构成共同侵权的情况，即被链网站并没有直接侵权行为存在时，设链网站就不构成侵犯著作权的共同侵权。"❶ 本案也有类似的情况，第三人经原告授权对涉案作品享有信息网络传播权，就意味着若确认涉案作品播放的链接是第三方的，那么就不存在判断直接侵权与否的必要；既无直接侵权的事实，也就无探讨共同侵权的必要。

综上所述，在认定深度链接的提供者是否构成侵权，确认涉案作品来源，也就上文中提到的"提供行为人"是至关重要的。

四、如何通过技术手段认定作品来源

如上文所述，在认定深度链接是否构成信息网络传播权侵权时，确认涉案作品来源非常重要，故此处就在深度链接的背景下，如何确认涉案作品来源链接进行探讨。

（一）深度链接中作品来源的证明

在审判实践中，"被告做到何种程度的举证才可以视为网络服务提供者仅提供深度链接并没有统一的做法或者标准，实际上，这也是出现同案不同判的关键所在"。❷

如本案一审法院认为：仅凭视频播放时的水印无法确认视频内容来源（水印显示的是视频来源于第三人），被告联想公司也未提交充分证据，故被告联想公司应承担因举证不能而导致的不利诉讼后果；二审法院则依据现场数据勘验、抓包的方式就涉案作品来源予以认定。

本案一审阶段，被告也曾向合议庭提出进行鉴定的申请，目的就是通过技术手段还原涉案作品播放的过程，以确认涉案作品播放的来源，但一审法院对此申请予以拒绝。故在本案的二审中，被告作为二审上诉人再次对进行勘验提出申请，所幸，二审法院予以准许。

二审鉴定的整体思路是，在被控侵权的手机及其出厂即安装的视频播放软件还原用户搜索涉案作品直至最后实现播放的全部过程，对这个过程进行后台数据的抓取后进行技术分析，目的是通过技术解析的方式以明确涉案作品的来源。

---

❶❷ 张玲玲. 深度链接服务提供者侵犯著作权的司法实践与思考［J］. 苏州大学学报, 2018（3）.

（二）关于 api_key 的技术属性

通过上文所述的现场勘验，二审法院获得的后台 URL 数据串中有 api_key，且所有涉案作品的 api_key 均显示一致，且该 api_key 与此前第三人与被告签订《推广协议》后双方往来的邮件中由第三人提供给被告的 api_key 也一致，难谓巧合。

从技术层面上解析，Open API 是现在常见的互联网运用开发模式，API 的一端是信息开放平台，如本案件的第三人，另一端是第三方平台，如本案的被告。开放平台通过提供给第三方平台 api_key 即可实现与第三方之间的数据交互。关于与第三方可进行交互的数据范围等，开放平台是具有设置权限的，并且开放平台可以随时通过切断 API 端口以中断与第三方平台的信息交互。从现有的技术层面，开放平台与第三方平台均可以通过后台数据实现对已交互数据发生的时间和数据内容的查看。❶

如上所述，通过现场勘验结合 api_key 的技术解析可知，api_key 由第三人定义，且其控制权在于第三人手中，若无第三人告知，任何人不可能自行获悉，涉案作品的播放请求又明确显示其含有第三人此前提供给被告的 api_key，作品的来源应已明确，被告不承担侵权赔偿责任。

二审的现场技术勘验，在确定作品来源方面起到了决定性的作用，也是被告免于承担赔偿责任的根本性的客观事实依据。"有损害，就有赔偿"固然重要，但是更为本质、核心的价值取向不能偏离客观事实基础和公平正义，否则就是舍本逐末。

---

❶ 北京知识产权法院（2016）京 73 民终 588 号民事判决书。

延伸阅读：云存储服务提供商的著作权侵权责任[*]

杨安进

    随着云计算技术的发展以及商业概念的炒作，近年来，提供或号称提供云存储服务的企业和产品越来越多，免费提供的空间单位也竞相从 M，发展到 G 甚至到 T，其中的商机及竞争程度可见一斑。

    在商业应用如火如荼的同时，云存储的法律风险却经常为人们所忽视。云存储的主要法律风险体现在：知识产权侵权风险、数据安全风险、个人隐私泄露风险以及运营终止风险。本文重点介绍著作权侵权风险。

一、基本概念

    在云存储之前，还存在过网络存储、网盘、网络硬盘之类的服务，在商业名称上两者更是模糊不清。但这两者还是有本质区别的。

    云存储是指通过集群应用、网格技术或分布式文件系统等功能，网络中大量各种不同类型的存储设备通过应用软件集合起来协同工作，共同对外提供数据存储和业务访问功能的一个系统。❶

    而网盘的作用更多的是存储数据，也就是服务商在其固定的服务器上为用户提供一定容量的固定存储空间，供用户存储。从某种角度上讲，大容量电子邮件服务、网络文库都可以算是网盘。

    云存储的功能却要丰富得多，与前者的本质区别在于，云存储服务提供商围绕存储服务打造出包含文件同步、工作协同、多应用汇聚的平台，而不仅仅是存放数据。云存储虽然也有存储功能，但不是指某一个具体的存储设备，而是指一个由许许多多个存储设备和服务器所构成的集合体。云存储能实现动态资源调度，用户甚至并不知道其数据到底存在哪里。用户使用云存储，并不是使用某一个存储设备，而是使用整个云存储系统带来的一种数据访问服务。所

＊ 本文成稿于 2015 年 6 月。

❶ http://baike.baidu.com/view/2044736.htm.

以严格来讲，云存储不是存储，而是一种服务。❶

简而言之，网络存储（如网盘、网络硬盘等）如同一个手扶拖拉机，仅具有简单的移动功能，而云存储是一辆汽车，在其基础上能实现无限的应用扩展服务。

网络存储涉及的法律问题相对简单，本文所讨论的云存储服务，是指真正的云存储，不包括网络存储（无论其商业名字是否带有"云"字样）。

二、云存储的商业模式

云存储服务商目前尚处于激烈争夺用户和市场份额的阶段，商业模式各异，可能都还处于不稳定状态。目前，各家的云存储服务商业模式大体可以分为以下类型。

（1）通过提供存储收费（如有的企业的 VIP 客户，存储容量大，速度快）。

（2）有的允许用户分享，有的不允许分享；允许分享的，有的还根据上传和分享的次数等指标给予各种形式的奖励。

（3）有的对用户上传的内容进行分类，有的不进行分类，完全按照时间顺序。

（4）有的通过界面提供广告服务。

上述商业模式中，不允许分享的模式由于不大涉及传播的问题，基本属于一个封闭环境（如个人范围或者企业特定人员范围）内的自我管理，涉及的知识产权风险较小。

而目前的云存储大部分是允许分享的，甚至是极力鼓励上传和分享的。这种情况下服务商的责任就很类似于百度文库或者豆丁网文档分享这类服务。

至于在允许分享的情况下，是否会进一步细化为特定熟人圈的分享（类似微信朋友圈）以及对不特定公众的分享，目前尚不可知。

所以下文讨论的云存储分享主要基于向不特定公众的分享。至于熟人圈的分享，只要对这个熟人圈的加入没有设置非常明确的特定身份限制，总体上也与向不特定公众的分享在法律责任的定性上差不多，不同之处可能是赔偿数额的定量差异。

三、云存储服务商的注意义务与"避风港"

由于网络服务存在海量信息、不特定公众用户、实时等特点，目前我国法律对于云存储服务商的知识产权侵权责任，并未规定事先审查义务，而是通过

---

❶ http://baike.baidu.com/view/2044736.htm.

事后的责任追究，以促使服务商履行必要的注意义务。《最高人民法院关于审理侵害信息网络传播权民事纠纷案件适用法律若干问题的规定》第8条第2款明确规定，"网络服务提供者未对网络用户侵害信息网络传播权的行为主动进行审查的，人民法院不应据此认定其具有过错"。因此，目前基本没有哪个服务商对用户上传、分享的内容进行事先审查，而是放羊式地放任上传、分享，以尽可能多地吸引人气。

虽然几乎所有服务商都在网站的在线协议中规定上传用户不得侵犯他人知识产权，但这种规定除了能在诉讼中被服务商拿出来免责之外，几乎起不到约束上传者、保护权利人的作用。

因此，可以说，如同百度文库、豆丁网文档分享一样，云存储的商业模式是在法律上带有灰色性质的业务，其"原罪"特征也在美国的 Megaupload 等案件中得到印证。Megaupload 作为一家网盘服务商，于2012年被强制关闭。随后，著名的云存储服务商 FileSonic 先是关掉了分享功能，随后亦将整个服务关闭。

根据我国《侵权责任法》第36条第2款，云存储服务商能够享受"避风港"。但是，根据该条第3款，"网络服务提供者知道网络用户利用其网络服务侵害他人民事权益，未采取必要措施的，与该网络用户承担连带责任"，网络服务商的"避风港"又不是绝对保险的。

该条第3款的"知道"，包括"明知"和"应知"两种情形。现实中，"明知"的情况比较少见，即使存在，也很难通过证据证明。因此，比较多的情况是认定服务商"应知"侵权。根据《最高人民法院关于审理侵害信息网络传播权民事纠纷案件适用法律若干问题的规定》第9条规定，考察服务商是否"应知"，应从其应有的管理能力、作品性质、服务商的介入程度、服务商的预防和应对措施等方面综合考虑。

简而言之，对于一般情况而言，云存储服务商可以享受"避风港"的保护，但是，如果其被认定为"明知"或"应知"侵权行为的存在而仍然为其提供服务，则属于侵权行为，不享受"避风港"的保护，应与上传者承担连带责任。此时，在实务上，权利人可以就服务商和上传者单独或合并主张权利。

四、云存储服务商的盈利模式与法律责任

云存储服务商的盈利模式与法律所规定的注意义务的高度有直接关系，从而与其法律责任有直接关系。

如上文所述，云存储服务商的盈利模式大约有以下几点：一是直接通过云

存储收取费用；二是通过做广告等方式盈利；三是通过奖励上传和分享以扩大市场。

根据《最高人民法院关于审理侵害信息网络传播权民事纠纷案件适用法律若干问题的规定》第 11 条规定，服务商从特定作品直接获得经济利益的（包括通过特定作品的特定联系而获得广告收益，比如针对特定作品投放的广告），其应当负有较高的注意义务。而如果只是从泛泛地投放的广告中获得收益，则负有的注意义务较低。

那么，何为"较高的注意义务"，何为一般的注意义务呢？法律法规中没有明确规定，实践中需要根据个案认定。

服务商通过积分等方式奖励上传和分享，则属于一种较为典型的激励风险行为。因为在这种情况下，服务商并不能确认某个用户上传和分享的内容是否存在侵权情形，但一概予以鼓励，其目的显然出于扩大自己的市场份额，而对权利人的利益则处于故意漠视状态。此类奖励看似一种成本消耗，而在商业上实则是一种盈利模式。

根据《最高人民法院关于审理侵害信息网络传播权民事纠纷案件适用法律若干问题的规定》第 7 条规定，"网络服务提供者以言语、推介技术支持、奖励积分等方式诱导、鼓励网络用户实施侵害信息网络传播权行为的，人民法院应当认定其构成教唆侵权行为"。而根据《侵权责任法》第 9 条规定，"教唆、帮助他人实施侵权行为的，应当与行为人承担连带责任"。

由此可见，虽然法律法规没有明确规定教唆行为的服务商注意义务如何，但从法律规定的含义看，只要上传者构成侵权，服务商就构成共同侵权。从这个角度讲，笔者认为，应该按照非常严格的注意义务对服务商进行要求。甚至可以说，对于提供积分奖励的服务商，只有明知上传者合法的情况下才能鼓励。

案例十二：计算机软件和汉字库的知识产权保护

——汉王公司诉台湾精品公司、中山名人公司等手写输入软件著作权侵权案

案情整理及评析：杨安进　耿　琛

原告： 北京汉王科技有限公司

被告： 精品科技股份有限公司、中山名人电脑开发有限公司等

一审： 北京市高级人民法院，（2000）高知初字第 78 号、（2000）高知初字第 89 号

二审： 最高人民法院，（2005）民三终字第 3 号、（2005）民三终字第 4 号

代理人： 庞正忠，北京市金诚同达律师事务所律师；杨安进，北京市维诗律师事务所律师（案件审理期间先后任北京市金诚律师事务所及北京市优仕联律师事务所律师），代理北京汉王科技有限公司

第一部分　基本案情

一、案件背景

"汉王 Win CE 联机手写汉字识别核心软件 V1.0"（以下简称"汉王软件"）由原告汉王公司于 1998 年 6 月研发完成，并于 1998 年 12 月授权给微软（中国）有限公司使用。随后汉王公司与相关厂商就该软件进行广泛合作，并进行了软件著作权登记。

汉王软件包括识别程序和识别字典。识别程序确定了汉字手写识别的详细流程、实现方式以及各种特征定义和函数，并以计算机代码的形式予以体现。识别字典则是根据识别程序中的流程、特征定义和函数等技术要求，通过对采集的原始汉字样本的数字化处理，形成相应的数值和排列。识别字典中的数据并非取自公知领域，也不是对已有的数据进行简单变换或集合，而是根据特定的原始汉字手写样本，通过特定的流程、特征定义和函数等技术处理，形成独

有的、与识别程序密不可分的数据集合。

2000 年 5 月，原告发现被告台湾精品科技股份公司（以下简称"台湾精品公司"）网站可以自由下载"精品汉笔软件"（以下简称"精品软件"）试用版，30 天试用期结束后用户支付 30 美元就可以买到该软件。

之后，原告又发现中山名人电脑开发有限公司（以下简称"中山名人公司"）生产的一款掌上电子记事本中安装了精品软件进行销售。

原告遂针对以上侵权事实提起软件著作权侵权诉讼。

二、原告主张

原告认为，精品公司将与汉王软件反汇编并改头换面后，通过网站提供下载许可和销售活动，同时将侵权软件以精品公司的名义与大陆各厂商进行推销，侵犯原告软件著作权。此外，精品公司还将其精品软件许可给中山名人公司，中山名人公司在其生产、销售的掌上电脑产品中使用该软件。

原告认为，被告的行为系对汉王软件的抄袭和复制，构成软件著作权侵权。

三、被告主张

被告精品公司辩称，其精品软件由其自行研制，不构成侵权。

中山名人公司辩称，其产品安装使用的被控侵权软件系由精品公司提供，中山名人公司不应当承担法律责任。

四、一审法院观点及判决结果

本案双方争议的核心为精品公司通过其网站许可他人下载及授权中山名人公司使用精品软件的行为是否侵犯原告汉王软件著作权。

1. 法院委托鉴定的事实

本案一审期间，根据原告汉王公司的申请，一审法院委托科技部知识产权事务中心对汉王软件和精品软件之间相同或近似情况作了鉴定，主要鉴定结论为：精品软件与汉王软件在识别字典上存在规律性函数对应关系，精品软件识别字典的特征模板变换矩阵可以由汉王软件的特征模板变换矩阵推算得出；精品软件与汉王软件中的识别程序在某些关键特征点属性上存在相同或近似之处，但识别程序整体上是否相同或实质相似难以作出判定。

2. 关于软件的识别程序部分

一审法院认为，双方软件代码不同，双方软件中识别程序的关键特征点虽然存在相同或近似之处，但这些属于技术方案的范畴，不属于《著作权法》及《计算机软件保护条例》的保护对象，故汉王公司关于中山名人公司、台湾精品公司侵害其汉王软件中识别程序的主张不予支持。

3. 关于软件的识别字典部分

一审法院认为，结合鉴定结论，不同的手写输人识别软件在识别程序和识别字典上必然存在较大差异，不可能在识别字典方面存在规律性函数对应关系。符合常理和正常逻辑的唯一解释是精品公司利用了汉王公司的识别字典，并在此基础上变换了表达形式。因此精品软件的许可下载和使用行为构成对汉王软件识别字典部分的著作权侵权。

4. 一审判决结果

北京市高级人民法院于 2005 年 2 月 4 日作出一审判决，责令中山名人公司、台湾精品公司等停止各自的侵权行为，台湾精品公司单独赔偿汉王公司经济损失 30 万元；台湾精品公司与中山名人公司另共同赔偿原告经济损失 280 万元。

5. 后续程序

一审判决作出后原被告均提起上诉。二审审理过程中，在最高人民法院主持下各方和解，均撤回上诉。

裁判文书来源

一审：

二审：

第二部分　案件评析

评析人：杨安进、耿琛

一、汉字手写输入软件中技术方案的知识产权综合保护方式

从技术角度而言，汉字手写输入软件的技术核心，是寻找并提取手写汉字特征的方法并予以实现，这个技术核心也是此类软件厂商产品的核心竞争力所在。

因此，通过知识产权保护此类核心技术创新，是此类企业知识产权保护的关键。

本案中，从法院判决情况来看，汉王软件与精品软件程序中存在大量相似的关键特征点，且字典存在规律性的对应关系。应该可以推断，被告使用了原告的核心技术。

但是，由于原告仅提出著作权侵权诉讼，且因原被告软件使用的语言不一样，而程序中的关键特征点属于技术方案的范畴，不属于《著作权法》所保护的客体，故法院对于汉王公司就其汉王软件中识别程序的著作权侵权主张不予支持。

就此而言，笔者认为，对于此类软件的创新保护，仅仅通过著作权保护显然是不力的，容易通过改写计算机代码而被规避，应该探讨更加综合的知识产权保护方案。

1. 通过与输入/输出端硬件结合，申请专利以真正保护技术创新

根据《专利审查指南》（2010 版）第二部分第九章第 2 节的规定，涉及计算机程序的发明专利申请，如果一项权利要求仅仅涉及计算机程序本身，则该权利要求属于智力活动的规则和方法，不属于专利保护的客体。但如果一项权利要求在对其进行限定的全部内容中既包含智力活动的规则和方法的内容，又包含技术特征，则该权利要求就整体而言并不是一种智力活动的规则和方法，不应当依据《专利法》第 25 条排除其获得专利权的可能性。

汉字手写输入软件可以通过与硬件相结合获得技术特征从而申请专利保护。《专利审查指南》（2010 版）第二部分第九章第 4 节就汉字编码方法与计算机汉字输入方法分别作了规定，汉字编码方法选择、指定和组合汉字编码单元，形成表示汉字的代码/字母数字串，没有解决技术问题，未使用技术手段，不具有技术效果，属于智力活动的规则和方法。但若将汉字编码方法与相应的特定键盘相结合，形成一种计算机汉字输入方法，则属于专利保护的客体。

这样的思路具体到本案中，识别程序确定了汉字手写识别的详细流程、实现方式以及各种特征定义和函数，并以计算机代码的形式予以体现，但缺乏相应的技术特征，仅将识别程序进行专利申请是无法获得保护的。如果将识别程序与特定的手写识别相关硬件相结合，属于可以获得专利授权的客体，便可以申请专利。

通过专利保护使这类技术创新的核心点得以获得真正的保护，侵权人通过简单的代码变换就无法规避此类侵权法律责任。

2. 通过加密性技术手段限制反向工程

对于没有通过与硬件结合进行专利申请的计算机程序中的技术方案，如果

竞争对手通过反向获取并复制源代码，后根据源代码的技术特征进行改写从而达到获取技术方案的情形，并不构成侵权。❶ 但由于在反向工程获取源代码过程中必然会涉及对源代码进行复制，可以通过技术手段让竞争对手对源代码进行复制进行限制，从而也就实现了对反向工程的限制。

可以采用的技术手段主要有两种，即编写混乱代码和加密技术，其目的都是增加复制软件的成本和难度。❷ 其中更具有实用性的是加密方法，可以通过增加加密技术措施实现对技术方案的保护，针对软件中实现核心功能程序进行控制，如对部分关键功能采取技术屏蔽手段，使侵权者不能对该部分的源代码进行破译、复制、改写。在这种情况下，如果他人避开或者破坏权利人对软件核心功能模块所采取的技术保护措施，就属于破坏技术保护措施的侵权行为。❸

应当指出的是，通过技术措施对竞争对手的反向工程行为进行限制的技术措施也有一定的行为边界，如不得采取攻击性的技术措施、不得减损公共利益等。❹

二、字库软件中著作权保护客体分析

本案中，最终被认定侵权的是识别字典。识别字典本质上是汉字库信息，通过程序的调用实现汉字识别。

字库类软件的设计制作通常要经历字体选择或设计、扫描输入、数字化拟合、修字、质检、整合成库等流程。❺ 结合字库制作过程，可能受到著作权法保护的客体有三类：一是经过选择或设计的单字字体；二是扫描输入后所形成的整体性的字库字形；三是数字化拟合时调用及其后所形成的字库程序。笔者结合具体案例，对此三类客体是否应当受到著作权法保护进行分析。

1. 选择或设计确定的单字字形不宜认定为作品

本案所涉字库中的单字字形是通过原始手写汉字样本的筛选确定的，被筛选出的每个汉字字形体现了软件设计者的筛选偏好。其他大部分字库软件中，设计制作通常先从单字字形设计开始，因此首先应当考察通过数字化表达的字库软件中单字字形设计是否能够成为作品。

---

❶ 《最高人民法院关于审理不正当竞争民事案件应用法律若干问题的解释》第 12 条。

❷ 于志强. 论软件产品知识产权保护技术手段的有限性［J］. 政法论坛，2012（3）.

❸ 《著作权法》第 48 条第 2 款第（6）项及《计算机软件保护条例》第 24 条。

❹ 黄武双，李进付. 再评北京精雕诉上海奈凯计算机软件侵权案——兼论软件技术保护措施与反向工程的合理维度［J］. 电子知识产权，2007（10）.

❺ 蒋玉宏，贾无志. 计算机字库的著作权保护及侵权判定［J］. 电子知识产权，2008（9）.

关于单体字形是否认定为作品，不同的法院给出了截然不同的结论。在北大方正诉山东潍坊文星案中，❶ 北京市第一中级人民法院确认单个字体受版权法保护，认为"该字库中的字型是方正公司独立创作完成的文字的数字化表现形式，是由线条构成的具有审美意义的平面造型艺术作品……方正公司对字库中的每个文字的字型以及由这些文字的数据坐标和指令程序构成的字库软件享有著作权"。在北大方正诉暴雪娱乐、上海第九城市等案中，❷ 最高人民法院认为："每款字体（字库）均由上述指令及相关数据构成，并非由线条、色彩或其他方式构成的有审美意义的平面或者立体的造型艺术作品，不属于著作权法意义上的美术作品。"

笔者赞同最高人民法院的观点。另外，笔者认为，上述北大方正公司两案中，字库软件的单字字形更多的是追求字体的实用性，并努力接近传统的已经进入公有领域的字体，针对单字字形的著作权保护可能会导致著作权保护的边界不清，他人无法准确预知著作权的保护范围，也不利于稳定市场秩序的形成。

本案中通过筛选原始手写汉字样本所形成的单字字体，更不宜以著作权法进行保护。与上述北大方正两案中单字字形是通过软件制作方所设计出来的不同，本案中汉王软件筛选的手写汉样本更加要求体现手写汉字的典型性和普遍性，若将此种筛选结果确定的单字字体认定为作品，将会产生更加严重的公有领域私权化的反效果，造成对公共利益的损害。

2. 字库字形是否属于作品，应依个案认定

字库软件在完成字体设计及扫描输入阶段结束后，会形成一套具有自身统一特点的字库字形。如本案中，识别软件将操作者的手写输入内容与软件中的字体形成对应，从而将手写字体转化为公有领域的字体（如宋体等）显示在输出端，这种识别手写输入的功能，必然要求软件设计者对手写输入的样本进行筛选并进行规则设计。手写输入的字库字形不同于单个的手写输入的字形，单个手写字形更多体现的是该单字的书写风格，而字库字形则体现着对所采集样本进行筛选加工后所形成的统一风格，体现着软件设计者对原始手写样本筛选与加工过程中的特别偏好，即使是出于把握手写汉字典型性的目的。

关于这种具有统一风格的字形字库是否应当受到保护，没有直接相关的法律规定或判例。在北京北大方正电子有限公司诉广州宝洁有限公司案中，❸ 法

---

❶ 北京市第一中级人民法院（2003）一中民初字第4414号民事判决书。

❷ 最高人民法院（2010）民三中字第6号民事判决书。

❸ 北京市海淀区人民法院（2008）海民初字第27047号民事判决书。

院倾向于进行保护，"字库字体始终带有工业产品的属性，是执行既定设计规则的结果，受到保护的应当是其整体性的独特风格和数字化表现形式。对于字库字体，受到约束的使用方式应当是整体性的使用和相同的数据描述"。

学界对此有一定的争论。部分学者认为，字库软件"制成字体会使整套汉字具有同一性，会产生显著性和识别力，达到版权法上的独创性高度"。❶部分学者持相反观点，认为"这种在单字字形不认定为作品的情况下，认定字库字形整体上构成作品，不符合著作权法的逻辑"。❷

笔者认为，对此问题宜进行个案区别认定。本案可以从汇编作品的角度进行分析。《著作权法》所规定的汇编作品，是指汇编若干作品、作品的片段或者不构成作品的数据或者其他材料，对其内容的选择或者编排体现独创性的作品。本案中的字库与上述北大方正三案中字库的区别在于，其他案件中字库大多是按照一定的设计风格对汉字进行数字化处理，以形成统一的字形特点显示在输出端。而本案中汉王软件存在独特的对原始汉字样本的筛选过程，在对原始汉字样本的采集和筛选能够表现出设计者独特独创性：由于这些样本是到社会普通人群众进行抽样采集形成的，不同的人的书写习惯不同，因此就其中具有典型性的字体进行收录，也即最具有识别价值的手写字体进行收录，体现出软件作者对样本的识别和甄选中的偏好。这种偏好正是体现了"对其内容的选择或者编排体现独创性"的汇编作品的创新要求，因此笔者认为本案中的字库字形应当认定为汇编作品。

3. 字库程序的表达部分应当认定为作品

字库软件在数字化拟合阶段也能够体现设计者的独创性。设计者在确定字形并将其扫描成数字图形后，借助于字库工具软件对字形进行数字化拟合，即在字形图形上选定位点，勾勒字形轮廓，使之尽可能地接近样本字形，后由工具软件根据设计者的选择生成该字形的数字化结果。从这个意义上说，字形数据相当于计算机在人工干预的情况下生成的一段"程序代码"，应当受到著作权法保护。❸

字库程序的著作权法保护也具有一定的限制。软件设计者对于软件所具有的功能和总体实现方式，属于"思想—表达"金字塔的塔尖不能作为著作权法所保护的客体，应予以排除。针对最底层模块问题所编写的源代码，属于"思想—表达"金字塔的塔底，可以作为著作权法所保护的客体。介于两者之间的计算机软件各模块通过函数等所反映的调用关系是否属于"表达"，应当

❶　张玉瑞. 论计算机字体的版权保护 [J]. 科技与法律，2011 (1).

❷❸　崔国斌. 单字字体和字库软件可能受到著作权法保护 [J]. 法学，2011 (7).

视软件的复杂程度而定：越复杂的软件，其总体实现与底层模块源代码实现之间的模块层次越多，则相应的下层模块更应作为"表达"受到著作权法的保护，反之应当作为"思想"排除出保护范围。

本案中，识别程序确定了汉字手写识别的详细流程、实现方式以及各种特征定义和函数，并以计算机代码的形式予以体现，因此作为源代码或目标代码的识别程序本身属于表达。这个数字化拟合过程体现了软件设计者根据字库软件单字字形或者统一特点字库字形的特点进行编程设计的独创性。换句话说，即便对于相同的字库字形，不同的软件设计者通过不同的编程思路、技巧也会产生截然不同的代码。因此，字库程序如果为两个独立主体分别编写，具备独创性应当认定为作品。

案例十三：电子琴伴奏乐的知识产权保护问题

——雅马哈电子琴伴奏乐著作权侵权案

案情整理及评析：杨安进　沙仁高娃

原告：雅马哈株式会社
被告：得理电子（深圳）有限公司、美得理电子（深圳）有限公司等
一审：北京市第二中级人民法院，（2007）二中民初字第 5 号

代理人：杨安进、李艳新，北京市维诗律师事务所律师［时任国浩律师集团（北京）事务所律师］，代理得理电子（深圳）有限公司、美得理电子（深圳）有限公司等

第一部分　基本案情

一、案件背景

原告雅马哈株式会社（以下简称"雅马哈"）是一家电子乐器生产企业，自 20 世纪 80 年代开始，陆续推出了具有自动伴奏功能的电子琴。其中原告雅马哈的 PSR640 型电子琴于 1999 年在日本上市并于同年年底销售到中国大陆，该琴以 MIDI 格式内置有 160 首伴奏乐，前述伴奏乐于 2005 年 3 月 6 日获得美国版权署颁发的著作权登记证书。

被告得理电子（深圳）有限公司、美得理电子（深圳）有限公司（以下统称"得理公司"）成立于 1993 年，长期致力于电子乐器的研究、开发和销售。1999 年，该公司生产的 MEDELI 品牌产品被誉为"电子乐器民族第一品牌"。

原告发现，被告生产、销售的 MC710 型电子琴中 26 首伴奏乐与 PSR640 型电子琴内置的 160 首伴奏乐构成相同或近似。原告据此向北京市第二中级人民法院提起著作权侵权诉讼。

二、原告主张

原告雅马哈认为，其电子琴内置的 160 首伴奏乐的前奏、尾奏系原告独创，虽伴奏（节拍）部分属公有领域，但前奏、伴奏（节拍）及尾奏仍构成了一个完整的作品。

此外，原告认为，其将涉案电子琴内置的 160 首伴奏乐均存储在该琴的一个芯片中，该芯片外部标注了"© 1999 YAMAHA"，表明原告为该芯片内储的 160 首伴奏乐的著作权人。

原告指控被告得理公司在其生产、销售的电子琴中内置的 26 首伴奏乐，与原告享有著作权的 160 首伴奏乐中的部分作品构成实质相同，构成对原告署名权、修改权、复制权、发行权、汇编权的侵犯，据此请求法院判决被告得理公司停止侵权行为、赔礼道歉、每首伴奏乐赔偿损失 31000 元。

三、被告主张

被告得理公司认为，其并未侵犯原告著作权，主要理由如下。

（1）原告著作权的权利依据不足。原告据以主张其享有对 160 首伴奏乐的著作权依据是封装上被标记为"© 1999 YAMAHA"的电子琴中芯片，但该标记仅为芯片集成电路布图设计的著作权标记，而非芯片内部存储的内容的著作权标记。此外，原告虽然主张其在美国完成了著作权登记，但就此原告也并未提供充分的证据，仅凭登记证书不能证明其所主张的作品的实际状态。

（2）原告未明确其主张的权利是属于作曲者权利还是表演者权利。音乐作品是指能够演唱或者演奏的带词或不带词的作品。对于音乐作品，一般有三种人可以主张权利，即作词者、作曲者和表演者。相应的权利则为作词者权、作曲者权和表演者权，其中表演者权属于著作权邻接权。原告主张其电子琴中的伴奏乐为音乐作品，但是并未就其主张作曲者权或者表演者权作出说明。

依照我国《著作权法》，作者只能是自然人。如果原告主张被告侵犯其作曲者权，原告首先应明确每首伴奏乐的作曲者的姓名及有关情况、作曲者与原告的关系、该伴奏乐依据相关法律是否属于职务作品、作曲者创作该伴奏乐的过程、原告取得该伴奏乐相关权利的依据，等等。这些情况是判断原告对该伴奏乐是否享有著作权、享有何种著作权的前提条件，是原告向被告主张权利的基础，而不应仅仅依据集成电路表面的一个"© 1999 YAMAHA"符号就认定其权利。

（3）被告的伴奏乐是自行完成的，并进行了署名。被告得理公司电子琴内置的节奏系取材于世界各地民间音乐、古典音乐和流行音乐，并由音乐工程师加工为电子琴中的技术格式，以满足电子琴产品的需要。被告在其生产的电子琴内置芯片上标注了版权标志，在产品外包装、产品说明书等处也进行了署名。

（4）电子琴伴奏乐的主体是和弦和节奏，属于公有领域音乐素材，不具有作品独创性。和弦和节奏形成了电子琴风格伴奏，而二者均属于公有领域，是人类长期形成的音乐素材，其性质如同文字中的词汇和成语，也是音乐领域的通行专业规范，并非电子琴产品生产厂家的"作品"，任何电子琴厂商对和弦和节奏均不应享有任何权利。原告主张的前奏、尾奏也属于各电子琴厂家所通用的公有领域范畴，不具有独创性。

（5）被告得理公司不具备接触原告雅马哈电子琴伴奏乐的途径。被告要接触原告的电子琴伴奏乐，依赖于被告能否接触原告雅马哈的曲谱或者原告的音乐数据。而在本案中，原告的曲谱和音乐数据不可能公开提供给不特定的公众。原告雅马哈涉案主张权利的 PSR–640 电子琴甚至在中国没有正式的海关进口，也没有进行对不特定公众的销售，被告得理公司如何能够接触原告雅马哈的电子琴伴奏乐？

（6）涉案被告得理公司电子琴中 26 首伴奏乐与前述原告雅马哈主张著作权的伴奏乐不相同也不近似，并且被告得理公司也没有接触原告雅马哈所主张权利的作品的可能。

（7）原告雅马哈主张权利的电子琴伴奏乐不符合音乐作品的基本要件，是电子琴产品标准中的通用基本配置。一个音乐作品应当具备基本的独创性，该独创性应当体现为能够较完整地为作曲者表达人类的某种情感，具体表现在音乐要素上往往就是主旋律。主旋律可长可短，但一定应当存在。因此，通常意义上讲，没有主旋律的音乐，就只是一种发出的声音，而不能称为音乐作品。

和弦和节奏只是一种中性的、基本的、规范的、通用的音乐素材，其用途在于服务音乐作品的主旋律，对主旋律起到装饰作用，但其本身并不具备任何表达情感的含义。可见，伴奏乐仅具有音乐技术上的意义，并无音乐创作上的意义。将一首伴奏乐单独拿出来听，听众是无法听出其中的任何内容的。

原告雅马哈主张的前奏和尾奏不符合作品的基本条件。

（1）前奏和尾奏在整个伴奏乐中所占的时间极其短暂，一般只有几秒钟。而一首歌曲通常会持续 3～5 分钟，有些歌曲甚至达到 6 分钟以上。从时间上来讲，前奏和尾奏的时间长度在整个伴奏乐中所占比例较小。

（2）前奏和尾奏出现在伴奏乐的开始和结束，其本身均非常短小，一般只有 2～4 个小节，最短的只有 1 个小节。而一首歌曲通常会有数十个甚至上百个小节。从节拍的数量上来讲，前奏和尾奏在一首伴奏乐中所占的比例极小。

（3）前奏和尾奏有的有旋律，有的没有任何旋律。前奏和尾奏本身并不能表达歌唱者或表演者的音乐情感和内心感受，不具有向听者传达音乐内涵的作用。前奏和尾奏只能对一段音乐起到修饰作用，并不具备实际意义。

四、对涉案伴奏乐的司法鉴定

本案在审理过程中，原告雅马哈提供了对比表，明确了其本案被告得理公司电子琴内置的伴奏乐与原告雅马哈电子琴内置伴奏乐相同或近似的具体内容。由于双方对对比内容存在争议，法院委托中国音乐著作权协会就被告得理公司电子琴内置的部分伴奏乐与原告雅马哈的电子琴内置伴奏乐进行对比鉴定。

该鉴定的方式是，专家采用直接听双方琴中伴奏乐进行对比，从而得出结论。鉴定机构于 2007 年 11 月 27 日出具《鉴定意见》，认为大部分伴奏乐相同或近似。

原告雅马哈表示认可《鉴定意见》中认定为两者不相同也不近似的部分伴奏乐，并对相应诉讼请求予以撤回。

被告得理公司对《鉴定意见》中认定为相同或近似的内容不予认可，认为中国音乐著作权协会没有采取曲谱比对的方法，仅采用听双方琴中伴奏乐进而对比的鉴定方法不科学、不专业；鉴定意见未记载鉴定方法，不符合《司法鉴定程序通则》中司法鉴定人在鉴定过程中应当遵守和采用该专业领域的行业标准和技术规范的规定；鉴定结论五花八门，具有明显的主观性、随意性，缺乏基本的专业性；鉴定结论没有考虑不同和弦、音色、风格等因素。

五、法院观点及判决结果

1. 关于雅马哈涉案电子琴中内置的伴奏乐的前奏、尾奏是否构成我国著作权法保护的作品

首先，我国和日本同为《伯尔尼保护文学和艺术作品公约》成员方，故原告雅马哈可依据我国的著作权法来主张权利。此外，雅马哈电子琴中内置的伴奏乐的前奏、尾奏系其独立完成，被告得理公司亦无相反证据证明原告雅马哈主张的伴奏乐不具有独创性，故一审法院认定原告雅马哈电子琴中内置的伴奏乐具有独创性，属于受我国著作权法保护的作品。

2. 关于原告著作权的权利依据问题

法院认定，原告雅马哈是电子琴制造商而非芯片的制造商，故被告得理公司关于原告电子琴中内置有伴奏乐的芯片上标记的 "© 1999 YAMAHA" 字样为表明该芯片集成电路布图设计著作权人性质的署名、与该芯片内置的伴奏乐无关的主张，不能成立。原告电子琴中内置有伴奏乐的芯片上标记的 "© 1999 YAMAHA" 字样应为表明原告系该芯片内置的伴奏乐的著作权人性质的署名，

因此，法院认定原告是 YAMAHA PSR 640 电子琴中内置有伴奏乐的著作权人。

3. 关于鉴定意见的采纳

被告得理公司在审理期间并没有提交被告电子琴内置伴奏乐的曲谱，且被告也不认可原告提交的曲谱与原告电子琴内置的伴奏乐具有对应性和一致性，故本案无法进行曲谱对比。

在审理期间，法院委托中国音乐著作权协会对其所听取的双方琴中的伴奏乐进行了对比鉴定。虽然双方电子琴中均有不同和弦、音色、风格的设定条件，但并没有证据证明双方电子琴内置伴奏乐的前奏、尾奏随前述设定条件的改变而改变。因此，被告对中国音乐著作权协会出具的《鉴定意见》不予认可的相关主张，不能成立。

鉴于中国音乐著作权协会出具的《鉴定意见》已说明被告制造、销售的涉案 MC710 电子琴内置伴奏乐中的 26 首相应编号的曲目与原告 YAMAHA PSR640 电子琴内置的伴奏乐的对应曲目的相同或相似，故被告未经原告许可，制造、销售含有与原告主张著作权的伴奏乐相同或近似的伴奏乐的 MC710 电子琴的涉案行为已构成对原告著作权的侵犯，被告应承担相应法律责任。

4. 判决结果

一审法院于 2007 年 12 月作出一审判决，判决被告停止侵权，赔偿原告损失 5259 元，并在《法制日报》上刊登致歉声明。判决后双方和解。

裁判文书来源

一审：

第二部分 案件评析

评析人：杨安进、沙仁高娃

一、音乐作品独创性判断

（一）独创性是受著作权法保护的门槛

作品是否具有独创性，是世界各国对作品保护的统一门槛，音乐作品也不例外。尽管受保护的力度与独创性的高低是有直接关联的，但是只要作品具有独创性，就已经进入著作权保护这一范畴。

在实务中，判断是否存在著作权侵权通常的思路是，首先将思想和表达作剥离以确定保护客体，其次再过滤掉两部作品中相同但又属于公共领域的部分，将其余部分进行是否构成实质性相同的比对，就是通常所称的"抽象—过滤—比较"三步法。

作品类型的不同，体现独创性的方式、部分等均不相同，受保护的要素也不尽相同，"不同种类的作品，各有自己独特的材料、手段和创作规律"❶。例如，在文学作品中，文字表达、情节及人物刻画均可体现文字作品的独创性。在音乐作品中，作品种类不同导致的根本性差异使得在判断音乐作品的独创性上有着不同于其他作品，如文学作品不同的标准。

(二) 判断音乐作品独创性的要素

音乐的表现元素包括节奏、旋律与和声等，这些元素按照自身的规律、特征相互结合在一起，表现为一个不可分割的整体，形成艺术化的音响形式来表达音乐思想。❷ 所以在判断音乐作品时，应将这三个方面作为切入点，对作品进行分析，进而作出其是否具独创性的判断。除了以上三个判断的切入点外，还需判断音乐作品是否含有来源于公有领域的内容。

1. 旋律

旋律是指"一种令人愉快的乐音组合或序列"，或者"将相互关联的每一个单独的音符按照一定的节奏组合在一起，使它们能够表达一种特定的意境或思想"。❸ 旋律是音乐作品中最为重要的部分，往往给听者印象最为深刻，熟悉旋律的听者甚至会自己哼唱。旋律也是作为容易进入共有领域的一个要素。❹

2. 和声

和声可以被定义为"和弦的结构、进程和相互关系"。❺在早期的音乐创作活动中，和声创作一直由作曲家本人和旋律一起完成。自音乐进入工业生产之后，音乐创作的分工也日益精细。但从本质上来讲，和声是在旋律的基础上的一系列和弦进程，旋律决定和声。因此，从这一层面上来说，和声对音乐的整体效果有一定的贡献，但很难成为具有独立的音乐版权。❻和声的基本单位是

❶ 刘春田. 著作权法实践中的独创性判断 [J]. 著作权，1994 (4).

❷ 余甲方. 音乐鉴赏教程 [M]. 上海：复旦大学出版社，2006：2.

❸❺ 美国传统音乐词典 [M]. 3 版. 霍顿米菲琳公司，1992.

❹❻ 徐俊. 侵权判断——以独创性表达的保护为中心 [D]. 上海：复旦大学，2011：97.

音程及和弦。和弦及其连接、安排的紧与松，直接关联着乐曲和声紧张与放松的布局。尽管在和声中，很少有包含受保护的表达，但是它可以辅助版权侵权判定，与其他因素一道共同为判定结论的作出发挥积极意义。

3. 节奏

节奏是指"不同长度和强度的音符序列所组成的常规模式"。通俗地讲，节奏就是音乐表演过程中遵循的拍子。大多数流行音乐的作品都有稳定的、不变的节奏，因此，单纯的节奏不具备版权意义上的独创性。❶ 尽管节奏通过时间和幅度的调节可以产生变化，但无论是从数学上的排列组合还是从音乐常规来讲，节奏的变化仍然受到限制。正因如此，法院仅凭借音乐作品中的节奏，既不会确认独创性，也不会判定侵权。❷

综上所述，在判断音乐作品独创性应综合考虑旋律、和声及节奏三个因素，并以此作为判断的切入点，但又因旋律、和声及节奏固有属性的不同，在判断时应具有侧重点，将旋律作为主要判断客体，因和声伴随其生而次之，最后参考节奏的作用。

二、电子琴伴奏乐的可著作权性

电子琴伴奏乐属于音乐的作品，在判断其是否具有独创性的时候也应遵循上述对于一般音乐作品独创性判断的标准。在本案中，电子琴伴奏乐均由前奏、伴奏（节拍）、尾奏组成，其中伴奏（节拍）部分属于公有领域，即不满足作品独创性的要求，自然也就不落入著作权保护的范畴之内，原告雅马哈主张伴奏的前奏、尾奏如具有独创性，则应受著作权保护。

（一）电子琴伴奏乐的组成

电子琴伴奏乐的主体是和弦和节奏。和弦通俗地讲就是有一定音程关系的几个音之合成，如1、3、5三个音一起发声就构成了大三和弦，又如2、4、6三个音一起发声就构成了小三和弦。电子琴国家标准写的"和弦系统"简单地讲是指电子琴芯片中存有一系列和弦的音乐数据，表演者可随着右手弹奏的主旋律，用左手调出与主旋律协和相配的各种和弦来实现伴奏。

节奏是指由音值的长短与拍子的强弱所构成的各种组合形态，如华尔兹三拍的音值长短相同，其三拍的强弱是强弱弱。国标写的"节奏系统"简单地讲是指电子琴芯片中存有一系列节奏的音乐数据，如华尔兹、探戈等上百种风格节奏。表演者可根据要弹的歌曲来选节奏的类型，如右手弹"达坂城的姑

---

❶ 黄德俊，吴刚. 音乐版权中的独创性解析［J］. 传播与版权，2018（8）.

❷ 徐俊. 侵权判断——以独创性表达的保护为中心［D］. 上海：复旦大学，2011：97.

娘"的旋律，就应选探戈的节奏来伴奏。

（二）和弦及节奏的事实定位

1. 电子琴国家标准对电子琴伴奏乐组成的规定是两大要素：和弦和节奏

电子琴的国家标准是 GB/T 12105—1998《电子琴通用技术条件》（以下简称"国标"）。国标中表征电子琴性能的重要指标是"自动演奏"，即本案中原告雅马哈所说的"自动伴奏"。国标对高级、中级电子琴的"自动演奏"的要求是：应设置完备的自动低音和弦系统、自动节奏系统和分解和弦等，至少应有大三和弦、小三和弦、属七和弦、减七和弦。这一要求清楚地表明电子琴自动伴奏包含了两大要素：和弦与节奏。演奏者只要调用电子琴内含的和弦和节奏就能实现伴奏。

2. 电子琴伴奏乐不符合音乐作品的基本要件，是电子琴产品标准中的通用基本配置

和弦和节奏形成了电子琴风格伴奏乐，但二者均属于公有领域，是人类长期形成的音乐素材，其性质如同文字中的词汇和成语，也是音乐领域的通行专业规范，并非电子琴产品生产厂家的独创，任何电子琴厂商对和弦和节奏均不应享有任何权利。

和弦和节奏只是一种中性的、基本的、规范的、通用的音乐素材，其用途在于服务于音乐作品的主旋律，对主旋律起到装饰作用，但其本身并不具备任何表达情感的含义。可见，伴奏乐仅具有音乐技术上的意义，并无音乐创作上的意义。将一首伴奏乐单独拿出来听，听众是无法听出其中的任何内容的。

电子琴的价值首先体现于作为一种乐器的价值。消费者购买电子琴的目的是用于演奏。消费者在选购电子琴的过程中，更加强调音色、音质及外观等技术性的要求，并不注重厂商自己"创作"了什么伴奏乐。电子琴的伴奏乐系根据国家标准的要求而设置，多种风格的伴奏乐是电子琴的基本技术性配置，每个厂商的伴奏乐均大同小异。在电子琴的整体使用价值中，伴奏乐所占的比例极小。

（三）前奏和尾奏在电子琴伴奏乐中的地位

电子琴伴奏乐的架构一般是前奏 + 主伴奏 + 尾奏。在电子琴演奏过程中，主伴奏始终伴随着右手弹出的主旋律。

前奏和尾奏必须具有服从主伴奏风格的节奏与和弦，而节奏与和弦均是公有领域中的元素。同时，节奏与和弦也是前奏和尾奏的核心部分。前奏和尾奏并不能游离于主伴奏之外成为独立的伴奏音乐。前奏和尾奏出现在主旋律伴奏的前后，仅起装饰作用，表演者可以自行选择是否使用，这也是电子琴国家标准中没有把前奏尾奏写进电子琴伴奏内容中去的根本原因。

由此可见，在电子琴伴奏乐中，前奏和尾奏在整个伴奏乐中仅处于没有实质性意义的装饰性地位，并且与伴奏乐一样不具备任何音乐创作上的意义。

（四）结论：电子琴伴奏乐的可著作权性差

如上文所述，电子琴伴奏乐的架构一般是前奏＋主伴奏＋尾奏，本案中原告雅马哈也认可，主伴奏部分来源于公有领域，其只主张前奏、尾奏具有独创性。判断音乐作品是否具有独创性的三个判断要素分别是：旋律、节奏和和声，和声的组成单元是音程及和弦。其中，旋律是一个音乐作品中的灵魂所在，也是作者表达思想的落脚点，其他两点辅助而次之。

电子琴伴奏乐的主伴奏部分，在整个伴奏乐中所占的时长、比重最大，前奏、尾奏均是围绕其展开，换言之，其蕴含了整个伴奏乐的主要旋律之所在。在本案中，原告雅马哈认可主伴奏源于公有领域，即是伴奏乐的旋律落入共有领域范畴，这与作品的独创性要求是背道而驰的。前奏和尾奏主要由节奏及和弦构成。如上文所述，和声是在旋律的基础上的一系列和弦进程，旋律决定和声，单独的和声无法满足著作权法对作品独创性的要求，不构成作品，节奏同理。

综上所述，电子琴伴奏乐不满足著作权法对作品独创性的要求，不能构成作品而受保护。

三、关于音乐作品的司法鉴定

如上文所述，音乐作品有不同于一般文字作品的特点，在判断作品是否构成实质性相似应关注并围绕其特征而展开。

（一）司法鉴定判断标准：实质性相似在音乐界和法律界的区别

实质性相似，在音乐界和法律界之间的判断标准相差甚大。在音乐界中，一般认为，两首音乐之间有 8 小节以上雷同视为抄袭，如相似音乐不超过 4 小节不算抄袭，但此种观点没有考虑到音乐作品的长度和是否存在引用的问题。

司法界对音乐实质性相似没有严格的标准，但可以综合音乐作品给听众的听觉感觉、词曲结构、节奏安排、旋律走向、音乐气质以及音乐作品的用途、相似比例等角度进行综合地分析。当涉及涉案作品相似度较高，一般听觉正常的听众可以明确辨别时，由普通听众来担任判断主体，此刻法官可根据自身的音乐素养进行独立判定；当涉案歌曲之间仅有部分相似，且为原告雅马哈独创性内容时，法院会以音乐专家作为判断主体，主要表现为专家咨询意见和鉴定结论两种。❶ 在本案中，法院也就涉案的伴奏乐是否构成实质近似进行了专家

---

❶ 黄德俊，吴刚. 音乐版权中的独创性解析［J］. 传播与版权，2018（8）.

鉴定。

(二) 关于专家鉴定的方式

关于鉴定方式应采用"曲谱对比"结合"试听"的方式。这样的方式是在综合考虑了音乐作品的特点而建议的。音乐最终要实现听觉上的享受和触动，是否构成实质相同，绝不能摒弃听觉的感受。此外，也要适度控制听觉的结果，因为它是全然主观的，且无可追溯的载体，因此要和"曲谱对比"相结合。在本案中，鉴定机构采取的鉴定方式仅是试听，在确保鉴定的准确性上无疑是会有令人顾虑之处。

在北京市高级人民法院审理的广东太阳神集团有限公司诉可口可乐（中国）饮料有限公司和可口可乐中国有限公司著作权侵权、不正当竞争纠纷一案〔（2000）高知初字第19号〕中，中国版权研究会版权鉴定专业委员会采用了4种方法进行鉴定，听觉对比只是其中一种。该鉴定认为，听觉对比仅仅局限于感性的知觉范畴，仅适用于非专业对于音乐的音乐受众而言的感受，不适用于专业人员听觉感受就是感觉的全部，但听觉感受仅仅局限于感性的知觉范畴。因此，听觉对比只是鉴定中的辅助手段，不能作为唯一手段，并不能代替科学、严谨的分析。

音乐作品实质相同的鉴定在实务中是非常复杂的，它的复杂性并不体现在如同文字作品大篇幅的表达方式、人物比对方面，而是音乐作品的特征使然。音乐语言的有限性决定了音符重复出现的可能性高，但是音符重复出现就一定导致作品实质类似吗？也不尽然。此外，公有领域内容的排除也是核心问题之一，如中文歌曲《不想长大》被指抄袭韩国乐团东方神起的《三角魔力》(Tri - Angle)，但经分析，两部作品均加入了莫扎特第四十号交响曲的第一乐章，故不存在侵权行为。

四、关于著作权侵权中赔礼道歉法律责任的适用

(一) 关于"赔礼道歉"的适用范围

"赔礼道歉"，是指在社会交往过程中对他人利益造成损害后，认识到自己行为的不当，向对方表示歉意进而请求对方原谅的一种情感表达。❶ 在法律层面，《民法通则》第134条规定，赔礼道歉是承担民事责任的方式之一；第120条规定："公民的姓名权、肖像权、名誉权、荣誉权受到侵害的，有权要求停止侵害，恢复名誉，消除影响，赔礼道歉，并可以要求赔偿损失。"

此外，《最高人民法院关于确定民事侵权精神损害赔偿责任若干问题的解

---

❶ 袁博. 浅析版权案件中"赔礼道歉"民事责任 [N]. 中国知识产权报，2016 – 12 – 16.

释》也明确规定，侵害该司法解释所列各项权利，如生命权、健康权、身体权、姓名权、肖像权、名誉权、荣誉权、人格尊严权、人身自由权、隐私权、监护权的，受害人可以请求赔礼道歉。在《侵权责任法》第 15 条中也将赔礼道歉规定为承担民事侵权责任的方式之一。

根据以上法律规定可知，"赔礼道歉"作为承担民事侵权责任的方式之一，主要是与人身性权益联系在一起，其适用范围，"主要在于涉及侵害自然人人身权的范畴"。❶

（二）赔礼道歉在著作权侵权中的适用

关于著作权法的人身权是否与上文中论述的一般民法意义上的人身权等同，有反对的观点认为，一般民法意义上的人身权具有极强的依附性，和人（自然人及法人）同时出现也同时灭失，但著作权法上的人身权不具有这样的特征。❷ 笔者认为，不必在这些表现形式上过度强调满足与否，更应该去关注内在实质的符合，著作权法的人身权保护的是权利人的精神利益，这与权利人也是相生相伴，不可剥离，并且从已有立法层面上来看，著作权法属于大民法范畴中的一个部门法，应与上位立法精神保持一致，并保证无冲突的适用。

在《著作权法》中将"赔礼道歉"作为承担侵权责任方式的规定共有两处，即第 47 条和第 48 条。《著作权法》也是唯一将"赔礼道歉"作为承担民事侵权责任方式之一的知识产权部门法，在其他的例如《专利法》《商标法》部门法中并无此规定，这一点也与著作权具有人身属性紧紧相关。

《著作权法》第 10 条中规定了 17 项著作权，其中发表权、署名权、修改权及保护作品完整权属人身权，其余项是财产性权益。根据上文中所述的关于"赔礼道歉"的适用范围可知，只有当被控侵权行为涉及著作权中人身权利时才会涉及"赔礼道歉"责任适用问题。

1. 关于法人作品、职务作品及委托作品中的人身权归属

关于自然人作品的人身权利归属是没有争议的，本文不做讨论，只就法人作品、职务作品及委托作品展开论述。

关于法人作品，《著作权法》第 11 条规定："由法人或者其他组织主持，代表法人或者其他组织意志创作，并由法人或者其他组织承担责任的作品，法人或者其他组织视为作者。"

关于职务作品，《著作权法》第 16 条规定："公民为完成法人或者其他组织工作任务所创作的作品是职务作品，除本条第二款的规定以外，著作权由作

---

❶　袁博. 浅析版权案件中"赔礼道歉"民事责任 [N]. 中国知识产权报，2016 – 12 – 16.

❷　刘友东. 著作人格权制度研究 [D]. 重庆：西南政法大学，2010.

者享有，但法人或者其他组织有权在其业务范围内优先使用。作品完成两年内，未经单位同意，作者不得许可第三人以与单位使用的相同方式使用该作品。

有下列情形之一的职务作品，作者享有署名权，著作权的其他权利由法人或者其他组织享有，法人或者其他组织可以给予作者奖励：

（一）主要是利用法人或者其他组织的物质技术条件创作，并由法人或者其他组织承担责任的工程设计图、产品设计图、地图、计算机软件等职务作品；

（二）法律、行政法规规定或者合同约定著作权由法人或者其他组织享有的职务作品。”

关于委托作品，《著作权法》第 17 条规定："受委托创作的作品，著作权的归属由委托人和受托人通过合同约定。合同未作明确约定或者没有订立合同的，著作权属于受托人。"

综上，对职务作品和委托作品，关于作品权属（人身权及财产权）的规定均非常明确。职务作品权属分为两种：一种是财产权和人身权均归雇员，被称为"一般职务作品"；另一种是署名权归雇员，其余权利归雇主，被称为"特殊职务作品"。对于委托作品，有约定依约定，无约定归受托人。

在法人作品中，"视为作者"是否可以与"作者"画等号，直接关系到著作权中人身权归属的问题，但我国现有法律对此并无明确的规定。

"视为作者"源于美国"雇佣作品原则"，为美国司法实践所首创，后写入成文法中得到进一步的加强和明确：涉及雇佣作品时，雇主视为作者。因此，雇佣作品原则也被称为"视为作者原则"。❶

实践中，存在大量职务作品和法人作品区分不清的案件，不少案例在情节相似甚至相同的情况下，仍存在同案异判。例如，"胡某某、吴某某诉上海美术电影制片厂著作权权属纠纷案"与"李某某诉北京市昌平区人民政府侵犯署名权纠纷案"两案相似，但不同的是，前案法院依据《著作权法》第 16 条规定将争议作品认定为职务作品，后案法院却依据第 11 条规定将争议作品认定为法人作品。

在有些案件中，法院一方面认定涉案作品构成法人作品，另一方面却依照有关职务作品的规定判定著作权的归属。例如，"余某某诉钱某某、民心河管理办公室著作权归属案"，在判决述中表述："系争作品的著作权由被告单位享有，原告个人享有署名权"，但同时，在判决理由部分又指出"引水办（单

---

❶ 孙新强，樊宇. 我国法人作品著作权归属之争［J］. 甘肃社会科学，2019（1）.

位）是报告文学的组织主持者应属《著作权法》被视为作者的'作者'，对《民心河》享有整体著作权"。❶

综上所述，关于法人作品人身权归属，既无明确法定，也无实务统一的认定标准，但整体来看参照"职务作品"的情况居多；在职务作品中，署名权均是归属于雇员，其他人身权视具体情况而定。

2. 赔礼道歉在署名权侵权中的适用

在本案中原告主张以"赔礼道歉"的方式承担侵权责任，以署名权和修改权为权利基础，但原告在诉讼中放弃对修改权的主张，故此处不讨论修改权，只就署名权展开讨论。

根据原告主张，如果本案涉案作品是职务作品，那么署名权归属于雇员，有权提出"赔礼道歉"主张的主体局限于雇员，原告雅马哈无权主张；如果涉案作品是委托作品，原告并没有提供证明委托关系的合同，属于原告无法证实的事实。

如果原告主张涉案作品是法人作品，因此享有署名权，那么就产生两个问题。

（1）《著作权法》第 11 条规定的"视为作者"，是不是就是"等于作者"？在"视为作者"的情况下，其署名权等人身权利是不是就与作者完全一样？

（2）《著作权法》第 11 条规定的"由法人或者其他组织主持，代表法人或者其他组织意志创作"要件是否需要额外的证据予以证明？权利人的证明责任是否与《著作权法》第 11 条规定的"如无相反证明，在作品上署名的公民、法人或者其他组织为作者"完全相同？

关于上述第（1）点，在判断"视为作者"与"等于作者"是否完全等同的关键点，在于对"法人是否可以是作者？"这一问题的认知，对此，一种观点认为，法人不能成为作者。因为成为作者的首要条件是具有创作能力，而创作能力则是人类以生理为基础运用思维的能力，法人是不具有思维的，法人的任何行为都是由自然人来完成的。所以，从客观上讲，只有自然人才能成为作品的作者，法人永远不能成为作品的作者。

另一种观点认为，法人可以成为作者。因为法人具有独立的人格和独立的意志，具有民事权利能力和民事行为能力。❷ 该种观点认为，从生理上讲，法人是一个没有感情、没有思维的组织，但从法律意义上讲，法人又是一个既能

---

❶ 孙新强，樊宇. 我国法人作品著作权归属之争［J］. 甘肃社会科学，2019（1）.

❷ 何红峰. 浅议著作权法第十条与第十六条的关系［J］. 著作权，1992（3）.

体现组织意见，又具有自己的独立意志，能独立承担社会责任，受到我国民事法律保护的民事主体。❶ 所以法人是能够成为作者的。

如上文所述，关于"法人是否可以是作者？"这一争议尚未有定论。如依照观点一，法人不能成为作者，那么作者权利均与法人无关；观点二的结论与此相反，即法人可以成为作者，享有作者应享有的权利。

在实务中，涉及法人作品纠纷时，大部分情况下法院未就"法人究竟是否可以等同于自然人作者"予以说理阐述，而很多情形下基本直接参考职务作品解决纠纷。

对此，笔者认为，作品创作是一个事实行为，直接实施创作行为的行为人一定只能是自然人，不会是法人，但是，著作权的归属要按照法律行为进行界定，而非仅仅依据事实行为。

法律行为，是对事实行为根据法律制度进行法律界定后所认定的法律上的事实。《著作权法》第11条第3款对法人作品的规定（"由法人或者其他组织主持，代表法人或者其他组织意志创作，并由法人或者其他组织承担责任的作品，法人或者其他组织视为作者"），就属于对《著作权法》第11条第2款（"创作作品的公民是作者"）在特定情况下的事实行为在法律上的重新界定。

关于上述第（2）点，即法人作品是否需要额外的证据予以证明，还是如同自然人作品一样，仅仅依据《著作权法》第11条第4款"如无相反证明，在作品上署名的公民、法人或者其他组织为作者"即可证明作者？

对此，笔者认为，在原告主张法人作品的情况下，应该首先需要举证证明涉案作品符合《著作权法》第11条第3款所规定的体现法人意志等要素。因为根据《著作权法》第11条的条款顺序及立法意图可见，"创作作品的人是作者"是一个在先的当然条件，通常应该先适用，因为实施创作作品行为的人必然只能是自然人，这是无须证明的常识。而在后的关于法人作品的规定，属于上述例外规定，对于例外规定，只能通过证据证明其不属于《著作权法》第11条第2款规定的通常的情形。另外，署名权本身就是作者的一种权利，通过署名认定作者本身就存在逻辑上的瑕疵。在此情况下，如果自然人作品和法人作品都简单适用《著作权法》第11条第4款的规定，还必然出现双方争署名的情况，在此情况下仍然需要查明法人作品的实质要件。因此，笔者认为，在该层面上，法人作品权利人的举证责任应重于自然人作者。

例如，在"李某某诉北京市昌平区人民政府侵犯署名权纠纷案"中，原告主张自己是涉案作品《昌平县志》（终稿）的作者，因而享有作品署名权；

---

❶ 郭禾. 以案说法·著作权篇［M］. 北京：中国人民大学出版社，2002：197.

被告则通过提供证明涉案作品从立项及创作过程直到最后完成，法人的参与程度及对作品的贡献等事实，以用来说服法院认定涉案作品为法人作品，法院据此认定原告主张其享有"署名权"缺乏权利基础而未予以支持。

而在本案中，原告并没有提供任何关于涉案电子琴音乐属于法人作品的实质要件方面的证据，法院仅仅根据"署名"认定法人作品，并进而认定原告享有"署名权"，在论证环节上是存在缺陷的。

3. 赔礼道歉在邻接权侵权中的适用

邻接权是指与著作权相邻的权利，狭义的相邻权是指表演者权，广义的在表演者权以外，还包括录制者权和广播电视组织权。从邻接权的产生及其范围的分析中可看出，邻接权的实质可体现在以下两个方面：第一，邻接权是与著作权有关（相邻）的权利，邻接权是基于著作权而产生的；第二，邻接权是作品传播者的权利，是基于传播作品的事实行为而产生的权利。

在本案中，电子琴音乐是表演者演奏的再现，故本文以表演者权为例作简要的论述。

表演者权是基于对作品的传播而产生的，传播的媒介是表演者的艺术表现形态。"表演者权的客体不是演员演出的作品或剧目，也不是记录表演者演出活动的物质载体（录音、录像），而是表演活动本身，是现场上活生生的表演，是艺术家们有个性的创造，它包含了演员的表演形象、动作和声音创作技巧以及表演时的感情，等等，由于这种活的表演可以通过现代科技加以固定并重新再现，从而使表演者失去更多的表演机会和利益，因此，法律才会给表演者以一种专有权利来保护其表演。"❶ 由此可知，表演者权可理解为依托于原作品的"另一次具有独创性的创作"，故表演者权是有着人格属性的权利，具体规定在我国《著作权法》第38条："表演者对其表演享有下列权利：（一）表明表演者身份；（二）保护表演形象不受歪曲。"

表明表演者身份权也就是表演者对自己的表演有向公众公开表示其姓名的权利，即表演者的署名权，但表演者的署名方式不同于作品作者的署名方式，表演的特殊性以及表现（再现）表演的形式的差别，决定了表演者一般署名方式为在演出广告、宣传栏、节目单或文艺刊物刊登的剧照上标明表演者的姓名（团体和演员），或者有些节目在表演之前由主持人介绍表演者姓名。

保护表演形象不受歪曲也是表演者人身权的一项内容，禁止对表演形象的歪曲等，"明确侵害表演形象权的法律责任，如停止侵害、消除影响、赔礼道

---

❶ 乔玉君. 论著作邻接权的法律保护 [J]. 科技与法律，1997（1-3）.

歉及赔偿损失等责任"。❶

综上可见，表演者可根据"表演者权"，就侵犯其"表演者署名权"及"表演形象权"，向被控侵权人要求其承担赔礼道歉的侵权责任。

回到本案，《著作权法实施条例》第 5 条就"表演者"进行了定义，即"（六）表演者，是指演员、演出单位或者其他表演文学、艺术作品的人"。因此，电子琴伴奏乐的表演，只能是个人或演出单位，而不可能是电子琴制造者。因此，原告雅马哈难以主张表演者权，更无法主张表演者权中的人身权，原告关于"赔礼道歉"请求如是基于表演者权，显然缺乏依据。表演者中之所以还包括"演出单位"，"是因为考虑到艺术表演者有自由职业者，也有随表演团体的'职务演出'之别"。❷ 本案中原告这样的电子琴生产商显然不属于这个群体。

此外，涉案作品是电子琴伴奏乐，电子琴作为一个工具，机械地将伴奏乐播放出来，完全不属于《著作权法》意义上的表演，原告不可能据此享有表演者权。

综上可见，无论是"视为作者"的法人作品，还是作为表演者权客体的表演再现，本案中对于侵犯署名权而产生的"赔礼道歉"法律责任问题，似乎依据不足，论证不充分。此类案件中，原告是否享有署名权，尚属存在重大争议的问题。

---

❶❷ 乔玉君. 论著作邻接权的法律保护 [J]. 科技与法律, 1997 (1 - 3).

案例十四：印刷电路板（PCB）的知识产权侵权问题

——联想公司诉元美达公司侵犯著作权案

案情整理及评析：杨安进　耿　琛

原告： 联想（北京）有限公司
被告： 深圳元美达科技有限公司、北京天庭多媒体系统有限公司
一审： 北京市海淀区人民法院，（2011）海知初字第 155 号

代理人： 庞正忠，北京市金诚同达律师事务所律师；杨安进，北京市维诗律师事务所律师（时任北京市金诚律师事务所律师），共同代理联想（北京）有限公司

第一部分　基本案情

一、案件背景

原告联想（北京）有限公司（以下简称"联想公司"）与被告深圳元美达科技有限公司（以下简称"元美达公司"）均销售计算机主板。原告于 1995 年 5 月完成产品设计，并于 1997 年 7 月开始销售计算机主板 QDI P6I440BX/B2 产品。该产品特征为主板与双 CPU 卡结合，其主板是采用 INTEL BX 芯片设计的 SLOT1 主板，双 CPU 卡是采用两片 INTEL 赛扬 CPU，使得在较低的成本下，在支持多 CPU 的操作系统上大大提高系统性能。

在原告上述产品推向市场后不久，被告即在媒体上宣称开发出同类同性能的 MIDA 6ABD 计算机主板产品并推向市场。

二、原告主张

原告认为，其享有设计图纸的著作权。原告在开发研制 QDI P6I440BX/B2 计算机主板产品中形成的全部技术成果，最后主要表现为产品生产制造中所必

须依照的元器件排列图和印刷电路板（PCB）布线图。这些是产品最重要的设计图纸，也是最花费时间、最能体现研发智力劳动的所在。根据我国《著作权法》第 3 条及《著作权法实施条例》第 4 条之规定，原告理当对这些图纸享有著作权。

被告行为构成著作权侵权。被告在原告产品面市之后推出的 MIDA 6ABD 产品，经对比，可以认定是直接使用原告的元器件排列图和 PCB 布线图并予以实施的结果，根据《著作权法》第 10 条之规定，这属于对原告作品实施的侵权行为。

原告请求法院判令被告停止侵权行为，停止生产销售型号为 MIDA 6ABD 的计算机主板产品，销毁侵权图纸及尚未出售的产品，赔礼道歉并赔偿经济损失 50 万元等。

三、被告主张

被告对原告设计生产 QDIP6I440BX/B2 计算机主板产品未持异议，但主张被告的 MIDA 6ABD 主板产品系于 1999 年 9 月自主完成产品设计并将产品投放市场。被告在庭审期间提交了软盘，称其中含有 MIDA6ABD 计算机主板产品的技术图纸。

经技术鉴定，被告的技术文档不够充分，软盘资料无法读取。

四、法院观点及判决结果

1. 被告是否实施了复制设计图纸的行为及其法律责任

一审法院认为，本案所涉及原告的主板设计图纸具有独创性，应视为图形作品。虽然不同的作者可以创作出相同或实质上相同的作品，享有各自的著作权，但前提是这种相同或实质上相似应是基于独立创作活动。

被告辩称其 MIDA 6ABD 计算机主板系由其独立设计完成并具有完整的技术档案，但却未就此提交有效的证据，因此一审法院对被告的辩称不予支持，被告的设计图纸应视为取自原告的设计图纸。被告使用原告的设计图纸进行新的产品图纸设计，并未取得原告的许可或向其付酬，被告应依法承担侵权责任。

2. 被告按照设计图纸制造产品否认构成侵权

一审法院认为，根据侵权行为发生时所适用的 1990 年《著作权法》第 52 条的规定，"本法所称的复制，指以印刷、复印、临摹、拓印、录音、录像、翻录、翻拍等方式将作品制作一份或者多份的行为。按照工程设计、产品设计图纸及其说明进行施工、生产工业品，不属于本法所称的复制"。法院认为，根据本条规定，利用印刷电路板设计图生产印刷电路板产品的过程不属于复制，因此不构成侵权。

3. 判决结果

一审法院判决被告深圳元美达科技有限公司立即停止使用原告联想（北京）有限公司的 QDI P6I440 BX/B2 图纸，并赔偿原告经济损失及合理开支，对原告请求停止生产 MIDA 6ABD 产品的主张没有支持。

一审判决后，双方均未提出上诉。

裁判文书来源

一审：http://blog.sina.com.cn/s/blog_4da63f4101019xx4.html.

第二部分   案件评析

评析人：杨安进，耿琛

一、印刷电路板简介

印刷电路板是在一片由金属片（一般是铜）和绝缘体压合而成的板子上，完全按照事先设计的电路布线图，利用特定的工艺将金属片艺刻蚀成所需要的电路布线。在刻蚀后的电路板上往往还要印上事先设计好的电子元器件排列图，以标注各个部位所焊接的元器件。焊接上相应的元器件后，电路板就完成了设计者所需要的电路连接，才可能具有所设计的功能。

在设计、制造电路板之前，先要进行电路原理图设计。原理图的设计现一般采取计算机辅助设计的方式，复杂的原理图往往由各模块组成。这些模块有的是公知的、具有特定电功能的通用模块，大部分是设计者根据电路功能需要而独特设计和划分的。

整体完成后的原理图，有的能独立实现某种具有实用价值的功能，有的只属于电路或整个设备中的一部分，独立使用时不具有实用功能，只具有某些纯理论上的电功能，需配合其他电路、设备才能实现实用功能。

原理图被确认后要进行电路板布线设计，同时要根据所具体选用的元器件进行元器件具体位置的排列布局设计。这时候要综合考虑电路板尺寸、具体元器件尺寸、布线层数、接口、电磁兼容等因素，最终完成电路板这种工业品的具体连线方案。

其中最重要的工作是进行电路板的布线和元器件排列。这些工作现都可以进行计算机辅助设计，甚至可以根据原理图进行一定程度的自动布线。但是，这种自动布线对于比较复杂的电路，尤其是元器件数量多、耗电、电磁兼容问题复杂、某些接口和元器件位置具有固定性的情况下，其实用性较差。自动布线只在一些简单电路中具有一定的参考价值。因此，现在大部分电路都是利用计算机进行人工布线。这是非常复杂的脑力劳动，需要考虑的因素很多。

布线工作完成后，也就意味着元器件排列等相关工作均已完成，可以将相应的设计图交由专门的印刷电路板制造厂商进行制造。制造的过程一般是纯机械的过程，只存在工艺的问题，与具体设计无关。电路板制作完成后，便可接插选用的元器件并进行焊接，最终得到具有设计功能的工业制成品。

但是，一个复杂电路板的设计一般不可能按照上述程序一次性完成，都需要一些试验、修改的过程使之优化，才能最终批量生产。

由于电路板的这些特征，使得两个独立设计的电路板应该在原理图及布线上存在巨大差异，即使按照同一个原理图分别进行布线，绝大部分电路布线都应是存在巨大不同的、个性化的。电路板的高密度性使得对电路板任何一个元器件位置的变更，任何一个重要元器件的增删都会导致全盘性的变化，其多层性和高密度性还导致对电路板实物进行复制抄袭或进行反向工程几乎是不可能的，因此，对电路板的抄袭必然是源头上对图纸的抄袭。两个具有一定复杂程度的电路板如果存在布线上和元器件排列上的大部分实质相似，可以判断两者之间存在源头上的复制关系。

二、印刷电路板的知识产权保护

（一）图纸的著作权保护

从上述介绍可见，电路板的设计制造中必然会产生以下重要图纸：（1）电路原理图；（2）各层 PCB 布线图；（3）元器件排列图。

这三种图集中体现了电路板的智力劳动成果，是这种产品设计制造中必不可少的产品设计图纸，也是企业对这类产品所拥有的最核心的知识产权所在。

电路所采用的设计原理及所实现的功能虽然不受保护，但实现这些原理和功能的具体方式是受知识产权法保护的。当然，其中一些通用的独立功能设计可能不受保护，但是，一些计算机 CPU 厂商为计算机主板生产厂家提供的特定 CPU 主板具有指导性的粗略设计规范，有的称为公板设计，是享有著作权的。

根据我国《著作权法》第 3 条及其《实施条例》中关于作品的规定，电路原理图、电路布线图和元器件排列图应当属于产品设计图纸。这些图纸的设计者，享有对该图纸的著作权。

除上述图纸之外，在电路板制造工艺中还会产生一些其他图纸，如电路板尺寸方位图，过孔、焊孔图等，也属于产品设计图纸中的一部分，但其主要从上述三种图纸衍生而得，用于制造工艺需要，单独体现的智力劳动不多。

（二）技术方案的专利保护

现行专利法所保护的发明创造包括发明、实用新型和外观设计，有研究在理论上考察上述三种不同类型的发明创造与印刷电路板的对应关系后，认为专利制度在保护印刷电路板布图设计方面难有作为。❶ 笔者认为这种纯理论性的探讨所得出的结论有待商榷。

笔者以业内较为领先的印刷电路板生产厂商深南电路股份有限公司近两年的授权专利情况为依据，以印刷电路板生产过程切入，浅析过程中能够进行专利申请的主要客体，希望对行业企业有所启示。

1. 围绕板体本身及相应装置的发明创造

作为印刷电路板的主体，针对板体本身所提出的发明创造，如对板体进行结构的优化、改造，板体增设、改变装置等形成的新板体结构或者对板体进行创新加工的相应的工具，凡是解决了一定技术问题的，均可以申请专利。如深南电路股份有限公司所申请的（下同）申请号为 CN201820248747.2 的"一种印刷电路板及电子装置"实用新型专利和申请号为 CN201821328836.4 的"电路板和电路板钻孔装置"实用新型专利。

2. 围绕电路原理图的发明创造

在电路板制作过程中，电路原理图的设计通常是根据电子产品的功能实现需求，对电路板各模块进行设计和划分，设计过程实质是产生新的针对电路板功能需求的技术方案。因此电路原理图的设计过程中针对特定技术问题所设计形成的特定模块之间的功能实现顺序、逻辑对应关系、电子元器件排列方案等可以申请发明专利。如申请号为 CN201821443635.9 的"短路保护电路及短路保护系统"的实用新型专利和申请号为 CN201821359078.2 的"过压保护电路及电源适配器"的实用新型专利。

3. 围绕将电路原理图在板体上实现的发明创造

电路布线图设计的过程，亦即电路原理图通过产品线路设计予以实现的过程中针对所发现的技术问题所提出的技术方案，可以通过专利进行保护，例如，增强组件之间的连接、提高集成度、克服元器件之间的相互干扰与电磁兼容等问题所提出的布线方法等，这些问题同样体现着设计人员的技术创造力，

❶ 李王华. PCB 布图设计的知识产权保护研究 ［D］. 兰州：兰州大学，2017：20 – 21.

可以申请专利保护。例如，申请号为 CN201821065887.2 的"电子装置、连接器及其电磁器件"，实用新型专利及申请号为 CN201820641570.2 的"电磁器件及集成变压器"的实用新型专利。

4. 围绕对产品检测及废料处理等后续程序的发明创造

在产品生产加工完成后，出于精密性的质量要求，需要对产品进行高精度的质量检测，印刷电路板生产过程中所伴随的废料处理过程也能进行技术优化，这些过程中所产生的技术方案同样可以申请专利。例如，申请号为 CN201721388458.4 的"一种用于 PCB 板件的耐电压测试机构"和申请号为 CN201821050095.8 的"一种 PCB 电路板含铜废水的处理装置"的实用新型专利。

（三）技术方案的商业秘密保护

有研究者认为，通过商业秘密的方式不能为印刷电路板提供有效的保护。根据最高人民法院颁布的《关于审理不正当竞争民事案件应用法律若干问题的解释》第 12 条的规定，通过自行开发研制或者反向工程等方式获得的商业秘密不认定为是侵犯商业秘密的行为。因此当含有印刷电路板的产品上市后，其他生产经营者可以从公开的市场上买到该产品并且通过对产品进行反向工程，导致秘密性的丧失。因此在产品上市后，商业秘密的方式不能提供有力的保护。❶

笔者认为，印刷电路板产品的可拆解、可观察等特点导致确实存在竞争对手通过反向工程获取设计方案，从而避免认定商业秘密侵权的可能性，但通过商业秘密的方式对印刷电路板进行保护是否完全不可行，需要对被控侵权方承担的反向工程抗辩的举证责任进行考察。当然，被控侵权人承担该项举证责任之前，须由主张侵权方承担其技术信息构成商业秘密及两方案实质相同等的举证责任，限于篇幅所限，本文不再对此进行讨论，此处仅对反向工程抗辩的举证责任进行探讨。

笔者认为，有关厂商只要采取了良好的保密措施，被控侵权方反向工程抗辩仍需承担相应的举证责任，而非简单地以反向工程的可行性进行不侵权抗辩，亦即被控侵权方不能因为印刷电路板在现实中存在反向工程的可能而豁免其实际是否实施了反向工程从而获得相应技术方案的举证责任。

前述《关于审理不正当竞争民事案件应用法律若干问题的解释》第 12 条对何为"反向工程"进行了正面的规定，"前款所称'反向工程'，是指通过技术手段对从公开渠道取得的产品进行拆卸、测绘、分析等而获得该产品的有关技术信息"。因此，对于主张反向工程抗辩的被控侵权方，需要承担以下证

---

❶ 李王华. PCB 布图设计的知识产权保护研究 [D]. 兰州：兰州大学，2017：21 – 22.

明责任：（1）需证明其从公开渠道购买产品，如购买产品的发票等；（2）对其反向工程即拆卸、测绘、分析等过程进行记录的文档等，此类记录文档中所公开的技术内容应当能够直接显示或合理推断出权利人商业秘密的技术内容。

上述第一方面举证责任相对容易，第二方面的举证责任对于印刷电路板这种产品而言也看似轻松，但实际上存在着较大的困难。这突出体现在，电路的设计往往会涉及许多电参数，这些参数的调整常常直接关系到电路板正常功能的实现。这些参数有的在原理图上直接标注，有的无法标注。对于没有进行标注的这些参数，权利人可以主张构成其商业秘密，而被控侵权方则需要证明通过拆卸、测绘、分析等获取了上述参数存在较大困难，因为这些参数往往是设计人员在评估印刷电路板生产测试过程中各项指标后综合确定的，行业内并无统一标准和一定之规，体现着设计人员的丰富经验和深度创造。

因此，印刷电路板在设计、生产过程中，厂商要通过严格限制涉密信息传播范围、与技术人员签订保密协议、对含重要参数的文件进行加密、对涉密机器或厂房严格限制来访等措施，为未来可能出现的侵害商业秘密诉讼做好充足的准备。

三、利用图纸制造电路板本质上是一种复制行为

电路布线图和元器件排列图作为印刷电路板生产制造中的重要设计图纸，与制造其他产品相比，具有如下特殊性。

1. 设计图与产品都是从平面到平面的转化，且图与产品之间存在严格的一一对应关系

关于电路布线图，为了实现电性能，印刷电路板上的金属布线与实现设计好的电路布线图是严格一一对应的，其布线的宽度、走向、相对位置、打孔，都必须是成比例的完全一致，这样才能完成最终的元器件插接，从而实现电功能。为保证这样一一对应的精确性，印刷电路板制作工艺中采用了类似于照片翻拍的工艺，将所设计的电路布线图刻蚀到电路板上。

关于元器件排列图，制造工艺就是纯粹将事先设计的元器件排列图成比例地印刷到电路板上，以对相应部位所插接的元器件和其他接口等信息进行标注，便于人工插接元器件及进行维护。因此，从电路板的表面就可以直观地看出来，产品上的元器件排列图完全就是从图形到图形的简单复制，只是介质和载体由纸张变成电路板而已。

2. 电路板制造过程中必然伴随着对设计图的复制

根据印刷电路板的制造工艺，在制作电路板之前必须有按照特定格式制作的电路布线图的电子文件（GERBER 文件），然后在生产流程中将电路布线图

复制到胶片上（菲林），再利用该胶片通过一定的工艺刻蚀到电路板上。这是目前工业化制作电路板必经的唯一程序。对于元器件排列图的复制也类似，只是最终不需刻蚀出来，而是直接印刷到电路板上。

3. 电路布线图和元器件排列图之间存在严格的一一对应关系

一块电路板在设计时是作为一个整体来设计的，因此，两块不同的电路板之间应该是所有的电路布线图和元器件排列图都不一样；而两块相同的电路板之间，所有的电路布线图和元器件排列图必然都完全一样。虽然电路板在布线上可能分成不同的层，但各层之间的布线图往往都是存在唯一对应关系，各布线图与元器件排列图也是存在唯一对应关系，所有这些设计图配合使用，才能完成一块电路板的最终设计和制造。

这两种唯一对应关系的存在，使我们可以推断，一种图纸的相同必然导致其他图纸的相同；实物上布线图和元器件排列图的相同必然导致中间性文件（如 GERBER 文件、胶片）相同。也就是说，实物、中间性文件、原始图纸之间存在唯一的、完全一致的对应关系，而这样的推断无论是正向还是逆向都是可以成立的。对于计算机主板这样技术比较复杂、元器件数量多、排列紧凑的设计，尤其如此。

复制行为具体体现为：

（1）对于元器件排列图，完全是采用印刷的形式从图形到图形的复制，符合 1990 年《著作权法》第 52 条关于复制的规定，所不同的仅仅是介质和载体的变化，在图形的表现形式上没有任何差异。

（2）对于电路布线图，其复制主要体现在如下两个方面。

第一，通过以上分析可知，实物布线、胶片以及原始设计图之间存在唯一的对应关系，因此，两个实物的实质相似可以推断出双方所使用的图纸是实质相似的。于是，双方必然都是将实质相似的图纸复制到胶片上，形成在胶片上实质相似的图纸，作为下一步制造电路板的准备。这个复制过程虽然常发生在专业的印刷电路板制造厂家，而不是由设计者直接复制，但根据当前制造电路板的工艺流程，这样的复制是必然存在的。

第二，将原始图纸上的布线刻蚀到电路板上也是复制的一种形式。

根据布线图制造电路板和根据其他产品设计图纸实施制造其他产品是两种完全不同的过程，这是由于电路板这种产品特有的性能及其特殊的制造工艺决定的，这两种行为的不同之处主要体现在以下几个方面。

（1）根据 1990 年《著作权法》第 52 条之规定，一般所称的根据产品设计图纸制造产品，往往是从平面图纸到立体实物的转化和实施，图纸上的符号、线条、标识等信息需要经过人的理解才能转化为实物的结构、连接等，因此，从图纸的抽象表达到实物的具体表达之间，必须有人的智力劳动，否则无法直接转化。实物是在原始图纸基础上的人的智力劳动的结果。

而电路板的布线与此不同，图纸和实物之间是从平面到平面的转化，从图纸到实物的转化是个机械性的过程，图纸上的符号、线条、标识等信息的抽象表达与实物上的符号、线条、标识等信息的表达形式完全是机械性的一一对应，不需要人的智力劳动。实物是在原始图纸基础上的机械复制的结果。

（2）一般所称的根据产品设计图纸制造产品，在产品制造过程中，图纸本身并不是机器的加工对象，不参与工业化的机器加工，而仅仅供人来阅读、理解以便控制产品的生产制造。

在电路板制造过程中，图纸本身就是机器的加工对象，而不仅仅是供人阅读、理解的技术资料。布线图一旦确定，便进入机械化的复制过程，图纸上的符号、线条、标识等信息对人已经没有意义，无须人对其进行阅读或理解，只需机器对其进行识别，并进行纯粹机械化地一对一的精确复制。

因此，基于这些分析，电路板的生产实际上就是对电路布线图的机械复制的过程，类似于照片的翻拍过程。所不同的是，照片翻拍是从胶片到相纸的复制，而电路板制造是从胶片到绝缘板的复制，只是两者的工艺流程和载体不同而已。1990年《著作权法》第52条所称的按照产品设计图纸生产工业品，理当不包括这种纯粹机械复制的情形。

电路板实际上就是以绝缘材料作为载体、以金属线作为介质而存在的另一种形态的电路布线图。在布线设计图纸复制到绝缘板制作成电路板后，电路板之所以能成为工业产品，是因为图纸上的线条由油墨介质变成了金属介质，从而使这些线条具有了导电功能，满足了电路板这种特殊产品的功能要求。由此可见，导电功能是因为这些线条的物理特性所导致的，而不是加工过程所导致的。也就是说，是复制过程中所选用的介质赋予了电路板以工业产品的性能。这个过程与将一幅文字作品或图画转化、翻制到铜版上是相似的。仅仅介质的不同并不足以形成两个作品。

笔者认为，对于1990年《著作权法》第52条第2款的规定，不能反过来推断，亦即不能认为，凡表现为施工、生产具有实用价值的工业品的，就必然不是复制。这一点常容易被人混淆和忽略。其要害在于如何理解什么样的东西可以称为工业品、什么样的东西是《著作权法》所称的作品，以及怎样才属于"按照工程设计、产品设计图纸及其说明"进行施工生产。如果复制出来的复制品恰好具有了工业品的实用价值，也应当认为属于复制。

关于这一点，电路板是个很好的例子，其实还有别的例子，比如，如果这个图纸恰好可直接作为生产中的工具，将一个绘制在纸张上的具有明暗、色彩、线条等因素中之一或其组合的图纸直接复制到胶片上，而这些明暗、色彩、线条的因素具有技术意义，并能被机器识别，则这些胶片有可能就成为可独立生产、使用、销售的工业品，那这些胶片到底属不属于复制呢？结果是很明显的。如果这个工业品还可以用别的工业品代替，比如介质改为与电路板一样的绝缘板，明暗、色彩、线条的因素不用墨水而是用与电路板一样的导体代替，这样也不影响其实用价值，也可以作为工业品独立生产、使用、销售，而且采用绝缘板和金属导体在这种工业品上没有另外的技术意义，那这算不算复制呢？难道我们可以说，胶片这种工业品是复制，换成绝缘材料的和导体的就不属于复制？

因此，考察是否属于法律意义上的复制，不能简单地以最终成果是否属于工业品来判断，而要从实质上考察工业品的生产过程是否包含复制，工业品与复制并不是互相排斥、不相容的概念。同时，也不能简单地以被复制的作品是仅具有单纯美感价值的作品还是具有实用和技术意义的作品来判断。

通过以上分析，可以得出以下结论。

（1）印刷电路板的设计、制造过程中会产生著作权保护的客体，尤其是各种产品设计图纸。

（2）利用电路板布线图、元器件排列图生产制造电路板的过程，实际上是对这些图纸的复制过程，制造出来的电路板应当视为图纸的复制品。

（3）两个相似的电路板实物可以直接也可以间接推断是否进行了复制侵权。

四、按产品设计图生产产品是否属于著作权法意义上的复制

根据我国现行《著作权法》第 10 条规定，"复制权，即以印刷、复印、拓印、录音、录像、翻录、翻拍等方式将作品制作一份或者多份的权利"。从本条规定来看，著作权法中复制权的概念是开放式的，其中列举的复制行为，都是从平面到平面的同体转换，至于按照产品设计图生产产品是否构成复制，则一直存在争议，本文尝试分析。

1. 当产品为美术类作品

如果产品设计图所对应的产品为美术作品、实用艺术作品，则从产品设计图生产三维产品的过程属于复制，这并无太大争议，因为这体现着对产品设计图中"美感"的再现，属于典型的著作权法所保护的复制行为。我国司法实践中司法机关对于这种类型二维到三维的复制过程也认定为复制行为。例如，在腾讯公司诉华印饰品复制 QQ 美术作品的"腾讯 QQ"案❶中，被告将腾讯

---

❶ 北京市朝阳区人民法院（2007）朝民初字第 17052 号民事判决书。

QQ 企鹅的形象从二维平面形象制作成三维的立体形式，法院认定 "未经许可制造外形与腾讯 QQ 企鹅动漫形象类似的加湿器，属于从平面到立体的复制，构成对复制权的侵权"。

与绘画、雕塑类等美术作品相类似的，依照建筑设计图建造建筑也构成对复制权的侵犯。从我国《著作权法》第 3 条的规定来看，建筑作品与美术作品并列为同一类别，结合《著作权法实施条例》第 4 条第 8 项对于建筑作品的定义，"建筑作品是指以建筑物或者构筑形式表现的有审美意义的作品"，我国著作权法实质是将建筑作品等同于美术作品进行保护，因此依照建筑设计图制造建筑物也属于对建筑设计图著作权的侵犯。

2. 当产品为技术类产品

关于按照产品设计图设计制造技术类产品是否构成复制则存在较大争议。部分学者主张此类型为不属于复制行为，现今司法实践中也普遍认同此观点。笔者通过对此类观点的理论性批评并结合产业格局、技术发展的考察，对该问题进行进一步的讨论。

有学者认为，技术类产品设计图与美术作品不同，其功能是实现某种科学或技术功能，而科学与技术方面的内容属于 "思想" 的范畴，对 "思想" 的保护应该是专利法的事，绝非著作权法的责任。❶

针对此观点，笔者认为，构成 "思想" 还是 "表达"，应当从产品设计图的使用者出发，应当以 "本领域技术人员" 的视角对产品设计图本身构成 "思想" 和 "表达" 来进行认定。以本案中的印刷线路板为例，构成 "思想" 的是电路原理图，可以申请专利进行保护，而设计图本身就是这种思想的具体实现方式，对印刷电路板的抄版行为，现已发展到能够用照相翻拍的方法仿制抄袭，本质就是对线路板图纸这种表达的复制过程，因此从形式意义上区分生产方法与复制的区别，并无说服力。

也有学者以著作权和工业产权分野而治的理论出发，认为长期以来工业产权和著作权之间一直存在着一条非常明显的界限，即实用与非实用的二分法，著作权法所调整对象仅限于非实用的作品。❷ 笔者认为这种理由并不成立，首先，根据《著作权法》第 3 条的规定，工程设计图、产品设计图这种具有技术因素的图形本身就被著作权法给予了 "图形作品" 的作品身份。其次，著作权法所保护的计算机软件就属于典型的技术性作品，其主要价值就体现在实用性上，通过计算机软件的运行以实现计算机的一定功能，因此以是否有无实

---

❶ 罗娇. "3D 打印" 的著作权法律问题研究［J］. 知识产权，2014（8）：46 – 47.
❷ 潘家祥，张心全. 平面转换到立体的著作权问题探析［J］. 知识产权，2008（3）：57.

用性来进行区分也无说服力。

《著作权法》的立法史本身说明了立法者对于此类行为构成复制的认可态度。考察《著作权法》的立法历史，2001 年修正后的《著作权法》删除了1990 年《著作权法》中关于按照工程设计、产品设计图纸及其说明进行施工、生产工业品不属于复制的规定，2010 年的《著作权法》延续了 2001 年《著作权法》的规定，从修改后的规定来看，删除了上述否定性异体复制的复制权条款。既然新法将否认异体转换构成复制的条款删除，应当认为新法肯定了此类异体转换构成了复制。❶

技术类产品设计图，尤其是印刷电路板在客体属性上与计算机软件并无二致，不应区别对待。计算机软件编写、实现的过程与印刷电路板的设计绘制、制造实质相同，不能仅以表现形式不同在保护方面就有巨大差别。印刷电路板布图设计与计算机软件均为实用性的作品，均不以艺术美感作为主要价值。计算机软件的设计思想通过与硬件结合等方式可以申请专利来进行保护，印刷电路板布图设计中的设计思想也主要体现在电路原理中，而电路原理也可以通过申请专利进行保护，因此两者均可以视为某种技术思想的表达方式。计算机软件的技术思想通过函数的调用、代码的编写来解决软件技术思想实现过程中的具体问题，印刷电路板布图设计通过线路的设计，电子元器件的排布来解决电路原理实现过程中的具体问题。两者的思维过程、技术方案实现方式实质相同，不应予以区别对待。

立法及司法应当服务于我国的产业形势，顺势而为。上述 1990 年《著作权法》之所以将按照工程设计、产品设计图纸及其说明进行施工、生产工业品的行为排除复制权的控制范围，是考虑到我国较为薄弱的工业基础，未对工程设计图、产品设计图提供异体复制的保护。如今，我国相关产业已经充分发展，尤其印刷电路板等领域已经成为世界的主要生产地，对于线路图设计这种生产过程中的技术成果提供著作权法的保护是符合我国的产业发展利益的。立法及司法不能故步自封，局限于 30 年前陈旧规定带来的惯性思维，应基于本国产业利益，推陈出新。

立法及司法应当着眼于产业的技术发展，适时而变。3D 打印技术的发展使得产品设计图的经济价值显著提高，应当给予更大的复制权。在 3D 打印技术出现并广泛应用前，根据产品设计图制造产品的主要是拥有相关设备的企业类主体。文字描述的产品设计和图形表达的产品设计对于不具有生产能力的其他市场主体而言并无不同，均无法进行生产。待 3D 打印技术普及后，仅需造

---

❶ 黄亮. 3D 打印著作权问题探讨 [J]. 现代出版，2015 (2)：24 – 27.

价远低于专业生产设备的 3D 打印机，其他市场主体甚至普通消费者可以通过对产品设计图进行打印从而获得产品，这极大地提高了产品设计图的经济价值及他人通过打印进而侵害设计者经济利益的可能性，这都呼吁着法律制度上的积极回应。立法及司法应当有一双慧眼，在技术创新的浪潮中洞察利益格局的新变化，适时跟进制度创新。

互联网及其他

案例十五：谷歌搜索结果中的恶意软件提示引发的侵权纠纷案

——宝鼎律师事务所诉谷歌中国公司名誉权侵权案

案情整理及评析：杨安进　黄继保

原告：北京市宝鼎律师事务所
被告：北京谷翔信息技术有限公司，谷歌信息技术（中国）有限公司
一审：北京市海淀区人民法院，（2008）海民初字第 26519 号
二审：北京市第一中级人民法院，（2009）一中民终字第 19164 号

代理人：杨安进、李艳新，北京市维诗律师事务所律师，代理北京谷翔信息技术有限公司、谷歌信息技术（中国）有限公司

第一部分　基本案情

一、案件背景

"中国抗诉网"是北京市宝鼎律师事务所（以下简称"宝鼎所"）名下的网站。2008 年 8 月 11 日，宝鼎所工作人员用谷歌（google.cn）搜索"中国抗诉网"及"抗诉"关键词时，发现搜索结果的链接下部被标记有"该网站含有恶意软件，有可能危害您的电脑"字样，而用百度等其他引擎搜索均无此现象。因此，宝鼎所将被告诉至北京市海淀区人民法院。

Google 作为全球最大的搜索引擎，为了保护广大用户的利益，对于存在恶意软件的网站进行上述提示。Google 的此项服务意在防止搜索引擎的用户在无意间访问存在恶意软件的网站，也帮助提醒这些网站的所有者及时发现自己网站的安全情况。

二、原告主张

原告声称，"中国抗诉网"是其创办的"中国第一家专业抗诉网站"，律

所的大部分业务来源于该网站的广告宣传，同时在《北京晚报》《法治晚报》等媒体投入大量广告宣传费推广该网站。

原告认为，谷歌信息技术（中国）有限公司（以下简称"谷歌中国公司"）、北京谷翔信息技术有限公司（以下简称"谷翔公司"）作为 google. cn 搜索网站的经营管理者，在其搜索结果中对该网站的链接标记"该网站含有恶意软件，有可能危害您的电脑"字样，缺乏依据，其侵权行为损害原告品牌及声誉，造成网站点击率下降，并造成用户误解。

为此，原告要求被告立即停止侵权，移除前述提示，消除影响，并公开在 google. cn 网站首页赔礼道歉，赔偿经济损失。

三、被告主张

被告谷翔公司、谷歌中国公司认为：原告网站上确实有恶意代码或软件，相关提示具有事实和法律依据。google. cn 网站为了保护搜索引擎的安全及客户安全，注重网站自身的安全才设置这样的提示，是善意的，不会损害原告的声誉。

谷翔公司在收到原告的告知后，及时进行了核对和回复，已尽了网络服务商的义务；前述提示持续的时间很短，不会给宝鼎所造成损失。

四、法院观点及判决结果

1. 原告网站在双方争议期间是否存在恶意代码

双方认可其争议的恶意代码专指为存在于中国抗诉网源代码中特定三行代码，即 < scriptsrc = http://edusz. cn/img > </SCRIPT >

< scriptsrc = http://huiii. com/css > </SCRIPT >

< scriptsrc = http://www. jdzhq. cn/dj > </SCRIPT >。

为证明该代码的性质，法院专门组织专家证人出庭。专家称，"一般来说是被恶意植入的，会引入一些木马，向未知的方向发一些信息"。该代码在被植入后会在客户登录时自动运行，且删除后对网站本身没有任何影响，而庭审时则无法复原这些链接的指向，因为这些链接存在即时性。

结合案件审理情况及证据，法院认定，中国抗诉网源代码内存在以上三行特定代码，且该特定代码为当时普遍认为是被植入的恶意代码。

2. 搜索引擎网站是否有权对网站存在恶意代码进行安全提示

法院认为，谷翔公司的网站 google. cn 在于为用户提供便捷的信息检索服务，而这种服务应该是健康的、安全的和可靠的。因为信息时代到来之后，像谷翔这样的公司实际上承担了一部分社会公共职能。google. cn 此举并不构成特定指向和目的的侵害。况且在进行相应提示后，google. cn 并未将网站屏蔽或是采取其他途径对网站进行实际处置，而是发出通知后协助网站做好相应的检查维护工作。故 google. cn 因为中国抗诉网确实存在恶意代码而进行相应提示并无不当。

3. 判决结果

法院一审驳回原告北京市宝鼎律师事务所的全部诉讼请求。

4. 后续程序

一审判决后，原告北京市宝鼎律师事务所提出上诉，被二审法院北京市第一中级人民法院驳回，维持一审判决。

裁判文书来源

一审：无

二审：

第二部分　案件评析

评析人：杨安进、黄继保

一、如何认定网站页面源代码中是否存在恶意软件代码

1. 确认网站确实存在争议软件代码

涉案争议软件代码如下：

‹ scriptsrc = http：//edusz. cn/img › ‹/SCRIPT ›

‹ scriptsrc = http：//huiii. com/css › ‹/SCRIPT ›

‹ scriptsrc = http：//www. jdzhq. cn/dj › ‹/SCRIPT ›

从以下几个方面足以断定原告网站网页存在上述争议代码：

（1）从被告自身后台数据看，可以看到具体日期范围内，Google 根据自身的恶意软件监测规则，在涉案网站页面监测到恶意软件，并对恶意软件的技术机制进行了较详尽的记录。

（2）依据法院调查令从涉案网站的托管商所调查的证据，可以发现涉案

网站于 2008 年 8 月 4 日最后修改的网站首页源代码文件 Index. html（从 HT-DOCS. RAR 压缩文件解压缩获得）中包含与被告证据中完全一样的恶意代码。

上述两个方面能够互相印证，可以证明原告网站网页中存在上述代码。

2. 如何认定涉案争议软件代码是否属于恶意代码

（1）通过阅读理解上述代码的含义可知，涉案争议软件代码的实际运作机制就是在用户毫不知情的情况下，使得访问原告网页的用户计算机经多次跳转去访问一个不确定的页面或文件，而该页面或文件并非用户或原告所能控制，甚至用户或原告都不知晓存在这些多次跳转。

（2）从本案一审法院所邀请的技术专家的陈述可见，涉案代码的技术含义、功能为重定向功能，在用户不知情的情况下自动运行，引导用户去访问不特定的网站或文件。这些代码对网站本身没有任何积极价值，并非网站运行和功能所必需的代码。因此，业内普遍认为涉案代码为恶意植入的恶意代码。

（3）根据中国互联网协会于 2006 年 11 月 22 日颁布的恶意软件认定标准，具有下列特征之一的软件可以被认为是恶意软件：

强制安装：指未明确提示用户或未经用户许可，在用户计算机或其他终端上安装软件的行为。

难以卸载：指未提供通用的卸载方式，或在不受其他软件影响、人为破坏的情况下，卸载后仍然有活动程序的行为。

浏览器劫持：指未经用户许可，修改用户浏览器或其他相关设置，迫使用户访问特定网站或导致用户无法正常上网的行为。

其他侵害用户软件安装、使用和卸载知情权、选择权的恶意行为。

显然，涉案代码同时存在上述四种恶意情形：涉案代码的植入未经用户同意，用户毫不知晓；涉案代码无法通过计算机操作系统提供的正常渠道卸载或删除，只能修改源代码；涉案代码未经用户许可，迫使用户在不知情的情况下多次跳转访问其他网站；涉案代码的技术特性使用户的知情权和选择权完全被剥夺。

（4）恶意代码的危害性不仅仅表现为现实的破坏，也表现为无法控制的风险。涉案代码使得用户多次跳转后访问的页面或文件一般是有害的，但也不排除其制作者在某个时间段的多次跳转后访问的页面或文件危害较小甚至没有危害。实践中，有恶意软件的制作者为了逃避打击，可能会在恶意软件发作一段时间后采取暂时偃旗息鼓的方式，但是，正是因为所有这些都不是用户和网站所能控制的，而是这些代码的制作者、发布者所控制，因此，无论这些代码在某个特定时间是否存在现实的破坏性，都不影响其在技术上对于用户和网站所有者存在的安全威胁，因此，应当认定此类代码属于恶意代码。

以上事实能够互相印证，足以说明涉案网站曾经被植入恶意代码是一个客观事实。

在此情况下，存在恶意代码的网站的所有者/经营者本应本着对网站访问者负责任的态度，正视自己网站所存在的安全问题，及时消除该问题，以确保公众访问者的基本安全及合法利益。如果网站的所有者/经营者因此反而迁怒于恶意软件监测者，显然是不负责任的，缺乏善意的。

二、Google 搜索结果中的恶意软件标识是合理的，也是必要的

1. 该标识是为了适应互联网技术的发展和安全需要，为了保护用户利益

由于互联网的普及应用，在利益驱动下恶意软件一直泛滥。同时，技术的发展使得恶意软件的技术手段翻新（如劫持浏览器、自动下载木马、获取用户键盘敲打信息等），常不易被用户或网站所有者/经营者察觉，且其盈利模式和手段也不断更新。因此，恶意软件的危害具有一定的隐蔽性和长期性，对用户的危害越来越大。

由于 Google 搜索引擎的广泛使用，Google 应该对搜索引擎用户的利益进行充分的保障，对于存在恶意软件的网站进行提示就显得非常必要。

网站所有者/经营者可能认为自己的网站在 Google 搜索结果中被标识为存在恶意软件的情形而表示不满，认为其影响了用户的访问，侵犯了其合法权利，其实并非如此，具体表现为：

（1）Google 搜索结果中的恶意软件标识是符合客观实际的，是对真实情况向公众进行的告知。这些被标识为存在恶意软件的网站本身是存在瑕疵的，Google 搜索服务商并不存在过错。

（2）只有确保广大用户安全访问的网页才是安全的，因此，在广泛的公众利益与被植入了恶意软件的网站所有者/经营者之间，显然保护无辜的公众利益是应该放在优先位置。虽然这种情况下可能影响这些网站的访问，但这是互联网安全所必须的，网站所有者/经营者有义务确保其网站对访问者的安全性。

除了对用户的危害，恶意软件通过在某些网站（通常是一些经过推广的网站或有一定访问量的网站）植入恶意代码等技术手段，使得这些网站（如本案中原告的网站）成为其传播恶意软件的工具，并会影响这些网站自身的正常运行。因此，恶意软件的标识也能保护网站所有者/经营者的合法利益，以提示其对网站在被植入恶意软件时及时进行安全防护。所有者/经营者还可以从 Google 所提供的诊断报告中获得进一步的恶意代码信息，以方便其进行有针对性的防护。

Google 的此项服务是特别针对上述恶意软件泛滥的情形而提供的基于互联网搜索的一项公益性的免费增值服务，通过其强大的搜索技术和恶意软件监测技术，意在防止搜索引擎的用户在无意间访问了存在恶意软件的网站，也帮助提醒这些网站的所有者及时发现自己网站的安全情况。

2. 该标识仅是善意提示作用，并不会屏蔽该网站，也不会阻止用户访问

虽然这些网站被标识为存在恶意软件，但这些网站并非绝对不能访问，在 Google 的提示中，明确说明用户可以继续访问，但只是用户需要承担相应的风险。

如果这些被标识为存在恶意软件的网站不想被 Google 搜索引擎收录，完全可以通过其网页代码中的 Robot 命令以避免被 Google 搜索引擎收录，这样网站就不会被标识。而一旦网站所有者/经营者同意其网站被搜索引擎收录，说明其网站是公开的，是愿意接受恶意软件监测的，其应当对自身网站可能被监测到恶意软件以及相应的后果有充分的预见。

由此可见，Google 对这些标识为存在恶意软件的网站的标识都是具有相应的事实依据的，并无恶意，而是善意的，只是为了充分保障 Google 搜索引擎用户的利益，并为了善意提示这些网站所有者/经营者及时留心恶意软件并进行安全防护，未损害网站所有者/经营者的声誉。恶意软件标识不会阻止对网站的访问，是否访问某个网站的最终决定权在于用户而不在于 Google。

三、网络服务商的商业行为与公共管理行为

评述网络服务商责任，不能简单地以商业公司的盈利为一刀切的方式，而要充分考虑不同服务、不同阶段所具有的不同属性，以更准确地确定网络服务商责任。

根据《互联网企业信息管理办法》（国务院 2000 年制定），互联网信息服务分为经营性和非经营性两类。经营性服务，是指通过互联网向上网用户有偿提供信息或者网页制作等服务活动；非经营性服务，是指通过互联网向上网用户无偿提供具有公开性、共享性信息的服务活动，且承载部分公共管理职能。前者是网络服务商经营以获取利润的商业行为，后者包含了履行社会职能的公共管理行为。

网络服务商实施公共管理行为，这是由于互联网信息传播的特点和网络服务商服务方式所决定的。网络服务商实施诸如承担网络安全监管、内容审查、违法信息阻止、用户信息保护等公共管理行为，是有法律依据和行业规范的。《互联网企业信息管理办法》（国务院 2000 年制定）第 13 条规定，互联网信息服务提供者应当向上网用户提供良好的服务，并保证所提供的信息内容合

法。《中国互联网行业自律公约（2004）》第 9 条规定："互联网信息服务者应自觉遵守国家有关互联网信息服务管理的规定，自觉履行互联网信息服务的自律义务：……（二）不链接含有有害信息的网站，确保网络信息内容的合法、健康……"

因此，就本案来说，在原告网站确有有害代码的情况下，被告对即将打开"中国抗诉网"的用户提示该网站存在恶意软件的行为，在性质上是一种履行社会职能的公共管理行为，是为保护用户合法利益、保障网络安全的需要，而并非普通的商业行为，这是本案的关键和逻辑起点。

四、对于存储于第三方的电子数据取证的思考

本案中，原告网站的空间托管于第三方北京息壤传媒文化有限公司，因此，查看该网站源代码信息，需要该第三方的配合。

经被告谷翔公司、谷歌中国公司申请，一审法院对中国抗诉网网站的托管方北京息壤传媒文化有限公司发出调查令，由被告前往该公司对中国抗诉网的网络日志及源代码进行查询。

当被告持法院调查令前往调查时，发现 2008 年 11 月 5 日（第一次开庭时间）之前的网站访问日志已经全部销毁，仅剩该日期之后的日志。因此，从技术上调查、分析该网站源代码中是否存在恶意代码，何时存在，持续多长时间，存在于哪个网页，都成为一个复杂的技术问题。

电子数据作为民事诉讼明确规定的证据形式之一，由于其存在动态性、多样性、易变性等特征，取证相对一般证据更为复杂和多变。本案中网络日志的调取，特别是被销毁的那部分网络访问日志，对于恶意代码的嵌入时间、来源等事实的查清有着较为重要的作用。北京息壤公司对于所托管的网站，其网页代码编写、网站更新、安全和技术维护等均是由网站所有者/经营者进行，或者由代理商进行，北京息壤公司并不为所托管的网站从事上述工作。

此类案件中，不排除有的原告会故意销毁网络日志，以阻止被告取证，甚至故意在清除了恶意代码之后，将没有恶意代码的网页进行公证取证，对被告进行"栽赃"。如果此类案件中的原告主动进行这些证据破坏行为，将给这些案件的事实调查造成很大困难。

针对此类情形，笔者认为，应该通过行政规章方式，对提供网络空间存储服务的第三方机构，要求其对存储的电子数据有备份功能；对于销毁和破坏的电子数据，能够提供恢复初始状态的技术支持。同时，对于恶意销毁电子数据的当事人，应该推断对其不利的事实存在，并按民事诉讼法关于"诉讼参与人伪造、毁灭重要证据"进行相应处罚。

五、网络名誉权侵权的要件分析

名誉权是人格权的一种，指公民依法享有对自己所获得的客观的社会评价，以及排斥其他人侵害的权利。我国《民法总则》第 110 条规定，"自然人享有生命权、身体权、健康权、姓名权、肖像权、名誉权、荣誉权、隐私权、婚姻自主权等权利。法人、非法人组织享有名称权、名誉权、荣誉权等权利"。

按照民事侵权的通说，构成侵害名誉权的四要件为：受害人确有名誉被侵害的事实、行为人行为违法、违法行为与损害后果之间有因果关系、行为人主观上有过错。名誉权侵权的行为方式主要有侮辱、诽谤两种方式，并造成了社会评价降低的侵害事实存在。

本案中，被诉行为是用 google. cn 搜索 "中国抗诉网" 关键词时，搜索链接下部出现 "该网站含有恶意软件，有可能危害您的电脑" 字样提示，该行为是否构成侮辱、诽谤等违法行为？

如前述，由于中国抗诉网网站中确实存在恶意代码，google. cn 搜索进行恶意软件标识行为，当然不属于 "侮辱" 或 "诽谤" 等偏离事实的行为，被告的行为合法合规，主观上并无过错，不符合构成名誉权的构成要件。

退一步讲，由于代码是否属于恶意，往往在技术上也并非毫无争议，因此，就会出现一部分业界专家认为属于恶意代码，但另一部分不认为是恶意代码的情形。在此情况下，搜索引擎进行的此类判断属于对技术事实的技术判断，即使这种判断存在争议，甚至是判断失误，也不应该属于侵犯名誉权问题。

案例十六：网络服务商在线合同争议解决条款效力

——宁波和高公司诉谷歌公司等谷歌 Adwords 点击欺诈案

案情整理及评析：杨安进　黄继保

原告： 宁波和高磁电技术有限公司
被告： 谷歌公司，谷歌爱尔兰有限公司
一审： 宁波市中级人民法院，（2009）浙甬商外初字第 113 号
二审： 浙江省高级人民法院，（2012）浙辖终字第 21 号

代理人：杨安进、金铮，北京市维诗律师事务所律师，代理谷歌公司、谷歌爱尔兰有限公司

第一部分　基本案情

一、案件背景

谷歌公司 Google Adwords 关键词广告服务是全球知名的互联网搜索创新服务，第三方在谷歌 Google Adwords 关键词服务中输入相应的关键词以后，就会搜索到和这个关键词有关网页的缩略信息，当第三方点击后，就链接到关键词对应的网页，从而达到宣传的效果，谷歌公司则按点击量进行收费。

使用 Google Adwords 关键词广告服务的客户，需要在谷歌公司相关网页上进行注册，并点击确认电子合同，完成签订程序。

2008 年 10 月，原告宁波和高磁电技术有限公司（以下简称"和高公司"）诉称，该公司于 2005 年 3 月至 2008 年 9 月，曾多次通过网络方式使用 Google Adwords 关键词广告服务，但原告怀疑其投放的 Adwords 关键词广告存在点击欺诈的情形，致使原告为虚假点击量向被告支付了不合理的费用，故提起诉讼，要求被告退还广告费用 57520.23 元，并承担本案诉讼费用。

被告谷歌公司、谷歌爱尔兰有限公司在提交答辩状期间，对本案提出管辖权异议。

所谓点击欺诈，是指对于搜索广告进行的非正常的点击，从而产生非正常的消费，导致广告主花费额外费用但未产生广告点击效果。根据 Google Adwords 相关政策，谷歌公司严厉打击点击欺诈，并对因点击欺诈产生的广告费消耗予以退还。

二、被告对管辖权的主张

谷歌公司认为，一审法院对本案缺乏管辖权，理由如下。

（1）根据谷歌公司 Google Adwords 服务在线发布的广告计划条款，在线合同已经明确争议解决办法，即将争议提交仲裁。依据这些争议解决条款，一审法院没有管辖权。

（2）基于互联网的服务往往涉及被告一些技术、数据等问题，这些数据多保存在被告所在地，由被告所在地法院管辖显然更有优势，便于法院查清事实。

（3）根据中国民事诉讼法，"因合同纠纷提起的诉讼，由被告住所地或者合同履行地人民法院管辖"的规定，一审法院也对本案没有管辖权。

谷歌公司提供了不同时期不同版本的在线广告计划条款文本以及原告广告账户的操作记录，以证明在各种版本的广告计划条款中，均约定了法律适用和管辖，但都未约定中国法院管辖；原告接受并使用了在线广告计划条款，该条款对原告具有约束力。

三、原告对管辖权的主张

原告和高磁电公司认为：

（1）原告通过登录被告网站，并填写相关资料后才与被告建立履行意义上的广告服务合同，该行为系通过原告设在宁波的电脑终端发生，所以宁波为合同签订地；从广告服务的生成方式看，被告提供的 Google Adwords 关键词广告服务，必须由第三方通过被告的服务器连接到原告的公司网页，才能产生有效点击，被告据此向原告收费，所以也可以认定合同履行地在宁波，因为原告的电脑终端设置在原告公司所在地。所以无论是从合同签订地，还是合同履行地来看，一审法院都对本案有管辖权。

（2）即使存在在线广告计划条款，也是被告单方制作的用户必须接受的不公平合同条款，这种做法明显违背当事人平等自愿的合同法原则，并且条款排除中国法律的管辖，增加用户提起仲裁或诉讼的成本，应认定无效。

四、法院观点及判决结果

（一）双方是否签订过电子合同

原告开始接受谷歌关键词广告服务的时间始于 2005 年 3 月，电子商务服务已经非常成熟，商家推出的电子合同都以格式合同形式，客户点击确认后完成合同的签订程序。如客户对商家的格式合同不予确认，则无法进行后续的电子商务服务。

（二）广告计划条款内容是否具备客观性

谷歌公司关键词广告服务客户的广泛性，在公网上随时可以检索到谷歌公司不同时期的不同版本，谷歌公司修改广告计划条款的可能性可以排除，对公证书中搜索到的不同版本的计划条款的客观性应当认定。

（三）原告主张的电脑终端设备所在地是合同履行地是否成立

使用 Google Adwords 关键词广告服务本身并不需要客户端软件，任何计算机接入互联网都能够了解广告服务情况，因此原告主张的电脑终端设备所在地与合同履行地没有必然的联系。

（四）一审法院对本案是否有管辖权的认定

根据公证书，谷歌广告计划条款共有以下四个版本：2005 年 4 月 19 日；2006 年 7 月 12 日；2007 年 6 月 25 日；2008 年 10 月 23 日。其中前三处版本签约双方为客户和谷歌爱尔兰公司，2008 年版本则为客户与上海构寻广告有限公司，该四个版本均对法律适用及争议解决方式作了规定。

2005 年版本的计划条款规定，"本协议受美国加利福尼亚州法律管辖，但不援用其法律冲突原则，并在美国加利福尼亚州圣克拉拉城裁决"。

2006 年、2007 年版本的计划条款规定，"本协议应受加利福尼亚州法律管辖，对于因协议引起或与本协议有关的任何纠纷、争议或索赔（'争议'），其将争取在三十天内诚信解决；如果争议未在三十日内解决，该争议必须提交仲裁予以最终解决，并且本协议双方明确同意并服从仲裁，仲裁将提交美国仲裁协会国际争议解决中心（'AAA'），并根据在本协议日期有效的 AAA 商业仲裁规则仲裁"。

2008 年版本规定，缔约双方为客户与上海构寻广告有限公司，受中国法律管辖，争议如不能在 30 天内解决，则提交中国国际经济贸易仲裁委员会（CIETAC）北京分会，并按照 CIETAC 规则进行仲裁。

一审法院认为，前三个版本的计划条款载明的服务主体是谷歌爱尔兰公司，并适用美国加利福尼亚州法律，所有这些规定，都排除了司法管辖。如果原告也点击确认了 2008 年版本的计划条款，则应当列上海构寻广告有限公司为被告，将争议提交中国国际经济贸易仲裁委员会（CIETAC）北京分会仲裁，同样排除了司法管辖。

（五）裁判结果

一审裁定支持了谷歌公司关于管辖权问题的意见，并据此驳回宁波和高磁电技术有限公司的起诉。

一审裁定作出后，原告和高磁电公司提出上诉，浙江省高级人民法院驳回上诉，维持一审裁定。

裁判文书来源

一审：http://rmfyb. chinacourt. org/paper/images/2012 – 10/18/06/2012101806_pdf. pdf.

二审：

第二部分　案件评析

评析人：杨安进、黄继保

本案是诉讼主体是外国法人的涉外合同争议。本案既涉及涉外合同纠纷程序中的适用法律和争议管辖机构等争议解决方式问题，又涉及在线合同格式条款的效力问题，对于国际互联网企业在中国开展业务发生争端，确定争议解决机构及法律适用，具有较强的现实借鉴意义。

一、从准据法角度，看涉外合同中约定适用法律和争议管辖机构以及相互影响

（一）涉外合同可以约定适用法律和争议管辖机构

中国《民法通则》第 145 条规定，"涉外合同的当事人可以选择处理合同争议所适用的法律，法律另有规定的除外"。

中国《民事诉讼法》第 242 条和《合同法》第 126 条规定，涉外合同或者涉外财产权益纠纷的当事人，可以用书面协议选择与争议有实际联系的地点的法院管辖。选择中华人民共和国人民法院管辖的，不得违反本法关于级别管辖和专属管辖的规定。

中国《民事诉讼法》第 271 条规定，涉外经济贸易、运输和海事中发生的纠纷，当事人在合同中订有仲裁条款或者事后达成书面仲裁协议，提交中华人民共和国涉外仲裁机构或者其他仲裁机构仲裁的，当事人不得向人民法院起诉。

因此，根据中国法律规定，涉外合同当事人可以约定适用哪个国家的法律解释合同和解决争议，也可以约定争议的管辖法院和仲裁机构。本案中用户与 Google Adwords 服务提供者之间签署的在线协议（Google Adwords 条款）的不同版本约定了适用法律和争议管辖机构，符合中国法律的规定。

（二）本案涉外合同（Google Adwords 条款）中适用法律与争议管辖机构之间的统一性

涉外合同可以同时约定管辖法院和适用法律，但应注意二者的对应关系，不能约定按美国的法律处理，同时约定由我国的法院管辖。如果约定由仲裁机构解决争议，则适用法律的选择不必考虑仲裁机构的注册地。

本案中，根据原告出示的证据显示，用户与 Google Adwords 服务提供者之间签署的在线协议（Google Adwords 条款），2005 年、2006 年、2007 年版本均明确约定了适用美国加利福尼亚州法律，争议解决也均作出明确约定，先后明确约定由美国加利福尼亚州圣克拉拉城法院及美国仲裁协会国际争议解决中心（AAA）管辖。2008 年版本约定适用法律是中国法律，争议解决机构是中国国际经济贸易仲裁委员会（CIETAC）北京分会。同时，涉案账户的实际控制人明确接受了这些不同版本的在线协议。

在线协议 2005 年版本选择适用的是美国加利福尼亚州法律，并在美国加利福尼亚州圣克拉拉城法院裁决，体现了选择管辖权法院和法律适用的一致性。其余三种在线版本约定争议解决机构为仲裁机构，约定适用法律分别是美国法和中国法，符合中国法律规定。

根据法律适用和管辖法院的统一性角度讲，本案涉外合同有三个版本约定适用美国加利福尼亚州法律，也不可能选择中国法院作为管辖法院；而 2008 年版本虽然约定适用中国法律，但约定了仲裁条款，同样排除了司法管辖。因此，无论如何认定、解释，中国法院都不是双方明确约定的争议解决管辖机构。

二、从中国法律角度，看格式合同中的争议解决条款效力问题

由于互联网服务的特性（针对不特定的公众，且多以在线方式进行），与众多互联网服务一样，Google Adwords 也采用了在线服务为主并与用户签署在线协议的形式。根据 Google Adwords 用户账户管理的技术措施，用户在享受

Google Adwords 服务时，就必须接受相应的 Adwords 条款，否则其服务进程将无法继续。这样，由于交易内容的重复性、交易双方所要求的简便、即时、高效，决定 Adwords 条款为格式合同。

《合同法》第 39 条规定，采用格式条款订立合同的，提供格式条款的一方应当遵循公平原则确定当事人之间的权利和义务，并采取合理的方式提请对方注意免除或者限制其责任的条款，按照对方的要求，对该条款予以说明。

本案中，四种版本 Adwords 条款中对于争议解决方式的规定，原告在质证时认为，即使存在在线广告计划条款，也是谷歌公司单方制作、用户必须接受的不公平合同条款，这种做法明显违背当事人平等自愿的合同法原则，应属无效。

一审法院和二审法院在裁量时其实回避了对 Adwords 条款的效力认定，而是使用了排除法，指出原告所谓的电脑终端设备所在地（原告所在地）与合同履行地没有必然的联系，一审法院对本案无管辖权，从而裁定驳回原告的起诉。

笔者认为，按照中国《合同法》第 12 条规定，合同的内容一般包括解决争议的方法等八项内容，这都是对当事人的实体权利义务产生较大影响的条款。对于此类重要条款，在线协议以格式条款规定争议解决方式，不妨以一定方式提醒用户注意审慎签约，以尽到合理的注意义务，使争议解决等格式条款在形式上符合中国法律的规定，具备合法有效性，以避免用户不必要的误解。

案例十七：声称竞争对手的杀毒软件存在"后门"导致的纠纷

——奇虎公司诉瑞星公司名誉权侵权案

案情整理及评析：杨安进　耿　琛

原告：北京奇虎科技有限公司

被告：北京瑞星信息技术有限公司

一审：北京市西城区人民法院，（2010）西民初字第 3570 号

二审：北京市第一中级人民法院，（2011）一中民终字第 12521 号

代理人：杨安进，北京市维诗律师事务所律师，代理北京奇虎科技有限公司

第一部分　基本案情

一、案件背景

原告北京奇虎科技有限公司（以下简称"奇虎公司"）的 360 安全卫士和 360 杀毒产品，是向用户完全免费的电脑安全软件，均合法取得公安部核发的检测合格证书。

被告北京瑞星信息技术有限公司（以下简称"瑞星公司"）也是专门从事计算机杀毒软件的研发、生产销售的企业，与原告存在直接的市场竞争关系。

2010 年 2 月 2 日，被告瑞星公司在其官方网站上发布了标题为《瑞星揭露黑幕：奇虎 360 给用户装"后门"》（以下简称《黑幕》）的文章，声称："360 安全卫士在安装进用户电脑时，会私下开设'后门'，更为可怕的是此'后门'存在巨大安全隐患。黑客可以利用此后门对系统注册表和用户信息（文件）进行任意操作，如读取、修改、删除等。"《黑幕》文章还称："奇虎给用户安装的后门程序可以用来读取系统文件、隐私信息。"瑞星公司在《黑幕》文章中所描述的测试中所使用的测试软件并非来源于权威的第三方，而

是自行编写的软件。

同时，瑞星公司在其客户端软件上，不时出现弹窗，声称："瑞星揭露免费安全软件黑幕"，"360 安全卫士为用户装'后门'，可能被黑客利用，面临极大风险。"

原告以被告实施商业诋毁的不正当竞争行为为由对其提起诉讼。

二、原告主张

原告认为，被告在《黑幕》一文中所述内容缺乏事实依据，完全属于虚构事实、污蔑原告的行为，构成以商业诋毁进行的不正当竞争。被告的这些言论给原告的良好商誉造成极大损害，使广大消费者对原告产品性能和质量产生怀疑，对该产品今后的发展产生不利影响，致使原告遭受严重的经济损失。因此，原告要求法院判决被告赔礼道歉，并赔偿损失。

三、被告主张

被告认为，其所编写的测试软件可以说明，原告软件确实存在安全问题，其作为安全软件企业，可以进行提示，并非"捏造、散布虚假事实"的行为。

四、法院观点及判决结果

本案经过北京市西城区人民法院一审、北京市第一中级人民法院二审，两级法院在事实认定和适用法律方面观点一致，主要如下。

（一）关于原告是否是本案适格诉讼主体

对此问题，两级法院均认为需要明确两个方面：两者具有竞争关系，且《黑幕》文章是否指向奇虎公司。

一审法院、二审法院均认定：原被告双方存在竞争关系，两者在服务对象、经营范围和内容上存在极大的相似性，因此构成直接竞争关系的市场主体。

不论业内还是社会公众及广大用户，都会认为《黑幕》文章中"奇虎360""360公司"或"奇虎"所指是原告奇虎公司。奇虎公司注册了360.cn域名，且系360安全卫士软件的著作权人和经公安部许可的销售被许可人，以上事实均能证明文章中的若干称呼均是指向奇虎公司。

故法院认定，原告奇虎公司具有合格的诉讼主体资格。

（二）被告发表《黑幕》一文是否构成商业诋毁

一审法院认为，被告有权对业内事实进行披露、评论，但应以客观性、公正性及诚实信用为原则，不得曲解或捏造事实，诋毁他人的商业信誉、商品声誉。《黑幕》一文中的内容已经超出披露事实、发表评论的必要限度,违背了客观性、公正性及诚实信用原则,因此构成不正当竞争。

二审法院补充认定,《黑幕》一文中的判断并非来自权威机构,使用的措辞超过陈述事实的范围,对原告商誉造成不良影响,其散播也非正当渠道和程序,构成商业诋毁的不正当竞争。

(三)判决结果

一审法院于2011年5月对本案作出初审判决,认为被告瑞星公司的行为构成不正当竞争,判决被告连续10天赔礼道歉,并赔偿损失。

后被告不服提出上诉,二审法院于2011年11月对本案作出终审判决,驳回上诉,维持原判。

裁判文书来源

一审:https://baike.baidu.com/item/360%E5%90%8E%E9%97%A8%E4%BA%8B%E4%BB%B6/8066453?fr=aladdin.

二审:

第二部分　案件评析

评析人: *杨安进、耿琛*

一、商业诋毁案中的复杂技术问题

本案虽然案由为商业诋毁的不正当竞争,但因双方争议的事实问题属于比较复杂的技术问题,故此类案件的审理中,除了对通常商业诋毁要件的认定,更重要的是如何认定所争议的技术事实。

(一)一般商业诋毁的认定要件

本案发生于2010年,适用1993年实施的《反不正当竞争法》。该法第14条规定,"经营者不得捏造、散布虚伪事实,损害竞争对手的商业信誉、商品声誉"。

根据该条规定,结合《反不正当竞争法》的一般适用要件,商业诋毁行为包括以下构成要件：（1）主体要件：实施行为的主体为具有竞争关系的经营者；（2）行为要件：经营者出于不正当竞争目的捏造、散布了虚伪事实；（3）结果要件：该行为损害了竞争对手的商业信誉、商品信誉。

（二）如何认定技术事实的真实性

本案争议的核心事实是，360 安全卫士到底是否存在"后门"，到底是否存在对系统注册表和用户信息进行任意操作的安全隐患。

很显然，该事实并非一眼就能识别，而是需要通过举证和技术分析才能得出结论。要证明这一问题，需要进行严谨的技术分析和检测。但是，在本案中，被告在公证过程中仅凭来源不明的编译软件、反编译软件、卡巴斯基2010 软件和自行编写的测试程序，在测试环境未能充分描述清楚、测试条件和标准未作任何交待的情况下进行所谓测试，其所获得的技术现象缺乏中立性和客观真实性。

本案中，被告主张其通过自行编写的软件对原告的产品进行所谓"测试"，证明存在上述技术事实。作为竞争对手，被告的这种"测试"是否符合行业技术规范，对"测试"结果的解读是否专业，是原告需要努力反驳的问题。

技术性能测试需要科学的态度，而科学的态度需要所证实的问题能够重复再现。被告如果不能从技术和法律上再现其所公证测试的结果，其指控的事实将缺乏足够的技术依据。

被告公证测试时仅仅是演示了某种现象，而对该现象的技术评价则需要非常专业、客观中立的态度，不能仅仅是被告自己的评价。例如，被告演示了某文件的删除，以证明 360 安全卫士产品"后门"的存在，要说明该问题，技术上应该说明该文件是否不应删除，删除了有何不利影响和后果，删除文件与360 安全卫士产品之间有何因果联系，这些技术现象如何得出原告故意设置"后门"的"黑幕"存在，等等。如果被告对此未作严谨的说明和推理，仅凭借自己的判断而作出结论，是缺乏科学依据的。

同时，原告还需要证明，针对争议的技术事实，客观上到底是什么样。这种让原告"自证无罪"的做法虽然加大了原告的举证负担，但对于真正澄清事实、促使法官建立心证，还是非常重要的。

（三）如何认定对技术事实的评价是否准确、适当

在认定了技术事实后，还涉及下一个争议：争议文章中对事实所进行的主观评价是否准确、适当。

如果主观评价缺乏事实基础，且带有诋毁性质，无疑是不准确、不适当的。如本案中《黑幕》一文所使用的"后门""安全隐患"等语。

实践中，有时即使具备事实基础，也会因主观评价用语不准确、不适当，而构成名誉权侵权或商业诋毁。

尤其是本案中，由于"后门""安全隐患"等语一方面具有较强的专业性，普通消费者很难自行识别；另一方面，此类用语因涉及消费者核心利益而容易被消费者高度关注，在此情况下，不准确、不适当的主观评价就会引起消费者的重大误会和消费选择，从而给原告造成巨大损失。

2017年新修订的《反不正当竞争法》关于商业诋毁的规定，扩充了商业诋毁类信息的类别，将"虚伪事实"扩展为"虚假信息或误导性信息"，就进一步将技术事实问题和主观判断问题均囊括其中，立法上更显精确。

二、商业诋毁认定中信息发布的主体与渠道

在认定事实本身属于"虚伪事实"的情况下，是否构成"捏造、散布"此种信息从而损害竞争对手商业信誉，应当结合所在行业的竞争特点、行业消费者受信息影响的敏感程度等综合分析。

本案中，原被告所在的互联网安全行业不同于其他互联网增值服务业，主要有以下特点。

一是产品或服务具备较强的排他性。通常而言，互联网用户使用网络安全产品往往只采用一种产品或服务，较少出现同时使用两家或两家以上产品的情形，这导致行业内部激烈的相互竞争对用户的争取。

二是行业技术性强。用户对于行业内是否有产品质量的评价标准以及标准如何认知不足，不具备自身对于此类产品/服务的技术评价能力。

三是用户对网络安全问题更加关注。用户对于此类产品的质量信息更敏感，业内竞争企业的评价对于用户有较大的影响，不同于其他行业中用户对于质量评价有更大的自主能力。

关于信息发布主体方面，二审法院指出，"在国家有关主管机关或具有相应资质的权威机构未对需要运用专门知识进行分析、判断的专业技术问题发表具有科学依据的定论性意见之前，均不应仅凭一己之见即对其他市场主体特别是竞争对手的商业行为或产品质量等问题向社会公众发布具有倾向性的评述"。

关于信息的传播途径方面，二审法院指出，"即使有关市场主体认为其对有关专门问题的判断确有依据，亦应当通过向国家相关主管部门反映等正当的法律程序予以解决，在此之前，以任何方式发布具有明确指向性、倾向性或定论性的，并可能对他人正常的生产经营活动产生不利影响的声明、评述等行

为，均应当为法律所禁止"。

三、商业诋毁行为认定中的司法价值取向

被告的瑞星杀毒软件和原告的 360 安全卫士软件都是在广大用户中具有较大影响力的杀毒软件产品。360 安全卫士软件的免费策略改变了杀毒软件行业此前收费杀毒的业务模式，给杀毒软件行业带来新的变化，在用户普遍欢迎免费模式的同时，长期依赖收费模式的企业会感受到一定的冲击压力。这种对商业模式的颠覆无疑会带来双方激烈竞争乃至产生摩擦。

在此背景下，司法如何应对在行业发生颠覆性变化的情况下而导致的此类争议，涉及司法价值的选择。

更好的质量、更高的性价比，无疑应该得到市场和司法鼓励。毫无疑问，本案的审理，法院顺应了这个行业的发展趋势，在裁判时进行正确的选择。

同时，成熟的市场竞争应该是一种良性竞争，也就是通过改进产品和服务的质量以争夺用户，而不应通过贬损竞争对手的方式获得竞争优势。本案也树立了该行业的一个竞争规则：即使因行业巨变而遭遇再大的市场压力，也不应随意攻击贬损竞争对手。只有这样，才有良性有序的竞争秩序。

延伸阅读：个人信息权利的边界

——评腾讯针对抖音等手机 App 不正当竞争纠纷案诉前保全裁定[*]

沙仁高娃

第一部分　基本案情

一、当事人情况简介

（一）申请人

题述案件诉前保全的申请人是深圳市腾讯计算机系统有限公司（以下简称"腾讯计算机公司"）、腾讯科技（深圳）有限公司（以下简称"腾讯科技公司"）及腾讯数码（天津）有限公司（以下简称"腾讯数码公司"）。

腾讯计算机公司是微信和 QQ 的经营人，是 QQ 官网和微信官网域名 qq.com 的备案人。后腾讯数码公司、腾讯计算机公司、腾讯科技公司于 2018 年 8 月 10 日签订《共同运营确认书》，确认三方共同运营微信产品和 QQ 产品，且对于他方侵害微信产品和 QQ 产品的经营行为，享有单独或者共同起诉维权的权利。

根据微信/QQ 官网介绍以及微信/QQ 系列服务协议中载明的内容，微信/QQ 产品是向用户提供的一种跨平台的通信工具，支持单人、多人参与，提供发送语音短信、视频、图片、表情和文字等即时通信服务，且在此基础上为用户提供包括但不限于关系链拓展、便捷工具、公众平台、开放平台与其他软件或硬件信息互通等功能或内容的软件及服务。微信/QQ 有着大量的活跃用户。

（二）被申请人

题述案件的被申请人是北京微播视界科技有限公司（以下简称"北京微播视界公司"）、北京拍拍看看科技有限公司（以下简称"北京拍拍看看公

---

* 本文成稿于 2019 年 4 月。

司"）。

北京微播视界公司是抖音产品的经营人，是抖音（https://www.douyin.com）的域名备案人。抖音产品是一个短视频分享平台，有着非常多的活跃用户。

北京拍拍看看公司是多闪产品的经营人，是多闪官网（https://www.duoshannapp.com/）的域名备案人。多闪产品是一款好友视频社交App。

二、申请人与被申请人之间的合作情况

2016年9月9日、2016年12月11日，抖音平台先后与QQ开放平台、微信开放平台通过签订合同的形式进行Open API合作，即开放平台授权登录服务，指开放平台为已接入的第三方应用和用户提供的，由用户以其开放平台的账户快捷、安全地登录第三方应用，从而帮助第三方应用实现识别已登录用户的身份、获取已登录用户基本开放信息等服务。意味着抖音产品的用户可以通过其微信/QQ账户实现登录抖音平台的效果。

多闪平台与微信/QQ平台无任何合作情况。

三、争议过程

微信/QQ平台主张，抖音、多闪平台有不当使用源于微信/QQ的用户信息之行为，而后，腾讯计算机公司、腾讯科技公司、腾讯数码公司据此以不正当竞争为由向天津市滨海新区法院提起诉讼，并申请诉前保全。

四、诉前保全申请内容

（1）裁定被申请人北京微播视界立即停止在抖音产品中向抖音用户推荐好友时使用来源于微信/QQ开放平台的数据。

（2）裁定被申请人北京微播视界立即停止将授权给抖音产品的来源于微信/QQ开放平台的数据提供给多闪产品（另一款App），及以类似的方式给其他任何除抖音产品之外的应用产品。

（3）裁定两被申请人删除来源于微信/QQ开放平台的数据。

（4）裁定被申请人北京拍拍看看立即删除在多闪产品中设置邀请QQ好友、邀请微信好友、一键邀请群好友功能按钮，停止诱导用户邀请微信/QQ好友使用多闪、注册抖音以及迁移微信/QQ群关系及好友关系的行为，并不得以类似方式实施前述不正当竞争行为。

五、申请理由

（1）申请人大量的用户数据是核心商业资源，且其确实开放了对外公开

的渠道。

（2）申请人与两被申请人为直接竞争关系，被申请人北京微播视界运营的抖音产品已被授权使用申请人微信/QQ 客户信息，被申请人北京拍拍看看运营的多闪没有被授权。被申请人北京微播视界在运营抖音产品过程中，在使用被授权的微信/QQ 用户信息本身之外，还使用了以该用户为基础点而展开的其他与之相关的好友信息；此外，被申请人北京微播视界还擅自将其从源于微信/QQ 用户的信息转给被申请人北京拍拍看看在多闪产品中进行使用。

（3）被申请人北京拍拍再度擅自使用以上所述用户信息，诱导用户迁移微信/QQ 好友关系，试图切断已有用户信息与申请人作为信息源之间的关系，并将自己重新作为信息源。

（4）两被申请人的行为对申请人造成难以弥补的损害。

第二部分　法院观点及结果

一、关于申请人主张被申请人实施的四项不正当竞争行为的观点

（一）关于第一项不正当竞争行为

1. 公证书中显示该行为的具体表现

用户登录抖音后，在"好友"项下"你可能认识的人""发现好友"等项目中展示的部分用户的头像、昵称，与登录微信/QQ 搜索后的微信/QQ 用户头像、昵称一致。

2. 申请人主张

被申请人在抖音产品中向抖音用户推荐好友时使用来源于微信/QQ 开放平台的微信/QQ 用户头像和昵称等微信/QQ 数据，申请人发现被申请人北京微播视界公司超范围使用开放数据。

申请人进一步解释称，根据微信/QQ 登录方式登录第三方应用时，第三方应用会从微信/QQ 开放平台获取该用户的微信/QQ 用户头像、昵称等个人信息。即便经开放平台和用户授权，开发者可以获取并存储相关数据，但第三方应用从开放平台获得的微信/QQ 用户头像、昵称等个人信息，并不等同于其从用户直接收集而来的数据。在申请人与被申请人北京微播视界公司从 2016年 9 月 9 日、2016 年 12 月 11 日开始建立合作起，至 2019 年 1 月 22 日申请人停止对未使用微信/QQ 登录方式登录过抖音的新增用户提供登录授权止，已经使用微信登录过抖音的微信用户有 2.8 亿，使用 QQ 账户登录过抖音的用户有 5250 万，关于以上数据申请人与被申请人均予以认可。

3. 被申请人的抗辩

被申请人针对申请人主张的第一项不正当竞争行为共有两个抗辩理由：首先，不能确认抖音产品被推荐好友中用户的信息来源一定是申请人运营的微信/QQ 平台，信息来源的可能性还包括手机绑定、微博等形式，非单一、确定的来源于微信/QQ 平台。其次，被申请人的行为具有正当性。此点分成两个层面的内容：第一个层面，用户通过微信/QQ 登录抖音之后，抖音平台会将同步获取的用户相关信息作为用户生成新的抖音账户，这部分信息与开放平台没有关系，抖音用户可以自主使用；第二个层面，微信/QQ 用户的头像、昵称等个人信息归属用户，微信/QQ 平台对此不享有相应权利，且根据抖音平台与用户之间的服务协议、用户隐私政策等文件，用户对于抖音使用其相关信息均是明确和充分知晓的。

4. 法院观点

法院分别就焦点问题：被推荐好友的数据来源；被申请人行为是否具有不正当性进行论述。

（1）关于被推荐好友的数据来源。法院认为，数据的来源确有多种可能性，但实现甄别哪些数据是来源于微信/QQ 在技术层面是可行的，且被申请人亦认可其中有部分的用户头像和昵称确来源于微信/QQ，申请人亦只主张该部分能够明确显示来源的数据，非来源于微信/QQ 的数据非本案审理范围。

（2）关于被申请人行为是否具有不正当性。法院认为，关于用户个人信息的使用，应遵循"合法、正当、必要"的原则，以及"用户授权＋平台授权＋用户授权"的三重授权原则。微信/QQ 开放平台开发者协议中明确有："除非有另行获得授权或同意（包括在你所制定的隐私保护政策下），否则只能在运行相关应用程序的操作或功能所需的最小限度内处理个人数据，不能超出为运行相关应用程序所需的最小限度，或为其他目的使用用户个人数据，即'最小限度'要求。"

首先，在本案中，微信/QQ 提供给抖音产品的开放平台授权登录服务包括，通过微信/QQ 开放平台的 Open API 接口调用，帮助抖音实现用户鉴权、身份识别及授权用户使用微信/QQ 头像、昵称等实现抖音登录，至此就圈定了信息使用的范围，也满足上文中所述的"最小限度"要求。其次，通过在案证据及听证双方陈述可知，抖音产品在隐私设置中"把我推荐给好友"选项默示为开启状态，用户手动方可关闭。即使用户同意将其作为好友推荐给其他用户，抖音在推荐好友时向其他用户显示该用户头像、昵称的行为，系对来源于开放平台的相关数据的再次使用，显然已超出授权登录的使用目的和使用范围；况且，显示使用头像、昵称等便于身份识别的用户个人信息时，亦没有获得用户二次授权，该行为既违反其与平台之间的约定及有关法律对网络经营者所规定的保护个人信息的义务，也侵害用户的选择权、知情权和隐私权等合法权益，不具正当性。

对此，被申请人北京微播视界公司以其与用户之间的协议及隐私政策等，抗辩其对用户信息的使用享有自主权并获得用户授权。鉴于该协议具有相对性，且抖音虽可以为授权登录目的获取并存储微信/QQ 用户头像、昵称等信息，但来源于开放平台的用户信息并不同于抖音从用户直接收集而来的信息，作为第三方应用的开发者，被申请人北京微播视界公司在使用从开放平台获取的信息时，并不能以其内部协议的约定免除其应负担的约定及法定义务，故被申请人该抗辩理由不成立。

（二）关于第二项不正当竞争行为

1. 公证书中显示该行为的具体表现

在下载安装微信/QQ 软件和抖音、多闪软件后，打开多闪软件进入多闪登录界面，点击该页面下方的"抖音登录"按钮，进入对应登录页面后，点击"其他登录方式"项下的微信/QQ 图标，并在输入相应账号、密码后点击登录，页面将跳转回多闪授权登录界面，再点击下方的"授权并登录"按钮后，即可登录多闪。

2. 申请人主张

被申请人将微信/QQ 开放平台为抖音产品提供的已授权微信/QQ 账号登录服务提供给多闪产品使用（裁定生效前已通过微信/QQ 账号登录方式登录过多闪产品的账号除外），并不得以类似方式将其提供给抖音以外的应用产品使用。

被申请人与法院将第二及第三项申请人主张的被申请人实施的不正当竞争行为一并予以回复。

（三）关于第三项不正当竞争行为的观点

1. 公证书中显示该行为的具体表现

用户下载抖音和多闪产品，打开多闪产品点击"抖音登录"，经抖音授权登录多闪后，浏览多闪产品中"你可能认识的人"列表，其中展示的部分用户的头像和昵称，与登录微信/QQ 搜索后的微信/QQ 用户头像和昵称一致。并且被推荐的好友里还有部分从未注册、登录过多闪产品的微信/QQ 用户。例如，如果登录多闪的用户点击将该被推荐的人加为好友，该被推荐的人通过微信登录抖音后即会收到显示有"××请求添加你为好友打开多闪查看"的通知，以及"这是一条新类型消息，请打开'多闪 APP'查看"，点击该消息可以直接下载多闪产品，通过抖音登录多闪后即看到添加好友的申请，该被推荐的人在多闪产品中被展示的头像、昵称与其微信头像、昵称一致。

2. 申请人主张

被申请人在多闪产品中使用来源于微信/QQ 开放平台的微信/QQ 用户头像、昵称等用户信息。

3. 被申请人的抗辩

针对申请人提出的第二项及第三项的不正当竞争行为，被申请人一并抗辩如下：多闪产品本身就是为了更好地实现与抖音用户进行信息互通而设计的一款产品，其向用户推荐的好友若不是多闪用户，则一定是抖音用户，多闪产品中向用户推荐好友时使用的微信/QQ 用户头像、昵称等数据来源于抖音开放平台，并取得抖音用户的授权同意，与申请人无关。

4. 法院观点

关于申请人指控的第二项及第三项的不正当竞争行为，法院认为，从被申请人北京微播视界公司角度来看，这两项被指控不正当竞争行为均系对来源于微信/QQ 开放平台的用户信息等数据的使用，两者的本质和实现方式并无不同，区别在于第二项行为是将上述数据用于自身经营的抖音产品，而第三项行为是将上述数据提供给第三方使用，故对该项行为的不当性的判断，相同部分不再赘述。

需要进一步指出的是，根据微信/QQ 开放平台开发者协议的相关规定，接入微信/QQ 开放平台的第三方应用不得将从微信/QQ 账号授权登录服务获取的用户数据提供给第三方。被申请人北京微播视界公司明知该规定，在未获得微信/QQ 开放平台及用户授权情况下，仍然将其来源于微信/QQ 开放平台的用户头像、昵称等数据提供给多闪产品，并由多闪产品在推荐好友时展示使用，损害了微信/QQ 平台及用户的合法权益。特别是被推荐好友为非多闪用户时，还存在引导该用户下载多闪产品的情况。作为一款新发布的小视频社交产品，多闪正处于积累用户的推广期，其在与微信/QQ 平台没有直接数据交换的情况下，凭借与抖音信息互通的便利，获取并使用相关数据以扩展自身用户的行为，不具合法性、正当性。

综上所述，法院依法对申请人提出的前三项行为的保全请求予以支持。

（四）关于第四项不正当竞争行为的观点

1. 公证书中显示该行为的具体表现

下载和安装多闪和微信/QQ 软件、登录多闪后，在"添加好友"界面显示有"多闪 ID/手机号""扫描二维码""邀请 QQ 好友""邀请微信好友""一键迁移微信/QQ 群"功能，点击"邀请 QQ 好友"或"邀请微信好友"和"打开 QQ 粘贴"，选择微信/QQ 产品会自动拉起微信/QQ 产品并可以发送口令给好友或好友群，好友复制该口令后打开多闪产品会自动弹出"申请加好友"窗口，点击"申请加好友"按钮后可以发送加好友申请，等待对方通过后双方成为好友。另外，点击"一键迁移微信/QQ群"弹出创建群聊窗口，创建群聊后可复制群暗号并拉起微信/QQ产品，用户可选择发送给好友或好友群，好友复制该口令后打开多闪产品会自动弹出"加入好友群"窗口，点击"立即加入"后进入多闪群聊。

2. 申请人主张

在多闪产品中设置邀请QQ好友、邀请微信好友、一键邀请群好友功能按钮，诱导用户邀请微信/QQ好友使用多闪、注册抖音以及迁移微信/QQ群关系及好友关系。

3. 被申请人答辩

裁决书中未体现被申请人专对此部分的抗辩。

4. 法院观点

关于第四项被指控不正当竞争行为，法院认为，对以用户及用户间的好友关系、群关系为基础的熟人社交产品来说，通过设置"添加好友"功能可以实现增强用户间交流互动、扩展好友关系、提升用户黏性等效果，该功能也可以通过多种方式实现。被申请人在其经营的多闪产品中，在"添加好友"项下除设置有ID/手机号、扫描二维码这两种通常使用方式外，其余几种方式均直接指向申请人经营的微信/QQ产品，且在具体实现过程中的口令文本里使用了"这是一个神奇的暗号，可以在多闪中找到我，一起来体验更新更好玩的聊天App吧"等比较性宣传用语，有不当利用微信/QQ产品积累的用户资源为自身增加竞争优势之嫌。但无论该行为是否构成不正当竞争，本案现有证据尚显示不出须责令被申请人立即停止该行为的紧迫性和必要性，故对申请人的该项行为保全请求，不予支持。

二、法院裁定结果

（1）裁定被申请人北京微播视界立即停止在抖音产品中向抖音用户推荐好友时使用来源于微信/QQ开放平台的微信/QQ用户头像、昵称，直至本案终审法律文书生效。

（2）裁定被申请人北京微播视界立即停止将授权给抖音产品的来源于微信/QQ开放平台的数据提供给多闪产品（另外一款App）及以类似的方式给其他任何除抖音产品之外的应用产品，直至本案终审法律文书生效。

（3）裁定两被申请人删除来源于微信/QQ开放平台的数据，直至本案终审法律文书生效。

（4）驳回申请人其他行为保全请求。

第三部分　案件评析

一、用户与平台的关系

当用户数据进入平台时，平台应遵循怎样的原则收集、储存和使用该类数据？平台与用户所签订的《许可服务协议》中对用户数据向第三方平台流转的约定是否合理？

（一）用户信息的双重属性

用户信息兼有人格属性和财产属性。人格属性，不言而喻，是因信息客观所体现出的，用户信息一般包括用户头像、昵称、地区、好友关系等，也因具体平台的不同而有所不同，如在先案例"新浪微博诉脉脉案"中平台是有关职场方面的，用户信息还包括职业情况等。这些信息就是每个人社会属性的标签，保护用户信息就是维护信息载体，所以在讨论用户信息权利边界时，首先需要将信息放回其本质属性进行探讨。

在这样一个信息化程度如此之高的时代，信息的流向一定程度上也决定了财富的流向。禁止信息的流转与放纵流转一样，都是过犹不及，既不合理也不符合整个社会及技术发展所需。如何在充分保障用户个人信息安全、被尊重和实现信息高效流转之间取得平衡，是目前亟待解决的问题。

（二）关于平台进行用户数据收集的原则

在我国现有关于用户信息保护的规定散落在具体的规定中。《消费者权益保护法》第 29 条规定："经营者收集、使用消费者个人信息，应当遵循合法、正当、必要的原则，明示收集、使用信息的目的、方式和范围，并经消费者同意。经营者收集、使用消费者个人信息，应当公开其收集、使用规则，不得违反法律、法规的规定和双方的约定收集、使用信息。"2012 年 12 月全国人大常委会《关于加强网络信息保护的决定》第 2 条规定："网络服务提供者和其他企业事业单位在业务活动中收集、使用公民个人电子信息，应当遵循合法、正当、必要的原则，明示收集、使用信息的目的、方式和范围，并经被收集者同意，不得违反法律、法规的规定和双方的约定收集、使用信息。"2017 年 6 月 1 日实施的《网络安全法》第 41 条规定："网络运营者收集、使用个人信息，应当遵循合法、正当、必要的原则，公开收集、使用规则，明示收集、使用信息的目的、方式和范围，并经被收集者同意。网络运营者不得收集与其提供的服务无关的个人信息，不得违反法律、行政法规的规定和双方的约定收集、使用个人信息，并应当依照法律、行政法规的规定和与用户的约定，处理其保存的个人信息。"

从上述规定可以看出，平台在收集用户信息时应采取明确、明显的形式告知用户，其要收集信息的范围、方式、目的，在获得用户同意之后方可实施后续的具体收集及使用。

（三）关于《许可服务协议》中对用户数据向第三方平台流转约定的合理性

平台与用户之间关于数据收集及有关数据后续处置的约定一般情况下会体现在《许可服务协议》中。在题述案件中，申请人与用户签订的《腾讯微信软件许可服务协议》中明确约定："第三方服务提供者可以通过本软件向你提供产品或者服务……在此过程中，第三方服务提供者可能会收集、使用和储存你的相关数据或信息……腾讯通过与第三方服务提供者签署的有关协议、微信相关规范以及合理的产品流程设计，严格要求第三方提供获取你的任何数据均应遵守相关法律法规的规定，必须事先获得你的明确同意……"

该《许可服务协议》中将第三方平台通过既有平台向用户推送服务等未作为用户是否同意的事项范围，而是当然的作为协议内容。这与上文中所述的，须征得用户同意的内容存在一定程度的冲突，因为这就意味着用户还是没办法从根本上去决定信息使用的目的、方式和范围。此外，这样的"当然约定内容"还会造成用户承担更大的风险：如果一旦把对第三方平台开放这一约定内容排除在须征得用户同意的范围之外，那就意味着，除非从不沾染任何的平台，否则只要是使用某一个平台，那么个人信息将无一例外地向整个网络敞开了，故平台这样的约定自然是不合理的。用户应享有从源头上是否将个人信息处于可流转向第三方的选择权，而非在信息转流入第三方时对于第三方如何使用该信息的下位选择权。

二、平台对于用户信息权利的边界

（一）用户信息交互在技术层面的可控性

Open API 是现在常见的互联网运用开发模式，API 的一端是信息开放平台，就如题述案件的申请人，另一端是第三方平台，如题述案件的被申请人。题述案件的申请人与被申请人之间的争议也正是在 Open API 模式下发生的。开放平台通过提供给第三方平台 App KEY 即可实现与第三方之间的数据交互。关于可与第三方进行交互的数据的范围等，开放平台是具有设置权限的，并且可以随时通过切断 API 端口来中断与第三方平台的信息交互。从现有的技术层面，开放平台与第三方平台均可以通过后台数据实现对已交互数据发生的时间和数据内容的查看。

综上，开放平台对于与第三方平台在是否进行数据交互、交互什么、何时停止交互等均是可在技术层面即可实现的。

（二）平台对用户数据权利的边界

平台与第三方平台之间通过《开发者协议》来约定双方的权利义务，对用户信息的权利范围也约定在此协议中。

题述案件中，被申请人北京微播视界公司在对申请人指控的第一项不正当竞争行为，即"被申请人在抖音产品中向抖音用户推荐好友时使用来源于微信/QQ 开放平台的微信/QQ 用户头像和昵称等微信/QQ 数据"进行抗辩的核心点在于：平台在用户信息经用户同意后流转入第三人平台后即没有了控制力，即已走过其权利的边界，因为用户对于自己的个人信息具有天然、充分的处置权，在其同意将个人信息由平台 A 流转向平台 B，就意味着用户信息又被重新进行一次洗牌分配，已与原本的存留信息平台 A 再无关联。法院就此抗辩理由仅简单以"来源于开放平台的用户信息并不同于抖音从用户直接收集而来的相关信息"来回应。

目前关于平台对用户信息权利的边界尚未有明确的规定，但已有的在先判决"新浪微博诉脉脉案"中对于用户信息权利的归属作了划分，人格属性权利仍归属用户自己，财产增益部分归属平台，那就意味着用户无就财产增益部分进行处置的权利。

关于此问题，笔者认为单纯地将权利的全部划归于任何一方，平台或者用户均是不妥的，应寻求一个平衡点，该平衡点需要平衡的是用户对个人信息处分的权利和平台对信息财产权的权利范围之间的关系。信息的高速流转和利用，已经是这个时代所不可避免的，如何一方面实现这样的流转，另一方面也可兼顾用户个人的信息处分权是非常重要且势在必行。

笔者认为，用户作为单薄的个体，在信息交互的大环境中处于弱势，因为个人信息一旦进入平台，在很大程度上就意味着再无收回的可能，只能任其流转而无应对之策。故笔者认为，首先，应严化平台与用户之间协议，如《许可服务协议》中关于信息向第三方流转时的条款，给予用户拒绝信息再次流转的选择权，而且这在技术层面也是可操作的。其次，给与用户彻底撤回信息的权利。

三、其他国家对于用户信息的保护

因用户信息所引发的问题是世界性的，非中国独有。2018 年 5 月欧盟公布《欧洲通用数据保护条例》（The General Data Protection Regulation，GDPR），在该条例中个人信息被划分得非常详尽，在通常意义的个人信息以外，还包括一些性取向之类的隐私性信息。该条例旨在将社会活动中个人信息的控制权归还于用户自己。许多大型国际互联网公司，如 Facebook 都将会因为此条例的实施而有可能面临高额的罚款等。

在美国，个人信息使用与保护所走的路径又区别于欧盟，"美国对个人信息采取了极利用的态势，无论是学术界还是实务界都有市场化的趋向。美国更关注个人数的经济特性和个人价值，采取分散立法模式，按照行业进行联邦立法（如通信、金融、教育、保险和儿童上网隐私等），没有专门的法典就该问题进行规制。在监管上采取行业自律的模式，这种做法更符合高效、便捷与时俱进的市场需求"。❶

笔者认为，个人信息保护的必要性、紧迫性已经是全球范围的问题了，科技的发展最终还是要回归到服务人类的层面上，因此寻求权利的平衡点，使信息流转处于良性运行的轨道上是应当解决的问题。

---

❶ 张平. 大数据时代个人信息保护的立法选择［J］. 北京大学学报（哲学社会科学版），2017（3）.

案例十八：网络经营者之间的软件排斥
行为及其"正当防卫"抗辩

——三七二一公司诉百度公司不正当竞争案

案情整理及评析：杨安进　耿　琛

原告：北京三七二一科技有限公司
被告：百度在线网络技术有限公司、北京百度网讯科技有限公司
一审：北京市海淀区人民法院，（2004）海民初字第 16053 号

代理人：杨安进，北京市维诗律师事务所律师，代理北京三七二一科技有限公司

第一部分　基本案情

一、案件背景

原告北京三七二一科技有限公司于 1998 年推出"3721 网络实名"软件（以下简称"3721 软件"），用户安装该软件后即可使用原告提供的中文上网功能，在浏览器地址栏中输入中文就能直达企业网站或找到企业、产品的相关信息。

被告百度公司于 2002 年在其经营的网站上向公众提供与原告上述 3721 软件功能实质相同或近似的"百度搜霸""百度 IE 搜索伴侣"等软件（以下简称"百度软件"）。已安装 3721 软件的用户如安装被告的百度软件，被告的百度软件即会对原告 3721 软件的程序、数据信息进行针对性的破坏和删改，导致原告软件无法正常运行。同时，用户一旦安装被告的百度软件，就无法正常下载、安装和运行原告软件。

被告百度公司采取的具体措施为：

（1）在先安装"百度 IE 搜索伴侣"软件再安装 3721 网络实名软件的情况下，3721 网络实名软件在 IE 中设置的"启用网络实名"等 3 个选项被强制

取消。

（2）在先安装 3721 网络实名软件再安装"百度 IE 搜索伴侣"软件的情况下，3721 网络实名软件功能选项和注册表被修改。

（3）在先安装 3721 网络实名软件再安装"百度 IE 搜索伴侣"软件的情况下，"百度 IE 搜索伴侣"软件会弹出对话框，提示用户卸载 3721 网络实名软件。

（4）在"百度 IE 搜索伴侣"软件中加入"中文上网""3721"等字符串，以识别 3721 网络实名软件。

二、原告主张

原告认为，对比原告软件的运行情况可知，被告的此种不正当技术措施完全没有必要，其目的仅仅在于恶意破坏原告软件的安装和运行。被告行为使得用户在不知情的情况下被迫放弃使用原告软件，转而使用被告软件，构成不正当竞争。

三、被告主张

被告认为，其软件对原告软件采取的措施是针对原告所采取的不正当竞争行为的保护措施，不具备不正当竞争行为的故意，所采取的技术措施并不会阻碍原告软件的下载，只会屏蔽原告软件的使用，不构成不正当竞争。

四、法院观点及判决结果

一审法院认为，双方软件均为供互联网用户免费下载具有地址搜索功能的商业软件，属于同业竞争者，具有竞争关系。

被告软件对原告软件进行屏蔽，对其下载、安装和运行产生阻碍。被告软件中加入特定字符串，专门针对原告软件进行识别的方式，对原告软件进行屏蔽等，阻碍其正常的下载、安装和运行。普通用户丧失了对原告软件的选择权，被告使用上述技术措施所造成的上述冲突超出了正常软件冲突的范畴。

基于此，一审法院认为，被告行为违反《反不正当竞争法》第 2 条一般条款的规定，构成不正当竞争，并判决被告百度公司立即停止侵权，赔偿损失。

一审判决作出后，双方就正在进行的一系列关联案件进行和解。

裁判文书来源

一审：

第二部分 案件评析

评析人： 杨安进、耿琛

百度公司与三七二一公司于 2002～2004 年就中文上网插件抢占用户客户端的商业竞争问题，引发一系列互诉案件，该案连同其他关联案件，堪称互联网软件经营者之间攻占用户端的攻防战的鼻祖。

从这个案件中，可以看到十几年来立法、司法对此类问题的不断深入思考和逐步规范，也从近年类似案件中看到从业者在竞争手段和方法上不断翻新，并不断适应立法和司法的变化。

一、《反不正当竞争法》规制互联网不正当竞争的规则演变

《反不正当竞争法》作为对经营者竞争行为进行规制的基本法律，近年来司法适用过程中一个突出特点，就是互联网领域不正当竞争案件数量不断增多，案件影响力也比较大，使得本来作为知识产权法领域兜底性质的反不正当竞争行为规制成为实务和研究热点。

本部分主要介绍《反不正当竞争法》规制互联网不正当竞争规则演变，如本案及典型案例中一般条款适用规则的细化，并简要分析 2017 年新修订的《反不正当竞争法》中的互联网专条，指出现行规则的缺陷。

（一）适用《反不正当竞争法》一般条款进行认定中的要点

软件排斥是互联网领域出现最早、影响最广的互联网不正当竞争行为，表现为软件经营者在设计、安装、运行软件过程中故意设置障碍，妨碍竞争对手软件的安装和运行、诱导用户卸载对方软件。本案中被告软件安装后对原告软件进行破坏和删改或者无法再安装原告软件就是典型的软件排斥行为。

在 2017 年《反不正当竞争法》修订之前，认定软件排斥等行为构成不正当竞争行为的依据通常为反不正当竞争法一般条款，即修订前《反不正当竞争法》第 2 条："经营者在生产经营活动中，应当遵循自愿、平等、公平、诚

信的原则，遵守法律和商业道德。本法所称的不正当竞争行为，是指经营者在生产经营活动中，违反本法规定，扰乱市场竞争秩序，损害其他竞争者或者消费者的合法权益的行为。"本案正是以该条款作为裁判依据的。

反不正当竞争法在民事诉讼中适用应当符合侵权法的一般法理，因此该条在适用过程中的要点在于侵权认定中的过错要件，即对于"商业道德"的解释和侵权的主观过错的认定。

本案中，被告的主要抗辩理由为，被告行为是针对原告所采取的不正当竞争行为的保护措施，类似于"正当防卫"，不具备不正当竞争行为的故意。

笔者认为，该抗辩理由不能成立。法治社会中，对于民事行为而言，即便出于对竞争对手进行反击的目的，采取不合法的手段恶意破坏竞争对手的软件产品，也直接地表明其侵权的故意和恶意，所谓"正当防卫"不能成为逃避侵权责任的借口，应当不为法律所允许。

《刑法》第 20 条规定了正当防卫制度："为了使国家、公共利益、本人或者他人的人身、财产和其他权利免受正在进行的不法侵害，而采取的制止不法侵害的行为，对不法侵害人造成损害的，属于正当防卫，不负刑事责任。"《侵权责任法》第 30 条也规定了正当防卫时的侵权责任的免责及其限制，"因正当防卫造成损害的，不承担责任。正当防卫超过必要的限度，造成不应有的损害的，正当防卫人应当承担适当的责任"。

本案中法院并未采纳被告所谓的"正当防卫"的抗辩事由。不仅在本案中，知识产权及竞争法领域的其他案件中通常难以适用正当防卫的抗辩事由。个中原因，笔者认为主要基于以下几点：（1）正当防卫是以防止自身权利免受侵害为主观目的要件，即抗辩人所采取的防卫行为应该以制止正在进行的不法侵害为目的。本案中被告所采取的所谓"保护措施"的目的并非是出于防卫自身权利免受侵害，而是为了损害对方以达到不正当竞争的目的，故其所谓的只能通过也采取不正当竞争的手段并不能认定为正当防卫。（2）正当防卫必须是本人、他人的人身、财产权利遭受不法侵害，来不及请求国家机关救助的情况下，才能实施防卫行为。本案中及其他知识产权和竞争纠纷中，如果出现自身权益被对方的知识产权侵权行为或不正当竞争行为所侵害，可以通过行政机关或司法机关进行举报或起诉进行维权，对于紧急情况还可以请求诉前禁令等制度救济，不存在来不及请求国家机关救助的情形，因此此类纠纷中认定构成正当防卫较为少见。

本条适用过程中另一个要点在于"商业道德"的认定。笔者认为，此处"商业道德"是指双方所处行业中公认应当被遵守的商业道德。如百度网讯公司、百度在线公司诉奇虎公司关于 Robots 协议不正当竞争纠纷一案中，❶ 被告被指控未遵守原告 Robots 协议构成反不正当竞争，法院认为，Robots 协议已经成为一种国内外互联网行业内普遍通行、普遍遵守的技术规范；本案中双方共同发起的《自律公约》并非法院可以直接参照适用的法律法规或规章，但其反映和体现了行业内的公认商业道德和行为标准，法院对于《自律公约》所体现出的精神予以充分考虑。

（二）"非公益必要不干扰"原则对一般条款的细化

《反不正当竞争法》一般条款属于原则性规定，构成要件并不明确具体。为了更加细化、明确裁判标准，有效规范经营者的竞争行为，北京市高级人民法院在百度在线网络技术（北京）有限公司等与北京奇虎科技有限公司等不正当竞争纠纷上诉案 ❷ 中针对性地提出"非公益必要不干扰"原则作为判断竞争行为正当性的标准。本案争议的所谓"插标"行为，是指被告奇虎公司在原告百度公司的搜索引擎部分搜索结果中添加警示图标，在用户使用百度搜索引擎时，被告软件会在百度搜索结果页面上插入警告标识，警示用户该搜索结果对应的网站存在风险。北京市高级人民法院在本案判决中认为："互联网产品或服务之间原则上不得相互干扰。确实出于保护网络用户等社会公众的利益的需要，网络服务经营者在特定情况下不经网络用户知情并主动选择以及其他互联网产品或服务提供者同意，也可干扰他人互联网产品或服务的运行，但是，应当确保并证明干扰手段的必要性和合理性。"

依判决书之阐述，该原则的适用需具备以下条件：（1）干扰行为应具有"公益"目的，公益主要指保护网络用户安全，使其免受欺诈信息、病毒、恶意代码等损害；（2）干扰手段具有必要性，如果采取其他手段也能达到保护公共利益之目的，则不应当采取干扰他人互联网产品或服务正常运行的手段；（3）干扰结果具有合理性，干扰行为应以保护公共利益为限度，不可随意滥用和扩大；（4）干扰行为的必要性和合理性由行为人承担证明责任。

有学者认为该原则授予网络产品类似绝对权的权利缺乏规范依据，该原则"不考虑网络产品是否具有著作权法上的租聘属性，一概赋予所有网络产品极强的排他性，比著作权有过之而无不及"。❸ 笔者认为，该观点混淆了知识产权作为绝对权的保护与对合法的商业秩序保护，将两者混为一谈。知识产权作为绝对权具有排他性，网络软件产品在未申请相应知识产权的情况下，"非公

❶ 北京市第一中级人民法院（2013）一中民初字第 2668 号民事判决书。
❷ 北京市高级人民法院（2013）高民终字第 2352 号民事判决书。
❸ 宋亚辉. 网络干扰行为的竞争法规制［J］. 法商研究，2017（4）：93－94.

益必要不干扰"原则并未授予网络产品任何排他性的权利，即便某厂商通过经营使其网络软件产品形成了一定的商业规模，但其所具有的商业模式和所形成的商业秩序并非排他的，其他厂商完全可以采用相同的商业模式从事类似产品业务，因此并不存在上述观点中所述的"极强的排他性"。

"非公益必要不干扰"原则的目的在于保护合法形成的商业秩序不被其他竞争者通过技术手段等非法侵害，禁止竞争对手以极小的技术成本支出损害他人投入巨大成本形成的稳定的商业秩序，除非出于公益的考虑。

此外，网络软件产品及其商业模式也体现着设计人员一定的创新性，除商业方法专利等情形外，其本身已不具备独占性，在与公益无关的情形下，若再被竞争对手通过各种手段进行破坏，则形成稳定商业秩序的可能性不再存在，将极大打击厂商投资及创新热情。

综上，笔者认为，"非公益必要不干扰"原则为《反不正当竞争法》一般条款的适用作出了清晰、合理的细化规则，体现了司法者对上述产业问题不断深化认识过程中的思考，在司法中还是具有一定的参考价值。

（三）2017 年《反不正当竞争法》互联网专条分析及其不足

2017 年修订的《反不正当竞争法》采用"概括＋列举＋兜底"的立法模式新增了互联网专条。该条规定，"经营者利用网络从事生产经营活动，应当遵守本法的各项规定。经营者不得利用技术手段，通过影响用户选择或者其他方式，实施下列妨碍、破坏其他经营者合法提供的网络产品或者服务正常运行的行为：（一）未经其他经营者同意，在其合法提供的网络产品或者服务中，插入链接、强制进行目标跳转；（二）误导、欺骗、强迫用户修改、关闭、卸载其他经营者合法提供的网络产品或者服务；（三）恶意对其他经营者合法提供的网络产品或者服务实施不兼容；（四）其他妨碍、破坏其他经营者合法提供的网络产品或者服务正常运行的行为"。

本条首先概括了互联网不正当竞争的一般特点，并规定了三种典型的互联网领域的不当干扰行为及兜底条款。具体包括：（1）未经其他经营者同意，在其合法提供的网络产品或者服务中，插入链接、强制进行目标跳转；（2）误导、欺骗、强迫用户修改、关闭、卸载其他经营者合法提供的网络产品或者服务；（3）恶意对其他经营者合法提供的网络产品或者服务实施不兼容；（4）其他妨碍、破坏其他经营者合法提供的网络产品或者服务正常运行的行为。

总结《反不正当竞争法》对软件排斥等互联网不正当竞争行为的规制，趋势是越来越精细化，如将"插标及流量劫持""广告屏蔽""修改他人软件或服务"等几种典型行为进行明确规定，又通过兜底条款的形式对其他不正当干扰的行为予以禁止。

笔者认为，虽然新法将典型性较强的互联网不正当竞争行为进行明确规定，但概括条款和兜底条款的规定仍然较为模糊，无法应对日新月异的互联网技术变革，无法为企业的经营提供确切的指引。在此情形下，"非公益必要不干扰"原则以及后续相应的司法判例中确定的观点，仍可以作为对该问题的参考。

通过梳理《反不正当竞争法》规制互联网不正当竞争的规则演变、"非公益必要不干扰"原则及 2017 年《反不正当竞争法》互联网专条中概括性条款和兜底性条款的规定，"扰乱竞争秩序"和"损害其他经营者或者消费者的合法权益"是不正当竞争行为的核心构成要件。换言之，立法对此类不正当竞争行为进行制约的目的在于规制经营者妨碍、破坏其他经营者网络生产经营的正常运行，侵害网络生产经营者正常的生产经营权益，从而扰乱正常地竞争秩序的行为；立法价值取向是保护互联网经营者正常的竞争利益及其之间正常的竞争秩序。

因此，从法律的稳定性与网络技术及其相关产业的快速发展的考虑，可以基于以上立法目的和价值，在立法文件之外积极参照行业公认的秩序和规范，如《自律公约》这种自律性的行业规范。此类自律性的行业规范应当是由行业厂商自行拟定并由行业内公司共同签署，共同签署后的行业规范对于签署的公司具有约束力，共同签署此类公约的厂商之间的不正当竞争纠纷，若无具体规则可以适用时，法院可以在裁判中适当引入公约中的规则作为评判是否构成不正当竞争的依据。

此外，即便对于未共同签署此类公约厂商之间的不正当竞争纠纷，笔者认为，法院可以依据《民法总则》第 10 条有关习惯可以作为裁判依据的规定，对于已经形成行业惯例的相应的不成文规范，如果明显违反的，同样可以引入作为裁判的依据，但这需要对相应规范是否在厂商之间已形成约定俗成的行业惯例作出审慎的认定，主张侵权方应承担相应的证明责任。

二、互联网不正当竞争中消费者权益保护的不足

2017 年新修订的《反不正当竞争法》第 2 条一般条款增加了对消费者合法权益保护的内容，但依其第 17 条的规定，该法只赋予了经营者损害赔偿请求权，消费者并没有独立的诉权来维护自身合法权益，只能向监管部门检举市场主体的不正当竞争行为，显得十分被动。反不正当竞争行为对于消费者造成的损害，消费者无法通过《反不正当竞争法》主张赔偿等权利。对此，《消费者权益保护法》是否对此提供了有效的救济手段？

笔者认为，《消费者权益保护法》也并未为消费者因厂商不正当竞争行为

所遭受的损失提供切实的保护。

互联网免费用户属于消费者。根据《消费者权益保护法》第 2 条的规定，消费者为生活消费需要购买、使用商品或者接受服务，其权益受该法保护。根据该条规定并未对消费者付出直接对价进行限定。此外，免费互联网用户可被认定为以非对价形式构成直接消费关系的消费者。❶

软件排斥等互联网不正当竞争行为侵害了消费者自主选择权。《消费者权益保护法》第 9 条规定了消费者的自主选择权："消费者享有自主选择商品或者服务的权利。消费者有权自主选择提供商品或者服务的经营者，自主选择商品品种或者服务方式，自主决定购买或者不购买任何一种商品、接受或者不接受任何一项服务。消费者在自主选择商品或者服务时，有权进行比较、鉴别和挑选。"

在软件排斥的不正当竞争案件中，已安装原告软件的用户如安装被告的软件，被告的软件即会对原告软件的程序、数据信息进行针对性的破坏和删改或无法正常下载、安装和运行原告软件，这均对消费者的自主选择权造成侵害，应当受到《消费者权益保护法》保护，消费者可据此条提起相应诉讼。

此外，互联网不正当竞争行为通常也侵害了消费者的知情权。《消费者权益保护法》第 8 条规定，消费者享有知悉其购买、使用的商品或者接受的服务的真实情况的权利。如本案中被告软件对原告软件的程序、数据信息进行破坏和删改是在未告知消费者的情况下进行的，侵害了消费者的合法知情权。

但笔者通过研究查询相关案例，并未发现用户就互联网不正当竞争行为导致的自身权益损害向有关厂商索赔的案例。笔者认为，这可能与《消费者权益保护法》对于消费者赔偿救济的范围过窄有关。

《消费者权益保护法》对于消费者进行赔偿仅限于对消费者造成人身、财产损害。该法第 11 条规定："消费者因购买、使用商品或者接受服务受到人身、财产损害的，享有依法获得赔偿的权利。"根据本条规定，用户在使用网络产品过程中，厂商进行的不正当竞争行为只有其人身、财产造成损害，消费者才可以提起赔偿损失。

不同于竞争对手由于不正当竞争行为损失流量、损失广告收入等情形相对而言容易进行统计，消费者由于不正当竞争行为造成的损失通常无法进行确切统计，如本案中消费者在安装、使用被告软件后则无法正常安装、使用原告软件，可能会对自身上网的便利性和安全性等有不利影响，但这种损失无法进行

---

❶ 段宏磊. 论免费互联网用户的消费者身份认定——以双边市场理论为视角 [J]. 黑龙江省政法管理干部学院学报，2012 (1)：80 – 81.

客观统计。此种情况下，消费者也就难以通过《消费者权益保护法》对自身权益进行切实保护。

综上所述，笔者认为，《消费者权益保护法》中所规定的消费者享有的自主选择权与知情权等，象征与宣示意义大于实际的法律适用意义，对于软件排斥等类型的互联网不正当竞争案件中消费者权益的保护并不具备实际价值。对此，《反不正当竞争法》既然已在一般条款中增加了消费者合法权益作为不正当竞争行为的认定要件之一，出于立法逻辑的统一性和协调性，相较修改《消费者权益保护法》相应条款，笔者认为在《反不正当竞争法》中增加相应的消费者诉权和要求赔偿损失的权利更为适宜，对由于不正当竞争行为对自身所造成的损害，消费者有权提起诉讼，要求赔偿损失。

三、软件排斥行为与《反垄断法》所规制的限制交易

《反垄断法》第17条规定了禁止具有市场支配地位的经营者从事限制交易的滥用市场支配地位的行为，该条规定："禁止具有市场支配地位的经营者从事下列滥用市场支配地位的行为：（一）以不公平的高价销售商品或者以不公平的低价购买商品；（二）没有正当理由，以低于成本的价格销售商品；（三）没有正当理由，拒绝与交易相对人进行交易；（四）没有正当理由，限定交易相对人只能与其进行交易或者只能与其指定的经营者进行交易；（五）没有正当理由搭售商品，或者在交易时附加其他不合理的交易条件；（六）没有正当理由，对条件相同的交易相对人在交易价格等交易条件上实行差别待遇；（七）国务院反垄断执法机构认定的其他滥用市场支配地位的行为。本法所称市场支配地位，是指经营者在相关市场内具有能够控制商品价格、数量或者其他交易条件，或者能够阻碍、影响其他经营者进入相关市场能力的市场地位。"

该法对限制交易行为规定为：没有正当理由，限定交易相对人只能与其进行交易或者只能与其指定的经营者进行交易。在软件排斥不正当竞争案件中，厂商之间通过技术手段实现的软件排斥是否会构成上述《反垄断法》中规定的情形？

若以《反垄断法》对此种行为进行规制，首先需要认定行为人具备该条中所规定的市场支配地位，但从法律规定和司法实践来看，该项认定通常较为困难。《反垄断法》第19条规定："有下列情形之一的，可以推定经营者具有市场支配地位：（一）一个经营者在相关市场的市场份额达到二分之一的；（二）两个经营者在相关市场的市场份额合计达到三分之二的；（三）三个经营者在相关市场的市场份额合计达到四分之三的。有前款第二项、第三项规定

的情形，其中有的经营者市场份额不足十分之一的，不应当推定该经营者具有市场支配地位。被推定具有市场支配地位的经营者，有证据证明不具有市场支配地位的，不应当认定其具有市场支配地位。"

上述规定反映了在民事诉讼中证明市场支配地位的存在需要在相关市场的市场份额的证明上尽到较高的证明责任。这其中关键在于相关市场的认定，只有通过界定相关市场，才能知道该市场上的竞争者及其各自份额，从而判断一些企业能在多大程度上行使其市场支配力，而我国《反垄断法》规定相关市场指经营者在一定时期内就特定商品或者服务进行竞争的商品范围和地域范围，这种模糊性的规定也同样增加了具有市场支配地位认定中的不确定性及难度。某些典型案例也反映了司法中对于认定商场具备市场支配地位时的谨慎态度，从侧面印证了证明行为主体具备市场支配地位的难度。如 360 诉腾讯反垄断案❶中，360 公司对腾讯滥用市场支配地位进行限制交易行为提起反垄断诉讼，360 公司认为，腾讯滥用其市场支配地位，强迫用户"二选一"的行为，是垄断法中典型限制交易行为。该案经广东省高级人民法院一审，最高人民法院二审，认定腾讯在相关市场并不具有市场支配地位情况，从而也就没有支持原告的诉请。该案中，在我国即时通信领域占有绝对数额的腾讯公司也没有被认定为具有市场支配地位，说明司法机关在进行该项认定时的谨慎态度，因此以《反垄断法》第 17 条对软件排斥等行为提起反垄断民事诉讼在认定行为主体是否具备市场支配地位方面有较大的难度。

值得进一步讨论的是，如果实施软件排斥行为的经营者被认定为具有市场支配地位，则其软件排斥行为是否违反《反垄断法》中有关拒绝交易的规定？

笔者认为，此时软件排斥构成《反垄断法》所规制的拒绝交易。拒绝交易行为的认定有主体（具备市场支配地位）、主观（具备拒绝交易的意图）、行为（拒绝交易的具体行为）、结果（造成排除竞争的效果）四个方面的构成要件，其中主体在上述部分已经讨论，不再赘述。主观要件通常也可以在行为及结果要件的认定中予以推定认定，不再详细讨论。因此，认定软件排斥是否构成拒绝交易需要主要在客观行为和结果两个方面进行论证。

客观行为要件方面，软件排斥构成拒绝交易。软件或互联网厂商之间拒绝交易行为在表现形式上与传统的拒绝交易行为相比，除有拒绝提供有关产品、服务或基础实物设施外，更多地表现为拒绝许可使用专利权、著作权等知识产权、拒绝披露有关技术秘密或者拒绝第三方软件接入或拒绝兼容第三方软件。软件排斥行为属于拒绝兼容第三方软件的行为，这种行为客观上造成使用某一

---

❶ 广东省高级人民法院（2011）粤高法民三初字第 2 号民事判决书。

软件的用户就不能使用行为人的软件，用户存在希望交易的意图，而行为人以用户使用其他厂商软件为由拒绝，构成拒绝交易。

结果要件方面，软件排斥造成排除竞争的效果。判定某个企业是否属于滥用市场支配地位的结果要件主要以其实施的行为是否具有排除竞争效果来认定。排除竞争的效果是否存在的主要评估对象为拒绝交易行为对市场竞争的限制与排斥、对消费者利益产生损害等因素。软件排斥行为使得用户必须在软件之间作出选择，结果造成消费者无法在软件之间自由进行交易、使用，只能被迫作出一次性的选择，而这种一次性的选择作出后，通常来说消费者是不会经常变动的。因此，这种一次性的选择将原本可以与行为人软件共同出现在消费者日常选择范围的竞争对手的软件彻底排除出消费者的日常可选择范围，消费者原本享有的通过比较选取更优软件的权利也被排除，这必然会造成对竞争削弱和消费者利益的损害。

因此，如果实施软件排斥行为的经营者被认定为具有市场支配地位，则其软件排斥行为也构成《反垄断法》所规定的拒绝交易的行为，应当承担法律责任。

案例十九：媒体监督报道引发的名誉权侵权争议

——《中国改革》杂志社名誉权侵权案

案情整理及评析：杨安进

原告： 广州市华侨房屋开发公司

被告： 中国经济体制改革杂志社

一审： 广东省广州市天河区人民法院，（2003）云法民一初字第 1832 号

代理人： 杨安进，北京市维诗律师事务所律师，时任北京市优仕联律师事务所律师；浦志强，北京市华一律师事务所律师，代理中国经济体制改革杂志社

第一部分　基本案情

一、案件背景

原告广州市华侨房屋开发公司（以下简称"侨房公司"）是一家大型国有企业。2003 年 7 月 1 日，被告出版的《中国改革》在 2003 年第 7 期上刊登了由该刊记者刘某署名的《谁在分"肥"》的文章，并且被告还以"本刊关注：两种改制两重天"为题作了相关主题的评论文章。

原告认为，上述文章内容不实，该文章和评论损害了被告侨房公司的良好商业声誉，遂以侵害名誉权为由提起诉讼，要求被告立即停止侵权，赔礼道歉，并赔偿 590 万元。

二、原告主张

原告认为，被告刊登的文章《谁在分"肥"》及"本刊关注：两种改制两重天"中的不实报道严重损害了其名誉权，不实报道共有 9 处，如下：

（1）被告文章称，"广州华侨房屋开发公司'一块大肥肉'被几家公司转来转去，国有资产流失，企业亏损，职工下岗"。真实情况是：侨房公司在珠

实集团接管前、接管后及至 2003 年上半年，都未发生企业亏损，每年都有营利。侨房公司在珠实集团接管后没有一位员工下岗。

（2）被告文章称，"广州华侨房产开发公司被许多大公司所'钟爱'，优质资产被掏空，剩下的是企业的亏损和职工的无奈"。事实是：2001 年 5 月 31 日珠实集团接管侨房公司后，侨房公司仍然是独立的经营实体，从来没有失去独立法人的地位。更没有任何单位包括珠实集团从侨房公司调走任何资金，根本不存在优质资产被掏空的问题。

（3）被告文章称，"所谓改革的成绩：2002 年侨房公司的经营状况为 −2956.55 万元，而总经理年奖励 30 万元"。事实是：侨房公司 2002 年全年实现利润总额 632.9 万余元，总经理当年在侨房公司取得的奖金为 65500 元。

（4）被告文章称，"原公司老职工被辞退 30 多人"。事实是，珠实集团接管侨房公司后，仅有一人因经济问题被公司辞退，此外原公司职工没有一人被辞退，更谈不上辞退 30 多人。

（5）被告文章称，"未通过相关程序，集团以培训、借用资金等各种名义在侨房公司抽调资金"。事实是：珠实集团接管侨房公司后，没有用任何名义从侨房公司抽走资金。

（6）被告文章称，"一些老员工眼睁睁看着多年积累而未兑现的福利在改革中化为泡影"。事实是，侨房公司在管理中体现尊重人、理解人、关心人和爱护人的原则，解决了历史遗留的应付而未付的员工收入问题及离退休职工养老金问题等多年久拖未决的老大难问题，实施医改后又及时制定配套制度，帮助员工解决大病就医等问题。两年来，员工的收入有较大幅度提高，员工队伍稳定。

（7）被告文章称，"众多职工对这种既不能为企业增加效益，又给职工造成巨大损失的方式感到极为不满。据反映，在没有业绩支撑，企业严重亏损 900 多万元情况下，总经理依然拿年薪 30 万元的报酬，不与业绩挂钩，不需承担任何风险"。事实是：两年来，员工的观念和精神面貌发生了深刻变化，对珠实集团的接管认同、满意和高兴。2002 年及以前任何年份侨房公司都没有出现过亏损，更谈不上亏损 900 多万元；2002 年总经理没有拿年薪 30 万元的报酬。侨房公司 2002 年实现利润总额 632.9 万余元，企业领导人与企业业绩挂钩，总经理获得 65500 元奖金。

（8）被告文章称，"公司制定的一系列制度，如'员工守则''分配制度''转制方案''战略转移'等，都未通过职工大会同意"。事实是侨房公司有健全的民主决策机制。

（9）被告文章称，"既然由所谓的托管方面全部接管了企业党、政、工、人、财、物，那么托管与'兼并'也就没有了区别，甚至更便宜，因为几乎不用花任何代价"。事实是珠实集团对侨房公司是授权经营管理，不是托管。

三、被告主张

关于原告所提出的诉讼主张，被告认为，其文章中所表述的涉及原告的相应事实均具有相应来源，符合客观实际，所表达的观点均属于正常的言论和舆论范围，原告在起诉书中列明的诉讼请求以及所依赖的事实、理由，均缺乏足够的证据支持或法律依据。因此，请求法院驳回原告的诉讼请求。答辩意见共有三个大的方面，具体如下。

（1）被告主张其是密切关注中国改革的媒体，文章主要是关注宏观的国有企业改革。杂志社的着眼点是国有企业改革的不同方式导致的不同效果，并将这些现象报道出来，反映国有企业改革中国有资产状况和企业员工所遭遇的境地，希望引起国家和社会的关注。被告的报道并非孤立地着眼于侨房公司或珠实集团本身，更不是仅仅着眼于被珠实集团接管后的侨房公司，而是以涉及侨房公司的一系列改革历程为案例，从其并入华投集团、划转给珠实集团、由珠实集团授权经营等改革过程，系统地、全方位地披露和评述这种改革形式，这种经济现象以及所导致的结果。

（2）被告主张其文章中反映文章主旨的主要事实均属实，并提交了证据以支持自己的观点。

（3）被告有权利对原告的改革进行关注、调查和评论。被告作为一家长期关注中国改革尤其是国有企业改革的媒体，有权利也有职责对不断摸索前进的国企改革现象进行连续、深度的跟踪和关注，并选择案例进行研究。原告是一家历史较久的国有企业，其改革不仅涉及大量国有资产的命运，也涉及大量职工的命运。可以说，原告这类企业的改革不仅仅是其自己的事，也与国家和社会的公共利益相关。尤其是中国国企改革一直步履艰难，产生的问题很多，不仅值得媒体关注，媒体也应当予以关注。媒体的关注也许会损害某些人的利益，会阻碍一些暗箱操作，但这正是媒体的责任和价值所在，原告并不能强行要求他人对这一现象的评价和原告一致，也不能将不一致的观点就认定为侵犯其所谓名誉权。

四、法院观点及判决结果

（一）关于如何认定新闻报道内容的真实性

一审法院认为，界定新闻报道的内容是否严重失实，应以其所报道的内容是否有可合理相信为事实的消息来源证明为依据。只要新闻报道的内容有在采访者当时以一般人的认识能力判断认为是可以合理相信为事实的消息来源支撑，而不是道听途说甚或是捏造的，那么，新闻机构就获得法律所赋予的关于事实方面的豁免权，其所报道的内容即使存在与客观事实不完全吻合之处，也不能认为是严重失实。

在本案中，被告在其出版的《中国改革》杂志 2003 年第 7 期刊登的《谁在分"肥"》一文，是被告记者刘某根据原告的"2002 年度工作报告""职工代表提案及处理答复情况表""市总、市直机关工会调查来电整理""2000 年度职工大会续会职工意见归纳""《南方日报》编辑部第 49 期'情况反映'"等材料整理而撰写的关于原告企业经营和改革活动的报道。报道所依据的上述材料，在一般人看来均相信其为真实的，因此，《谁在分"肥"》一文所报道的内容虽个别地方与原告企业经营、改革的情况有出入，但其主要内容是以上述消息来源为依据，所反映的问题基本真实。原告主张《谁在分"肥"》一文所报道的内容严重失实，本院不予认定。

（二）关于如何衡量新闻机构的评论是否公正

一审法院认为，衡量新闻机构的评论是否公正，应当从其评论的对象是否与社会公共利益有关、评论依据的事实是否真实存在、评论是否出于诚意来考量。《两种改制两重天》《谁在分"肥"》所作的评论是以《谁在分"肥"》一文所报道的事实为基础，主要是关注国有企业改革中国有资产保值增值和职工安置问题，旨在褒扬能够使企业和职工都长远受益的好的改革举措，鞭挞导致国有资产流失、损害职工利益的改革思路。两篇文章以指名的方式提到原告的改革思路和改革活动，主要是将其作为一种现象来加以分析、评论，以集思广益，群策群力，维护社会公共利益，促进社会文明和谐。因而，被告在主观上不存在恶意或过失。

在评论中虽然个别用词略显尖锐激烈，使原告的形象和原告职工的感情受到一定影响，但被告的评论仍属于法律所允许的公正评论的范畴，其使用的语言亦不属于侮辱性语言，并无对原告人格进行贬损。应当指出，对于一种社会现象，应允许进行正常的、善意的批评、评论；法律所禁止的只是在批评和评论中使用具有侮辱、诽谤性言辞，并由此产生毁损他人名誉的后果。

（三）判决结果

一审法院认定，被告刊登的《两种改制两重天》和《谁在分"肥"》两篇文章不构成对原告名誉权的侵害，驳回原告广州市华侨房屋开发公司的诉讼请求。

一审判决作出后，原告未提出上诉。

裁判文书来源

一审：http://sports.sohu.com/20050627/n226090104.shtml.

第二部分　案件评析和代理感想

评析人：杨安进

一、本案的意义

长期以来舆论监督是一个重大而敏感的问题，不仅是新闻、社会问题，也是法律和政治问题。本案发生时，正值中国媒体舆论监督相对比较活跃、批评性报道相对繁荣的时期，也因此而使得媒体因批评性报道而广受关注和争议，甚至成为民事诉讼的热点。

本案的原告和审理法院都处于广州市。众所周知，广州的《南方周末》等媒体曾经是中国批评性报道的标志，广州的地域文化也倾向于对批评报道的宽容。

本案判决的意义，大体在于以下三个方面。

（1）确定了公民、法人（可惜新闻机构在此被作为一个普通法人）言论自由权利，并确定了言论自由权利是否恰当行使的标准：内容是否严重失实，评论是否公正，侵权事实是否发生等。

（2）确定新闻报道内容是否严重失实的标准：是否有可合理相信为事实的消息来源。只要以一般人的认识判断能力认为存在这些消息来源，新闻机构就可获得豁免权，允许报道的事实与客观事实存在差异，从而不认定为严重失实。

（3）确定新闻评论是否公正的标准：对象是否与社会公共利益有关，所依据的事实是否存在，是否存在恶意。

原告是当地的大企业，被告是北京的小刊物，这恐怕是当时大环境下所能作出的最好判决了，相信是最大限度体现了司法的良知。

如今，中国媒体监督的环境发生了许多变化，此类判决似乎日益少见。

二、媒体报道的真实性判断尺度

（一）关于媒体报道真实性的判断标准

新闻媒体在职业度的层面上与法律工作者有着类似的地方，都要求"以事实为依据"。

　　一个负责任的媒体，其文章所体现的立场、观点理当可以理直气壮地放在阳光下供人评说和检验，文章的主旨一定要有充足的、既能说服自己也能说服别人的正义性，这是贯穿整个文章和整个案件的灵魂，也是决定是非判断和案件胜负的基础性条件。离开这个条件，一切将可能无从谈起。

　　在此类的案件整个过程中，媒体要一贯坚持自己的立场，并围绕这个立场收集证据、阐述观点，不要仅仅局限于原告所起诉的几个零杂事件，从而使自己的视野也拘泥于这些具体事实，也不要因为这个案件过程发展的任何变化而任意改变和调整自己的立场。媒体不要从通常所说的赢得诉讼的小角度去施展小技巧，从而偏离自己的核心立场。从某种角度来说，这是媒体在诉讼中必须具备的骨气，也是最大的诉讼技巧。

　　比如，在本案中，笔者就是通过与文章的策划、撰写人员充分了解和分析文章的背景，将涉案文章的主旨确定为：关注国有企业改革中国有资产保值增值和职工安置问题，褒扬能够使企业和职工都长远受益并都充满生机的改革现象，针砭导致国有资产流失、损害职工利益的改革现象。在随后的调查取证中，这个主旨始终是指导思想，在庭审意见中始终坚持并反复解释、论述和强调这个问题。

　　笔者认为，新闻媒体机构不是职业的法律审判、执法或法律服务机构，对新闻报道的客观真实性的要求只能按照一般新闻规范的要求，而不能要求其绝对、准确地符合客观实际，更不能严格以法律程序中取证的标准（无论形式上或实体上）来要求。司法机关不能将确认信息的"绝对真实性"的义务加诸媒体身上，毕竟他们也不是专业的刑侦或者调查部门，那样的义务超出了合理承受范围。因此，新闻媒体和新闻工作者对于新闻报道中所表述的事实只要都有相应的新闻来源，而且作了适当交代，就应认定这些报道的内容是属实的。否则采访过程实际上就成为民事诉讼取证过程，记者职业也相应变成了法律职业。

　　抛开题述案件，笔者还是认为，作为一家报道具有专业性方向的媒体，其编辑人员在进行新闻编辑过程中还应对信息中明显与专业信息不吻合的伪信息予以剔除，这也是媒体当然应该承担的对信息内容予以甄别的职业义务。

　　在本案中，法院将媒体确认信息真实性的限度，确定为"只要新闻报道的内容有在采访者当时以一般人的认识能力判断认为是可以合理相信为事实的消息来源支撑，而不是道听途说甚或是捏造的，那么，新闻机构就获得了法律所赋予的关于事实方面的豁免权，其所报道的内容即使存在与客观事实不完全吻合之处，也不能认为是严重失实"，这个程度范围是非常合理的。

（二）媒体的举证责任及民事责任承担

关于对新闻媒体举证责任的要求，笔者认为，新闻媒体的最大特点在于满足社会公众的知情权，举证责任的分担应该遵循以下原则。

第一，对新闻报道内容事实部分有争议的，都应当由有争议的一方提供足够的反证，否则就应认定报道不失实，这时不应该由新闻媒体来举证报道属实的证据。

第二，在新闻媒体提供的证据中，凡是能证明报道内容确有新闻来源，并且根据来源的情况对新闻内容来源作了适当交代的，就应认定新闻媒体的证据是充足的。

第三，如没有证据证明新闻媒体存在恶意，则其民事责任应当减轻或免除。

简而言之，举证责任分配要考虑到新闻采访在接触和获取新闻事实的方式和手段上的局限性和特殊性，在举证责任上要有一个合理的分担。在按照上述原则合理分担举证责任之后，新闻媒体该承担的法律责任还是应该承担。

如果不采取上述做法，而是不恰当地机械照搬民事诉讼中最常见的"谁主张谁举证"的原则，要求媒体对报道中所涉内容的客观真实性提出法律上的证据，势必导致新闻媒体在做报道尤其是批评性报道时，要么始终需要国家机关或律师伴随、工作如履薄冰，要么就面临极大的职业风险，动辄成为败诉的被告。这两种情况最终都会导致新闻媒体无法正常工作，批评和监督的声音噤若寒蝉，舆论监督的社会职能最终被极大削弱甚至化为泡影。

清华大学特邀教授陈志武先生在其《媒体言论的法律困境》一文中，总结了国内传播法学界就新闻侵权领域达成的一些基本共识，"第一，当被报道的对象是公众人物（包括行政人员和其他行使国家权力的人）时，法律应向媒体言论权倾斜；第二，当报道的内容涉及公众利益时，媒体言论权应先于名誉权；第三，当报道评论的对象是一般公民或者内容无关公众利益（如私事）时，媒体言论权应后于名誉权；第四，当报道的对象是法人时，媒体言论权应优先于法人的名誉权"。❶ 笔者认为，上述原则理应在本案审理中得到体现。

庆幸的是，一审判决多少采纳了上述说法。但是，观点归观点，是否采纳、如何采纳也带有一定的偶然性。媒体在被诉时不能没有证据，那样就会失去自卫能力，将自己的命运完全交给别人了。

在本案中，由于作者积累了文章采访中的一些原始资料，并与被采访对象保持密切联系，在案件取证中得到了采访对象及时的实质性支持，才使得上述

---

❶ 陈志武. 媒体言论的法律困境 [J]. 中国法律人，2004（2）.

观点具有证据材料和证据规则上的可行性，使得律师免于做"无米之炊"。这些对于具体从事采编的人员可能具有一定借鉴意义。

三、对媒体批评性评论的容忍度尺度

媒体评论常常与言论自由紧密联系在一起，就如一审判决中所述："在评论中虽然个别用词略显尖锐激烈，使原告的形象和原告职工的感情受到一定影响，但被告的评论仍属于法律所允许的公正评论的范畴，其使用的语言亦不属于侮辱性语言，并无对原告人格进行贬损。应当指出，对于一种社会现象，应允许进行正常的、善意的批评、评论；法律所禁止的只是在批评和评论中使用具有侮辱、诽谤性言词，并由此产生毁损他人名誉的后果。"

我国传统上是一个中央集权制的国家，民间力量发育相对不足。媒体的社会属性使其在一定程度上具有相对独立于公权力的趋向。或者可以说，公权力和民间力量都有拉拢媒体向自己靠拢的动机。2005 年 12 月发生的北京《新京报》总编辑被撤换，2006 年 1 月发生的《中国青年报》"冰点"周刊被停刊整顿，多少算是例证。由此可见，我们一直强调和呼吁的对媒体批判性评论的容忍度，更多地体现为一个动态博弈生存空间的过程。

无论媒体批评性评论最终如何落地，究其本质和初衷须是积极的，立足于披露社会的黑暗面，促进社会良性运行。如果按照目的论考虑这个问题，大致可以从两个层面分析：第一个层面，批判性评论的立足点是积极正面的，但其揭露的社会现象过于尖锐，足以引起强烈的反对或者极大损害公权力机关的公信力；第二个层面，批判性评论的立足点本身存在问题。

如上文所述，媒体自身属性就决定其带有促进社会良性运行的背景和使命，如果媒体舆论的立足点是积极正面的，愿景也是社会体制运行的良性升级，那么就应给予较为宽泛的容忍度，因为这样的批评性评论既实现了媒体就社会现象发声的天职，也满足了其对社会角色的需求。同时，在该语境下，对媒体的容忍尺度有利于培养一种社会普遍的抗击打并接受批评的能力。

但是，如果批评性评论的立足点存在问题，就需另当别论了。

归根结底，批评性评论的质量，一方面决定于媒体从业者的职业素养，另一方面受限于植根社会公众的平均认知水平，两者相辅相成、水涨船高。社会公众对于纷杂的信息有了较高的认知和辨别能力，自然也就随之对媒体评论提出更高的要求；同时媒体为满足这样的要求，若想发展就必须进行自我修正提升，于是形成良性循环。所以，把对媒体批评性评论容忍度尺度的决定权交还给社会公众是良性且理性的选择，有助于社会迸发出蓬勃的生命力，并让公众有良性社会环境营造的参与感。

四、在现有规则框架内最大限度争取权利

案件既然已经被摆上法庭，就必须把这个案件放在当前中国的社会现实和司法审判现状的大背景下考虑。这样才能看到这个案件的真实处境。实现法治最基本的要求就是要充分运用法治的手段来实现，否则就会自相矛盾。

因此，尊重和充分利用现行民事诉讼制度，最大限度地行使作为被告的诉讼权利，以最大限度维护当前情况下所能实现的最大利益，就可能成为此类案件最好的选择。

笔者不主张过分将理念、理论或国外判例作为抗辩的主要力量或理由，这些东西可能很深奥、很崇高、很先进，但有的可能因为过于理论化的设计而导致悬在空中无法在现实中着陆，有的可能水土不服，有的可能仅仅是堆砌了一些新术语的老生常谈，这些被司法实践接受的难度相对较大。

诉讼是一个操作性很强的实务工作，要求有根据、有理由、现实可操作。超出现实的诉讼环境而谈其他是不符合当事人利益的。仅仅以激烈的、引人注目的言辞或能够自圆其说的理论来表达自己的想法或愿望，这在诉讼中是远远不够的。律师的努力就是充分权衡利弊、用最小的代价实现最好的结果。诉讼的过程虽也有一定价值，但结果对当事人无疑是最重要的。

当然，仅仅拘泥于现有的操作性的琐碎事务，而不作理论上的适当拔高，不积极主张司法中的一些改革和突破，也是不行的。尤其要借助当前社会条件下的有利的政治和舆论形势，掌握司法改革和法院、法官的动态，结合起来效果可能更好。但这方面应处于次要地位。

在现有框架内，我们可以在举证责任等问题上进行充分的解释、论辩，将自己的理念或思想通过现有框架和规则的形式表达出来，尽力说服。

在本案中，首先以充分、翔实的调查取证为基础，与采访对象多次沟通，并在开庭时以证人身份出庭作证。被告一共提交了 25 份证据，除一些匿名材料未被认定外，其余均被认定。正是这些证据，使法庭最终认定被告文章所依赖的事实具有合理可相信的来源，所反映的问题基本真实，驳回了原告的指控。

五、舆论监督引发的诉讼的未来发展

我国自改革开放以来，类似本案因批评和监督报道而导致媒体涉诉的案件已经屡见不鲜。从这些案例的经验教训可知，如果对新闻媒体的举证责任问题处理不当，就会产生负面甚至恶劣的社会影响。许多违法者就是在被批评和曝光后，通过对媒体打赢一场名誉权诉讼官司，从而转移公众和舆论监督的目

光，并在一纸胜诉判决的掩盖下逃避其应承担的法律责任，甚至肆无忌惮地继续从事违法行为。

纵观我国媒体监督历程，有几个清晰的节点。

2003～2004 年 8 月是一个阶段。这个阶段官方对舆论监督比较容忍，甚至主张大幅增加舆论监督报道的数量，因此出现了一个少见的舆论监督小高潮，其中最具影响力的案件之一是"孙志某案"。2003 年广州的《南方都市报》揭露被收容致死的大学生孙志某案，并直接导致实施了 21 年的国务院《城市流浪乞讨人员收容遣送办法》的废止。透过这件事情可看到当时媒体舆论监督的力量、胆识及社会担当所在。

在此阶段还涌现了一批极具社会影响力的舆论监督报道，如中央电视台《新闻调查》揭露中国音乐学院招生黑幕、农民工被拖欠工资问题，中央电视台《每周质量报告》揭露令人震惊的食品安全黑幕问题等。

自 2004 年 8 月之后，对舆论监督开始出现一些限制。有研究者认为，"2004 年 8 月，官方下达文件，严格限制批评党政系统和官员，尤其是禁止媒体进行跨地区的舆论监督。此后，官方对舆论监督的限制更加严格，一度仅有教育和医疗领域受到的约束较少"。❶

此后，虽陆续还是有很多较有社会影响力的舆论监督报道，如 2008 年关于三鹿奶粉三聚氰胺事件（《东方早报》）、哈尔滨警察打死学生案等，但与此同时，针对曝光者——记者的"报复性"打击恶性事件也在频发。如"辽宁西丰县委书记张某某下令抓记者事件"，2008 年 1 月 1 日《法人》杂志刊发了记者朱某某一篇名为《辽宁西丰：一场官商较量》的文章。3 天后，西丰县公安局和政法委工作人员携带立案文书和拘传文书，到北京《法人》杂志编辑部要求拘传记者朱某某。

再如名噪一时的"山西假疫苗案"。2010 年，记者王某某在《中国经济时报》发表的调查报道《山西疫苗乱象调查》引起社会轰动，而王某某也因为这篇报道丢了工作，关于王某某如何失去工作的细节虽无法考证，但众多业内人士猜测其前述调查报道与失去工作之间存在密切关联。

一时间，记者几乎成为"高危职业"，舆论监督再难"轻装前进"，面临风险越来越复杂。其中，不仅媒体败诉的民事纠纷已属常见，如"农夫山泉诉《中国新闻周刊》案"；更严峻的是，记者面临的刑事责任也成为现实，如上文提到的辽宁西丰县进京抓记者案，以及 2010 年浙江省遂昌县公安局对发布监督报道的《经济观察报》记者仇某某网上通缉案。

---

❶ 展江. 新世纪的舆论监督 [J]. 青年记者，2007 (6).

　　然而，同时也出现了另一派景象。2018 年，山东省开始大举推行"媒体问政"，主张"省级新闻单位要进一步加大舆论监督力度"，引起业内广泛关注。2019 春节后，山东省再次提出要创新"公开监督"机制，推行"电视问政""网络问政"，把评判权交给服务对象和群众。

　　"媒体问政"与舆论监督是不是一回事？媒体在错综复杂的环境下，到底如何权衡其职业良知，民事、刑事法律责任以及组织纪律责任的风险，类似山东省政府这样伸过来的热情的双手，以及社会公众的强烈渴求这四者之间的关系是什么？

　　只能说，媒体监督性报道和批评性评论，面临更加复杂多变的法律和政策环境，法律风险的可预见性较差，甚至并非法律适用就可以预测的。

技术转移

案例二十：跨境技术和知识产权转移项目中知识产权律师的角色

案情整理及评析：杨安进

【项目简介】

限于保密的需要，除公开信息外，笔者无法透露和阐述有关项目的更多信息和见解。

项目一：

转让方：卢森堡保尔沃特公司

受让方：中国冶金行业部分企业

转移标的：炼钢炉炉顶设备相关技术和知识产权

项目主办律师：杨安进，作为技术受让方中方首席律师，代理中方全程参与谈判、完成交易

1. 项目概况

自 1997 年开始，鉴于中国对钢铁的大量需求必然带动钢铁企业炼钢炉技术的大量需求，卢森堡保尔沃特公司作为该领域的技术领先者，与中国相关主管部门达成协议，由该公司向中国合作企业提供高炉炉顶设备技术，卢森堡方从产品销售中获得技术许可费。

在长期的此类合作中，中国的机构和国企改革发生巨大变化，中国钢铁企业同样发生翻天覆地的变化，高炉炉容越来越大，对高炉技术的需求也发生很大的变化。

同时，卢森堡方开始组建中国的生产和销售渠道，而中方也在此期间不断开发新的技术和产品。双方于 1997 年时确立的合作模式和分配方式面临着客观形势的巨大变化而带来的冲击。

杨安进律师代表中方全程参与处理此事，通过确定"谈"与"打"的总体策略，为双方如何在全新的商业环境下妥善处理此项技术和知识产权交易作出自己的努力，并最大限度维护了中方的知识产权等商业利益。

在此项目的处理中，双方实现了市场共赢：卢森堡方向中国的技术转移获得了长时间的丰厚回报，并将通过在中国市场的自行运作而继续获得收益；中

方在此过程中的学习和再创新，合法获得相应的大炉容技术，也为其产业和技术升级和可持续发展奠定坚实的基础。

2. 项目效果

大炉容的高炉炉顶技术，一直是制约中国高炉技术发展的一个瓶颈。中方在与卢森堡方的长期合作中，通过对对方技术的引进、学习和再创新，合法获得相应的大炉容技术，并基于此较高的起点进行后续研发，使中国高炉炉顶技术受制于人的局面得到彻底改观。

与此同时，卢森堡方通过与中方的合作，得以顺利进入中国庞大的炼钢炉市场，并在中国钢铁产业发展最迅猛的阶段，使其技术和产品顺利进入中国的最终用户，一方面通过技术许可费获得高额收益，另一方面通过产品销售继续获得利润。

双方通过此项目，彻底解决了过去十余年因客观情势发生巨大变化导致的双方合作中的问题，使双方得以在共同的市场领域，各自在新的市场和技术起点上展开平等竞争与合作，实现行业良性发展。

3. 项目感想

（1）大型跨境技术和知识产权转移项目需要真正实现双赢。

这个项目的特点是：在中国改革开放初期启动，历史较长，技术比较复杂，金额较大，对钢铁行业的影响比较大。

律师从事此类技术和知识产权跨境转移项目，首先要站好定位：一方面代表客户利益，为客户利益的最大化而努力；另一方面要考虑到此类项目涉及面大，要促使项目顺利平稳实施，还得考虑国家政策、技术提供方的关切等诸多方面。

归根结底，此类项目应当通过法律框架的设计、商业谈判等方式，真正实现共赢，在共赢的过程中寻求达到一些微观和宏观的目标。

（2）对于合作中出现的问题，要以建设性目标为主，"谈"和"打"都只是手段，不是目的。

此类技术转移项目不仅涉及法律问题，还涉及复杂的技术、知识产权、产业等方面的问题。

由于中国产业的快速发展，在长期的合作中出现一些因客观形势导致的问题也很正常。但无论出现怎样的问题，其解决的思路都应立足于最大限度的共赢，而非哪一方通吃。

如果问题比较尖锐，难免会出现边谈边打的情形。但是，"谈"和"打"都只是手段，最终目的都还是要实现双方共赢。这是律师在办理此类复杂业务中特别需要注意的方向性、战略性问题。

因此，在此类项目中，如何兼顾客户利益最大化、共赢、建设性、长远利益和短期利益、局部利益和全局利益等因素，对律师不仅是专业技能的考验，也考验律师对产业的熟悉程度，对国家政策的理解，对行业的整体把握等方面的智慧。

（3）反思"以市场换技术"策略。

"以市场换技术"是中国改革开放初期的策略，目的是以市场准入为代价，换取中国当时所急需的技术。因此，类似本项目一样，当时在全国很多领域都展开了类似跨国合作。

但是，斗转星移，真正以市场换得技术的产业，似乎不多。以为国人所诟病的汽车行业为例，几十年过去了，中国汽车市场几乎被外国品牌所垄断，那些进行合资的中国国有汽车企业，利用自身体制优势和市场优势，在中国汽车普及最快的黄金年代，向外方提供了无比广阔的汽车消费市场，但回过头来并没学会如何造车，其不时冒出的自主品牌汽车，在市场上只具有象征性的意义。相反，那些没有在早期获得"以市场换技术"改革红利的汽车企业，反而像模像样地以自主品牌汽车占领了市场。

究其原因，有些人说是因为汽车行业挣钱太容易，所以合资企业的中方就放弃了艰苦的研发耕耘，利用体制壁垒和市场优势满足于简单地挣傻钱、快钱，不思进取，最后丢了市场也没积累到技术，导致国家"以市场换技术"的策略落空。

这个说法不能说没有一点儿道理，就本项目而言，正是由于中方长期处于正常的市场竞争环境下，没有体制壁垒可依赖，反而专心于技术的引进、吸收和转化，最终得以摆脱路径依赖，与外方在市场上平等竞争。反观一些车企，如果摆脱外方独立在市场经济环境下谋生，恐怕会被市场无情淘汰。所谓生于忧患、死于安乐，这个项目可作为注脚。

项目二：

技术转让方：美国 AMD 公司

技术受让方：天津海光公司关联企业

转移标的：AMD x86 架构高性能 CPU 相关技术和知识产权

项目主办律师：杨安进，作为技术受让方中方首席律师，代理中方全程参与谈判、完成交易

1. 项目概况

2014 年左右，美国 AMD 公司与中方就高性能 CPU 技术和知识产权合作事宜开始接触。

经过长期艰苦谈判，双方就服务器级别的 x86 架构的高性能 CPU 技术合作事宜达成一致，由 AMD 向中方进行技术和知识产权深度转移。该款 CPU 将

在中国生产。中方组建天津海光公司等主体开展此项合作。

杨安进律师代表中方全程参与谈判，为双方互利合作完成此项交易作出自己的努力，并最大限度维护了中方的知识产权等商业利益。

2018年7月10日，据"今日头条"引用美媒报道，上述项目已经开始生产"禅定"系列x86 CPU样品。

AMD在中国经营数十年，上述项目是双方基于各自的战略发展考虑，在自愿协商的基础上达成的商业合作，无任何强制因素介入。该项目有望极大改善AMD的营收状况。

2019年6月，美国商务部宣布，将把四家中国公司和一家中国研究所列入"黑名单"，也就是所谓的美国实体清单。清单中包括中科曙光公司、天津海光公司、成都海光集成电路公司、成都海光微电子技术公司、无锡江南计算技术研究所。报道称，列入黑名单的理由是它们对美国的国家安全或外交政策利益构成风险，将被禁止购买美国技术和组件。上述五家企业都直接或间接参与了中国超算芯片的研发。

其中，本项目即为上述部分主体的核心业务之一。美国政府的做法，将使双方合作项目变数增加。

2. 项目效果

在中美贸易战的大背景下，历经中兴通讯、华为等事件，芯片似乎成为中国经济的痛点。尤其是高性能CPU，是许多高技术产业应用的基础。缺乏自主可控的芯片，不仅制约产业发展，也制约安全问题。

该项目使AMD尽快摆脱经营困境，从而为未来的发展谋得战略机遇。同时AMD也可以通过该项目在中国的市场运作而获取相应收益。

中方则可通过此项目，一举接近较高性能CPU的核心技术，避免了完全自己摸索而付出的时间成本，同时也避免了购买芯片产品所导致的安全及后续发展等问题。

3. 项目感想

（1）综合技术转移项目对知识产权律师提出更高要求。

这是一个比较复杂、金额较大的技术和知识产权跨境转移项目，目的在于通过互利共赢的模式，使双方在CPU领域开展更深层次的商业合作，以利于彼此长期发展。

此类技术转移项目不仅涉及法律问题，更不仅仅涉及知识产权问题。此类项目的成交和顺利落地，很大程度上取决于各方对相关技术和产品市场的深刻理解，以及基于产业的长期互利合作而形成的关切，寻找各方合作共同点。

同时，合作模式及具体法律架构，是决定此类项目落地后能否正常运转的关键，这是处理此类技术和知识产权交易项目时首先要面对的结构性问题。

除此之外，出口控制、反垄断等合规事项，也会对交易的进行产生影响。

简而言之，产业、技术、知识产权、合规、政策等诸多因素，构成此类项目中对律师团队综合能力的考验。

（2）反思法律制度与价值观。

由于中国的法律制度完全由清末通过日本从西方移植过来，而知识产权法律制度更是师从西方不远。因此，在法律制度领域，"西方为师"长期在中国人的心理上占据潜移默化的角色。

正因如此，法律制度中所贯彻的一些理念和价值观，如诚信、公平、法治等，似乎也因此而自觉不自觉地形成"西方为师"的心理暗示，似乎西方比中国更加讲究诚信、公平、法治。

在相当长的时间内，这种感觉似乎是对的。

但从本项目情况看，一个在奥巴马政府时期合法签约、合法技术出口的项目，换了个政府领导，就一纸令下终止合作。要知道，这种巨型的技术转移项目，非一朝一夕能够完成，需要双方为此付出长期的合作努力，中方也为此付出巨大代价，一发而不可收。终止合作，无异于撕毁合同、废弃项目。这种做法似乎与诚信、法治、公平的理念相悖。

以前经常看到媒体上批评有些地方政府，在招商引资时什么都好说，而一旦资金到位项目落地，就开始"关门打狗"，人们对这种毫无诚信的做法常认为是地方恶习，对此嗤之以鼻。

现在，似乎美国政府对这个项目也要"关门打狗"了。

我们仿佛隐约看到，制度归制度，价值观归价值观。知识产权、技术控制、国家安全，都是制度性工具，哪个好用就拿起来用。其实，归根结底，价值观也是工具，想用的时候就拿来用，哪种好用就用哪种。人都是两条腿，阳光之下无新鲜事。那种以为实施了某种制度就意味着持有某种价值观的简单想法，在事实面前经受不了严峻考验。图穷匕见，一个想象中的道义上的"模范生"形象，可能就此坍塌，转型回归到本原。❶

---

❶　本项目公开信息来源：

①https：//article.pchome.net/content-2048631.html https://new.qq.com/omn/20181008/20181008A1EZII00.

②http：//mil.news.sina.com.cn/2018-07-11/doc-ihfefkqp9887917.shtml.

③http：//news.mydrivers.com/1/632/632908.htm.

④https：//new.qq.com/omn/20190622/20190622A089E7.html.

⑤https：//kknews.cc/finance/l9bqlv9.html.

⑥https：//technews.tw/2019/06/25/sanctions-sugon-shock-intel/.

延伸阅读：知识产权运营：要热闹，更要实效[*]

杨安进

近年来，随着中国专利申请量进入一个阶段性顶部（每年 200 万件左右），一个新的词汇开始流行，叫作知识产权运营。各路神仙纷纷围到这口锅的周围，张开了各自的胃口。

一、五花八门的"知识产权运营"套路

套路一：买卖专利，也就是选出一些专利，通过网站或其他渠道发出去，吸引人来购买。

其实，你要是自己花钱办企业，会雇人天天到网上去买专利吗？就算要买专利，国知局和 WIPO 网站都有免费公开的完整著录信息，客户为什么要去找这个搞知识产权运营的人呢？他是比我更懂技术还是更懂产业？这样的套路主要出现在早期，但因为过于原始和低级，被越来越多的人识破，逐渐失去了市场。

套路二：名为知识产权运营，实为股权投资。

这种情况下，投资人往往是对某个创新项目产生兴趣，并基于对其技术的认知而进行股权投资，其间即使有少量的知识产权担保，那也只是为了使这笔投资带上"知识产权运营"色彩而进行点缀。这种情况与普通的股权投资并无本质区别，为什么要打着"知识产权运营"的旗号呢？大部分是因为投资人想从"知识产权运营"这口锅里捞点额外的食物。

套路三：向权利人提供权利获取过程中的成本支持，从而试图享有权利的一部分收益。

最常见的例子，就是某项技术确实不错，但是向国外提出申请，则需要一定的资金，而权利人可能拿不出这笔钱，或者不愿意拿出这笔钱，于是有投资人帮着出这笔钱，作为对价，以后该专利获得收益（比如转让、侵权诉讼赔偿等）时投资人将享有一定的份额。

这就是广受争议的 NPE 模式，但其实属于最接近知识产权运营本质的一

＊ 本文成稿于 2017 年。

种模式。如果投资人真的愿意拿出自己的真金白银来做这件事，倒也不失为一种对创新的鼓励。只是这种模式对投资人的专业素养要求很高，风险也非常大，真正有能力有胆识能够玩得转的投资人实际上极少，故在实践中并未成为一种主流模式。

套路四：知识产权融资，最常见的是知识产权质押融资。

不过，你不要以为银行那么傻，你拿着专利证书去银行，把自己的技术方案进行一番路演，银行一高兴就放款给你。银行往往是不懂这些专业知识的，甚至也不需要很懂，银行关注的是有没有看得见的担保。所以这种模式的核心在于知识产权之外的担保，而不是仅凭知识产权的质押。谁愿意提供担保，谁就意味着要承担知识产权质押的风险。目前而言，担保往往并非来自私人资本，即使来自民间资本，往往又需要知识产权权利人提供股权担保，搞来搞去实际上最终还是股权投资，知识产权反而像个幌子。

从上面几种套路来看，所谓"知识产权运营"，其实都充满投机色彩。当然，投机并非一定是坏事，你只要是拿着自己的钱，愿意怎么投机都是你的自由。问题在于，那些打着知识产权运营旗号而实际进行股权投资的人，真正看中了锅里的哪块肉呢？

在房价如火如荼的情况下，嗜利的私人资本有多少会放着看得见的钱不挣，而去学雷锋雪中送炭，一猛子扎向"知识产权运营"这个充满不确定性的未知领域呢？这其中必有蹊跷。

二、知识产权自身的特点决定了"运营"的套路

知识产权运营的核心是知识产权交易，本质在于知识产权作为一种资产在市场上流通。而知识产权交易的核心问题就是如何对知识产权定价。

知识产权并不是一种标准化的资产，对其定价存在高度的专业性和相对性。

专业性表现在：要认知其价值，不仅要清楚地认识该知识产权本身的状态，还要非常清楚地认识与该知识产权相关联的（比如竞争性、替代性、融合性）知识产权的状态，并且要对产业现状和发展趋势有较清晰的认知。没有高度的专业性，就难以对其定价。

相对性表现在：其权利的相对不稳定性，价值随产业的发展而变化，以及对不同主体的价值存在巨大差异，实际上就是指知识产权价值的高度动态特性。权利的相对不稳定性不必赘言，因为专利商标都可能被无效。当手机出现后，BP机的专利价值就迅速贬损。而IBM商标，在科技领域就很有价值，但是如果给一家餐馆用，可能就没有什么价值。

就知识产权的价值相对性而言，评估师事务所搞所谓知识产权评估就显得有点滑稽。一个评估报告，在某个时点确定某项专利的绝对价值，基本毫无意义，连参考价值都没有。如果谁参考了这类评估价值，只可能是两种情形：一是非市场因素在起作用；二是实在不懂行。

知识产权的上述特点，就决定了真正的"知识产权运营"必须是市场主体在市场机制下自发的行为，政府在其中的作用只能是维护秩序，最多是政策催化，而不宜捋起袖子做带头大哥。政府可以对有生育能力的人计划生育，而对没有生育能力的人，就没有必要搞计划生育政策了，让他自己治病去就好了。

三、不同类型的知识产权"运营"规律不一样

从交易双方而言，单纯交易知识产权，往往很难满足市场主体真正的交易目的，而往往要将知识产权与技术、产品、市场等打包交易，才能真正满足市场主体的知识产权交易目的。比如，联想收购 IBM 笔记本电脑业务，如果仅仅买个 ThinkPad 商标是不会取得成功的，必须连同产品、市场渠道甚至团队等一并购买。

就商标而言，相对来讲其独立性稍强，也就是说，独立交易的可能性稍微强一点，但总体上无法离开产品和市场渠道而存在。因此，基于商标的交易，应该与产品、市场渠道等捆绑交易，只有非常特殊或非常低级的情况下，才会单独进行商标的交易。

就版权而言，其独立性有时比商标更强，尤其是文学艺术类的版权，可以单独交易。比如某个好莱坞大片的引进权，往往就很值钱，可以单独交易。但是，对于技术类的版权，比如计算机软件，除独立功能软件的许可外（比如 Office 软件，杀毒软件等），往往就很难单独交易，而是更类似于专利。

专利的交易独立性最差，因为单独的专利技术方案对企业基本是没有价值的。现实中看到的单独的专利交易，往往发生在非常特殊的情况下（比如因为发生侵权行为从而支付一笔许可费），在正常情况下不会拿着专利单独交易。专利的交易，通常伴随全部技术（含专利、技术秘密，重点立足于技术实现方式和技术指标）、产品、市场的捆绑交易，甚至包括股权投资交易。

目前社会上表面看到的专利独立交易，本质上是侵权赔偿。无论是侵权案件中的许可、转让，还是以侵权诉讼赔偿为背景支撑的专利交易，本质上是专利侵权赔偿问题，而不是资产交易问题。

企业真正感兴趣的首先是业务（包括市场、产品、商誉、技术、团队等综合因素），其次是成熟产品（包括产品、技术、生产、团队等），再次是成熟技术（包括技术、团队、知识产权等），最后才是专利。

技术是专利的妈妈，离开了技术和产品，专利就成了孤儿，难以独立成长；即使长成人了，也会很脆弱，就靠偶尔咬一口别人手上的面包为生。所以，那些关起门来凭空"憋"出一些专利，试图某一天瞄上个大公司而发笔横财的极端投机客，还是趁早洗洗睡了为好。

总而言之，真正的知识产权交易往往伴随着业务的并购而产生，而非把知识产权拿出来单独交易。

四、笔者所看到的真正的知识产权"运营"

近年来，笔者也实质性接触参与了一些技术交易项目，如果这些也可以叫做知识产权"运营"，笔者看到的是以下情景。

案例一：

2015 年习近平总书记访美时，中美签署了一个大型技术转移项目，就是 AMD 向中方转移 x86 核心技术。笔者与同事代表中方全程参与该项目的谈判和最后法律文件的起草、签署。

这项技术转移项目涉及数量庞大的专利和非专利技术，并且双方划分了产品和地域市场，并对技术团队做了安排，是个总体交易，而非单独知识产权交易。这是个典型的技术交易项目，交易价格完全由双方根据各自经营状况、对市场的判断而协商作出，以"许可费＋特许费"的形式，而非基于评估。

案例二：

2008 年，笔者代表某央企处理与欧洲某企业之间关于炼钢炉炉顶技术的一揽子技术转移事宜，涉及 200 多项专利及数量庞大的非专利技术，双方进行市场划分，以"许可费＋特许费"的形式支付对价。

上述两个案例共同说明以下问题：

（1）知识产权交易不是单纯的知识产权问题，而是伴随着全部技术、产品、市场、团队的"一揽子"交易，这样的交易才符合市场规律，才能取得成功。

（2）知识产权的交易价值由双方根据各自经营状况、对市场的判断而协商作出，这是由知识产权这种财产的价值属性所决定的，因为知识产权的价值是相对的、动态的，这种作价方法也最能被市场所接受。而基于评估作出的绝对价值，往往都会在市场上失真，从而失去指导交易的作用。

案例三：

笔者所在的律所有一个小客户，总共有 8 名员工，从事音视频传输领域研究，每年能从向国外的技术转移中获得数百万美元收入，但在国内以知识产权融资时遇到一个最大的困难，就是被盗版的风险。由于投资人都发现，一旦该软件被盗版，竞争对手就很容易跨越技术门槛而快速参与竞争。鉴于此风险，投资人对此项目都兴趣不大，一个好端端的高技术项目无法做大做强。

上述案例说明，知识产权的保护对知识产权的交易安全有直接的影响，并且对知识产权的价值影响虽然无形，但具有决定性意义。

就专利和技术的关系而言，技术是产品和市场的基础，专利只是用来保护技术的法律措施。或者直白地说，技术是用来做产品卖钱的，专利则仅仅是用来打人或威胁打人的。

所以，如果我们的企业没有能拿得出手的技术和产品，谈知识产权就是个笑话，谈知识产权"运营"就更是天方夜谭。

或者简而言之，技术和产品好比是一个小区，专利则是这个小区的保安。盲目申请专利，就属于"没有建小区但先聘请一堆歪瓜裂枣的保安"，而这种情况下的专利运营就相当于"我不卖房子但卖保安"，而政府操刀的专利运营就相当于"我不知道你有没有房子但我估计你需要保安"。

知识产权运营怎么区分真搞还是假搞？拿自己的血汗钱搞才是真搞，其他搞法都是假搞，要么是一个庞氏骗局式的博傻游戏，要么有可能沦为对国有资金分肥的集体狂欢。

五、公共财政资金不应再成为"知识产权运营"的唐僧肉

从上面分析的知识产权运营的模式和知识产权本身的特性可以看出，但凡有点理性的私人资本，基本不会参与"知识产权运营"这场高风险、收益却充满不确定性的盛宴。

这样一来，"知识产权运营"这口锅里的肉，基本就只剩下国有资本和公共财政资金了。文首分析的某些股权投资者也趁机高举"知识产权运营"大旗，看中的也许就是锅里的国有资本和公共财政资金。

很显然，近年来迅猛增长的专利申请量并不意味着中国企业的创新能力也在普遍地同步迅猛增强。这其中，以公共财政资金为背景的人为政策因素是至关重要的推手。政府这种追求专利申请量 GDP 的做法，利弊尚待历史验证。

在专利申请量 GDP 上去之后，最理想的逻辑当然是证明我们不仅有数量，而且有质量。这样，对知识产权运营 GDP 的追求又呼之欲出。各级政府部门纷纷拿出资金，证明我们的专利质量已经好得让市场迫不及待要搞知识产权运营了。这种追求知识产权运营 GDP 的做法，利弊也尚待历史验证。

六、创新与知识产权需要埋头做艰苦细致的工作

知识产权成果总体上来源于创新活动，而创新活动是长期的踏实细致的工

作日积月累的过程，而不是轰轰烈烈的运动。

创新活动不仅高度依赖于解放思想、破除人文禁锢的体制，也需要成熟的市场和法治环境，需要政府引导市场主体形成正确的创新观念。

笔者毫不否认政府在引导创新和知识产权活动中的重要作用，没有政府带头敲锣打鼓，很多事情也不好弄，但政府如何发挥作用却大有讲究，空间也非常大。具体来说，政府可以做的重要事情可以包括以下方面。

第一，为企业营造良好的市场和法治环境，引导企业静下心来踏踏实实地做工作，而不是一门心思想着争项目、争资金。

第二，把有限的政府资金用在急需的企业，尤其是中小企业的身上。

中国女排 2016 年奥运会夺冠后，主攻手朱某的老家官员立即凑上来，送上"最美家庭""无坚不摧"等牌匾，急于"与有荣焉"，而他们对朱某成长过程中的各种困窘却视而不见，这种做法被《人民日报》文章斥为"少些套路、多点真诚"。

其实，知识产权领域何尝不是如此。据统计，2012 年政府资金资助的研发投入中，投给中小企业的资金平均每家每年只有 354 元，而给大企业的资金平均每家每年达到 77073 元。许多中小企业可能连申请专利的费用都有困难，这时政府伸出援助之手，就最大限度发挥了公共财政资金的作用。

如果说大企业是三峡水库、小浪底水库，中小企业就是三江源的无数涓涓细流。创新和知识产权的源头和根本动力都在中小企业，尤其是中小民营企业。这些数量庞大、吃苦耐劳、脆弱而又顽强的市场拼搏者，如同江河的源头，重视他们不见得产生什么立竿见影的轰动效果，但忽视他们却迟早会带来灾难。而这正是政府职责所在。

第三，切实做好知识产权保护工作。知识产权的保护状况貌似看不见摸不着，但对知识产权的交易安全有直接的影响，并且对知识产权的价值产生决定性影响。所以，加强知识产权保护，几乎是现阶段政府永远的任务。

2016 年 4 月 27 日，轰轰烈烈的"4·26 世界知识产权日"刚过，笔者在北京某知名商场拍到如下商品的照片：

这是什么牌子？

阿迪斗斯？

新乔丹？

　　确实，与发放资金相比，进行知识产权保护是一个长期、艰苦而得罪人的工作。但如果这种基础工作没有落实，其他工作就只能望梅止渴，如同建筑在沙滩上的大楼，不仅价值大打折扣，还会损害政府的信用，从而带来危险。

　　总而言之，就中国目前创新和知识产权发展阶段而言，最需要做的事情就是踏踏实实做研发，做出好的产品，扎扎实实进行知识产权保护，将着眼点放在中小企业这类创新能力的释放和支持上。对于"知识产权运营"这样高端的事情，那是富贵人家的事，政府不必担心，留给法治和市场去自发调整就行了。我们不能还没学会走，就一起去赛跑；更不能自己不养猪，但大家都拿着屠刀对着虚拟的猪天天比画。

讼师二十年散记

（代后记）

杨安进

有人说，你明明是律师，为何在此自称"讼师"？传统讼师，如从春秋时期"设无穷之辞，操两可之说"的邓析算起，到清末，有两千余年历史。而现代律师，从清末算起至今刚足百年，如果刨去期间没有律师制度的三四十年，则现代律师从业不足百年。

单纯从事务操持看，传统讼师与现在的律师有很多相同之处，尤其是诉讼代理事务，是两者共同的核心业务。从社会角色看，传统社会受贱讼文化影响，讼师基本属于社会边缘化角色，与现代法治理念下的律师存在一定区别。但是，中国文化一脉相承，社会治理亦循序渐进，故讼师与律师之间亦有革故与传承。

因此，在此历史背景下，以两千年讼师与数十年律师相比，称为"讼师二十年"，非文字游戏，实为尊重历史。

一

1998 年，我扔下电烙铁、万用表，在所学的电力电子技术领域毫无建树，四顾惆怅，走上律师之路，至 2018 年刚好 20 年。

20 年回首，竟发现一切都如菠菜豆腐汤般寡淡，学无长进，财未多敛，顿觉空耗光阴，毫无纪念意义，不就着点榨菜，实在无法回忆。

但是，二十年不短，足以让一个新生儿成长为嘴上冒出些许绒毛的精壮后生。二十年社会潜移默化而成沧桑变迁，如果什么都不写，本着这种责任感，于长年累月的鸡零狗碎中，择其要者记录一二，似乎又显得责任重大、使命光荣。

我始终认为，人到了一定年龄（比如 55 岁左右），就不适合打官司，尤其不适合专职打官司，此诉讼律师之谓，简称讼师。

在中国人传统观念里，这种年龄的人，应该老成持重，慈祥平和，遇事微笑颔首不语而自威，以自己的阅历见识，以及品德声誉，即可服人。

设想一下，一形容枯槁老者，摇苍薄之唇、鼓混沌之舌，张残牙暮齿，喷唾沫于公堂之上。手如鸡皮，气若游丝，拖残肢败腿，喘息于法院楼上楼下。

与对面后生逞口齿之快，对庭上法官献谄媚之容。携昏聩之智为雇主争强斗胜，以肾虚之躯陷无底诉讼深渊。

讼争不和，难免龃龉。如择吉日出门，开庭祥和，则尚可。如未翻黄历而擅出，诸事不顺，或于安检时被撕裤，或于庭审时被拖出。诉争情急处，如果法官修为好，念你年高，多予宽容，则便好。如遇性情暴烈者，轻则呵斥，重则辱骂，则满腹民法刑法、民诉刑诉，顿时化作秽物，于腹中发酵搅动，胃肠内不明气体四处乱窜，难忍之下，如释之于法台之侧，震响于公堂之上，成何体统！

平生所学、一世清名，毁于如此场景，人生悲催，有甚于此乎？当初法治理想，唯余咬牙切齿于庭上，捶胸顿足于人前，除了留一个"身残志坚"的评价传世，检视其余，则不堪入目。

古人云，少不为判官，老不为讼师，此之谓也。

二

少时生长在农村，见农家娶亲场面，甚为宏大复杂。事主家长必提前数日于灯下掐指筹划，如何显示体面，如何搞好外交，何人要请，何人不请，何人坐主桌，何人撑场面，均一一落实。

至迎亲当日，必早早洗面更衣，洒扫庭除，接礼钱、打招呼，精神焕发。又于紧要处仔细叮嘱，何时吹唢呐，何时燃鞭炮，何时上菜，均分毫不差。

如此盛事，必要牺牲一头猪，吆喝尖叫之间，既壮声势，亦飨宾朋。这头猪，牺牲得重如泰山。

诉讼中，有的案件，法院要搞庭审直播，甚或有领导旁听，摄像机林立，旁观者人头攒动，其盛况有如农家娶亲，甚为忙碌壮观。

只是原告和被告均蒙在鼓里，不明就里，彼此都以为对方就是那头要牺牲的猪。虽如此，哪方将成为猪，亦并非毫无痕迹可循。法院虽为主事方，其心中胜负已定，只是秘而未宣，但其场面亦需诉讼两造成全衬托，方得圆满。如一方明显以为将输而拒不配合法院，比如开庭缺席，或衣冠不整，则对法院为莫大憾事。法院因担心输方不出席盛事，潜意识中对输方往往特别客气。

通晓此理，则此类盛事前，如蒙法官百般宽和优待，则切不可暗自窃喜，此乃大祸将临之兆，其状如人之临终而获宽慰之语。

其实，我倒是以为，双方讼师更像伴郎伴娘，虽非事主，但身处事主身边，隔夜自费梳洗打扮一番，开庭时，众目睽睽之下，或正襟危坐使尽丹田之气，或搔首弄姿制造花絮谈资，就难免被摄像机捕捉，播之于各种踢威，亦与有荣焉。

早年一案，我方即成为盛筵中的那头猪，光天化日之下完败。开庭毕，摄像机作鸟兽散后，审判长下来与我握手，做恍然而有歉意状，曰：对不起，杨律师，我不知道这个案子是你代理的，要不就不选择这个案子直播了。

呜呼！直播开庭前已经交换证据若干次，模拟庭审若干次，彼此耳鬓厮磨良久，竟称不知道我代理此案！法律共同体，此即为鲜明写照也！

只是这般淳朴可爱、复杂得如此简单的法官，现在似乎也不多见了。

说起所谓"法律共同体"，我一向不以为然，认为是不存在的，短期也难以存在。何也？所谓共同体，乃以共同价值观、共同信仰形成的共同利益为纽带。而法治价值观、信仰，恰为中国稀缺之物。唯余共同利益，才能勉强形成共同体。

"共同体"的基本心理状态应该是"兔死狐悲、物伤其类"。一个警察被抓，同类皆同仇敌忾，红了眼睛，这才是共同体的初级形态。公、检、法、律，无共同利益，行为模式迥异，只有共同专业，其关系如同养猪农户和国有肉联厂，称为"法律职业圈"更为妥帖。

非共同体关系，并非即为对立关系。彼此切磋技艺，以友相待，亦为善事。惟"共同体"之谓夸大共同属性，掩盖本质差异，贻害后生，实不足取。

三

据史料记载，1913 年宋教仁命案发生后，上海地方检察厅公开传讯国务总理赵秉钧。赵虽称病不去，但还是正式答复予以解释："惟民国立国精神，首重司法独立，而尊重司法官意思，即为维持司法独立之道……"

1926 年"三一八"惨案发生后，时任京师地方检察院检察长戴修瓒亦向执政段祺瑞签发传票，勒令其出庭受审。

近二三十年，但凡涉及高官的民事案件，到法院的不多，究其原因，一方面盖因高官解决问题依赖政治和组织渠道，而民事诉讼被目为百姓所用途径，为高官所不屑；另一方面，无论是非曲直，法院受理起来都极为谨慎，现在往往是不受理的。

法院对有些案子受理为何谨慎？试举一例，据民政部朋友称，复转军人待遇问题，在有些地方甚难落实，盖因虽军方重视，无奈地方政府推诿。早年曾有复转军人就此起诉至某市中级人民法院，法院秉公受理，判政府败诉。政府谓法院曰：汝判复转军人胜诉，甚好，以后每年你院须接受复转军人若干！法院闻言，遂不敢再受理此类案件。

　　此前坊间有传20世纪80年代郑某某任最高院院长期间，最高院附近百姓诉最高院建筑相邻权纠纷，被北京西城法院受理。然此案并未见文书，到底是否存在该诉讼亦存争议，权当美谈罢了。

　　此类案件有据可查者，有2006年福建龙岩人丘某某与中国法制出版社关于案例汇编中遗漏署名纠纷案。该案中，丘某某欲将最高院及院长等列为共同被告，终未获准许，最后文书中仅列中国法制出版社为被告，未见提及最高院及院长［详见北京一中院（2007）一中民终字第900号民事裁定书］。

　　但此风并非一贯如此。早年办理一案，原告为一著名先烈之后，被告为已退休的某省委书记，案件在该省省会中级法院不但得到受理，还正常公开开庭审理。

　　该案审判长颇有学识，气宇轩昂。庭审中被告出示一证据，为该省党史研究室出具的调查结论。我方质证时，对方曰：党史研究室属于省党委下属部门，其结论不容置疑。审判长解释曰，民事诉讼中，任何证据，不管谁出具，均需经过司法审查！

　　声若洪钟，气贯法庭！

　　近年打听，该审判长自当年至今未获升迁，几乎被边缘化，似有郁郁不得志之相，不知缘由。

　　而上述美谈之所以能流传，盖因百姓渴望司法的公正和权威，而司法的权威和尊严，来自不媚功利、不畏强权。此即市井街巷所议"权大？法大？"也。

四

　　法治时代，诉讼起于东西南北，则讼师难免亦奔走于东西南北，虽不甚和谐，但所见各色人等，生动活泼，异常有趣。

　　早年办一案于某省会中级人民法院，某副庭长担任审判长。此君当时约年届五十，面黑，好钻研业务，性极耿直。遇有当事人送礼行贿者，必连人带物扭送至法院纪委，毫不留情，人皆胆寒。

　　据闻，此君曾承办该省某纳税大户案件，需赴外地出差。该大户差办公室主任及另一办事人员陪同出差，嘱咐妥为招待。到达后，办公室主任安排高档酒店入住，被此君拒绝，意欲投宿价廉小旅馆，屡劝不从，意甚坚，曰：尔等尽管住高档酒店，吾出差补助只够住小旅馆。

　　办公室主任无奈，只得同住小旅馆。安排晚餐时，办公室主任称已在酒店备好丰盛酒菜，小酌洗尘。此君坚拒，曰：路边小店吃面即可。办公室主任闻之大惊，几欲下跪，泣诉曰：领导交代，此行需好生招待，吃住如此破败，回去必被责难，君欲断我饭碗乎？万望赏脸！此君毫不为所动，于路边小店索面一碗，吸溜一番，抹嘴而去，睡觉。

据称，办公室主任回去后如实禀告企业领导，企业领导通告法院领导，似有责其不通人情之意，闻者皆摇头不解。此案仍获秉公办理，不偏不倚。

此君唯嗜烟，瘾极大。据闻，凡馈赠若干香烟者，则笑纳，不予扭送。

我代理的那个案件，为一网络知识产权案件。彼时，互联网刚起，尚未普及，人皆不明其原理，甚以为异。此君年高，不用电脑，何况网络，术语皆不懂，开庭甚苦。

记得一次开庭时，此君忽问我：杨律师，抽烟乎？我答曰：甚好，庭上可乎？言未讫，一根香烟划出优美抛物线奔我而来，我单手接住，点燃。此君亦自点一根，继续开庭。

礼尚往来，开庭中，两人如此互相抛烟若干次，边吸边审至庭审毕。最终收到判决书时，此君奋笔三十余页，技术问题、法律问题阐述详尽，令人折服。从一网盲到写成此判决，所费功夫必甚多，术语虽有不确之处，但其负责、钻研精神，实为罕见。

据闻此君已退休，一生官至副庭长，有职无权，人皆言其似不甚得志，有惋惜之意。

五

讼师无"死磕"经历，则如同土匪未尝杀人，仅靠文身吓人，资历不足也。

早年在某基层法院办案，一审判后欲上诉。将全套上诉材料递与窗口姑娘，姑娘蹙眉阅毕，掏出一纸：签字！

看纸上内容，大体两层意思：一曰，本院只是代收上诉材料，材料具体情况以二审法院收到的情况为准（盖因一审材料转二审时时有丢失，一审法院欲凭此自我免责）；二曰，须于七日内缴纳上诉费并完成本院换票，否则视为撤回上诉（此为促使当事人早日缴费换票，以配合法院管理）。

掌权者或为牟私利，或为庸政懒政计，常于法律之外另作规定，谓之"塞私货"，致使法律实施走样，偏离立法初衷，百姓深受其苦而不明其道，或敢怒不敢言。上有良法，下有恶吏，如此因循日久，恶法驱逐良法，社会治理日坏。此素为我所恨也。

乃持纸与窗口姑娘交涉曰，汝熟习《民事诉讼法》乎？《民事诉讼法》规定，上诉状应当通过原审人民法院提出，判决书亦如此教导，何来"代收"之说？上诉费应七日内缴纳，何来七日内换票？绝不在此纸签字！

窗口姑娘愤然曰：此乃内部规定，不服可找领导，不签则不收上诉材料！

争执声遂加剧，僵持不下。少顷，一领导模样人至，内部沟通耳语一阵，曰：先收下再说！

此后不久再去该院上诉，已不必签署此纸。

凡讼师"死磕"，大抵有三种境界：曰磕胜负，曰磕事理，曰磕体制。

磕胜负者，凡败必磕，以磕搏胜。然讼争必有输赢，凡败必磕，则天下讼争磕不胜磕，永无宁日。胜负均需依法讲理，以磕为理，未尝闻也。

磕事理者，乃依法据理，就个案而磕。盖法律之实施，法官自由裁量权之行使，常有模糊空间。磕事理者，乃使模糊空间渐清晰，虽磕一案，乃造福后案，于司法有益也。依法据理而磕，于私为百姓个案自救之道，于公则为对司法权之民间监督，使上下其手、操法弄权者稍有忌惮，亦制衡之策也。

磕体制者，虽亦多从个案起，然其所依之法、所据之理，多有损权贵体制性利益，为其所不容。故无论有理无理，磕体制者，立危墙之下，终反被体制所磕，或受训诫，或遭吊证，或陷囹圄，世所常见也。

讼师群体，不可人人"死磕"，亦不可无人"死磕"。左宗棠尝言："利害生死之际，庸人畏避而不敢前，且或托为明哲保身，以文其懦；独慷慨仗节之士，义愤所激，其事之克济与否，举非所知，而必不肯浚浸韬晦，以求免其难，夫亦尽我心之所安而已。"

千人之诺诺，不如一士之谔谔。左宗棠所言"慷慨仗节之士"，不计利害仗义执言，勇者义者所为也，盖亦属"死磕"。

古代士人风骨气节，为中华文化生命之源。然此常为权贵所不喜，历经数千年击打，士人遇事亦多畏怯自保，怀私利而无公义，甚或为一己名利而趋炎附势。一旦公共环境恶化，其所获名利亦如火中取栗，虽得利一时，必祸及子孙，贻害后世。

"死磕"讼师，临不测之危，以身家相搏，取利而不致害，利己亦以利人。虽难免泥沙俱下，然亦不乏士人遗风。以一己之力，做困兽之斗，常为不得已而为之，乃致悲壮之举。一俟权力监督体制健全，渠道畅达，"死磕"自无必要之土壤。

西贤云，社会最大的悲剧，不是坏人的嚣张，而是好人的沉默。讼师"死磕"，乃不甘沉默也。

六

讼师办案，素喜调解。面红耳赤者握手言和，可谓和谐社会；如讼师银两照付，可谓皆大欢喜。

讼师调解，各为其主。讼师居中为诉讼两造调解，未尝闻也。然我曾有此经历。

十余年前，代理一起计算机软件侵权案，乃因股东不和率员分家另创公司引发竞争所致。原告指控被告销售的软件侵犯其著作权。我代理被告。

此案由某中级人民法院知识产权庭副庭长审理。此类案件常涉及较为复杂的技术对比，各执一词，而法官常不精于技术，且不熟悉其产业状态，视此类案件为苦事。

庭审中，技术问题愈显复杂，头脑逐渐混沌。突然，审判长敲法槌，曰：现在休庭，请杨律师给你们双方做一下调解，如何？双方一怔，皆曰：可。审判长曰：那你们双方找个茶馆饭店，请杨律师吃个饭，先谈一谈。

于是在双方簇拥下，寻得一临街茶馆，摆上酒菜。去除法律外衣，双方立即换了另一种交谈方法，一是一，二是二，说技术，分客户，划市场，一顿饭工夫基本谈出个大概，再花几天确定了细节，签约，撤诉。

据统计，在改革开放之初的 1983~1987 年，5 年内全国各级法院审结各类案件 830 余万件，比之前的 5 年增加 89.75%。而 30 年后的 2013~2017 年，5 年内全国各级法院审结各类案件 8600 余万件，比之前的 5 年增加 55.6%。

持续如此高的增长，恐怕只有油价、房价可与之匹敌。这还不算通过仲裁、调解、上访等形式体现的争议。

换个角度说，改革开放带来了巨大的物质丰富，但也带来了喷涌而出的社会矛盾，似乎显得非常不"和谐"。

这是个喜忧参半的事实。一方面，可以说，法治精神得到了弘扬，百姓依法维权的主体意识得到空前的提升；另一方面，也可以说，中国化解社会矛盾的传统模式遭遇瓦解，"礼崩乐坏"的局面导致社会矛盾高度依赖诉讼。

这是一场社会矛盾化解领域的"国进民退"，是社会和民间逐渐相对萎缩的标志。

社会矛盾如同大江大河奔涌的激流，如果不能通过沿途的支流、湖泊、塘堰、湿地自我调节化解，而都靠通过筑高坝来解决问题，不能说是好的兆头。

西贤赛里格曼说，礼貌的瓦解则将导致法律干预，从而导致社会信任危机。随着人们协商能力的逐渐降低，信任逐渐减少，越来越多的互动领域完全由法律规定来明确，而就其本质来说，这些规定是不利于信任发展的。法律干预必然引发社会信任危机，从而危及公民社会的存在。

西贤福山说，以种种法律措施来取代信任，必然造成经济学家所谓的交易成本上升。如果一个社会内部普遍存在不信任感，就好比对所有形态的经济活动课征税负。

在他们看来，将矛盾纠纷动辄诉诸诉讼，并非好事。中国传统的一些民间纠纷自我调节化解的方式，应成为社会和谐稳定的主力，而诉讼只能用于解决其中难而大者。

无论是公堂高衙，还是小巷阡陌，常见一些小摩擦，一方动辄扬头偏颈振振有词曰：我违法吗？违法你去告我呀？去找警察来抓我呀？

那副牵着不走、打着后退的模样，让本可以通过礼貌、常理、人情、宽容等自发渠道解决的问题，许多变成了讼师手里的案件，实为可悲。

诉讼与民间解决争议的关系，就如同计划经济和市场经济的关系。计划无法考虑众多因素，市场自我调节却往往能做到润物细无声。

通过诉讼进行的法律的实施，不一定会导致社会和谐稳定。法治意识是在矛盾冲突中协商而培养的，不是光靠打官司打出来的。打官司容易形成三个重要副产品：刁民、腐败、高代价。

相反，对民间活动的过度立法和司法干预，往往体现了公共秩序管理者在权力冲动下的鲁莽和无知。发达的民间力量，是社会秩序的稳定器，且性价比高，适合长治久安。

七

任何建筑物，无论是山野茅店，还是王侯深府，总是要有个门。据说，从猴子时候开始，就有了门。

越是司空见惯的东西，人越喜欢琢磨。琢磨的人一多，就成了文化。门也一样，讲究越来越多，多赋予了象征身份、渠道的含义，并逐渐形成门第、门户、门面、走后门、柴门等词汇。

比如，清朝规定，一般官员宅第的门不得超过"三间五架"，一般衙门的门也不得超过三开间。这三间门中，中间的门不常开，仅供上级或尊贵的客人使用，普通人进出只能走两侧的便门，也称脚门、角门。

　　正因为门的重要象征意义，即便是贫苦人家，盖房子时也会选用手头最好的木料做门，刷上桐油。条件再好一点的，刷上深红大漆，表达对"朱门"的向往。

　　做讼师日久，进出法院的门也就多了。通常而言，法院的门通常分两层，一层是进院子的门，另一层是房子的门。进院子的门也通常分三个，正面通常有个宽敞的大门，现多是电动推拉门，宽大而不常开。大门之外，通常还有两个小些的门，一个供法官出进，另一个供老百姓出进。这两个门中，供法官出进的门又通常略大。

一般法院的门

　　不过，也有例外。比如北京市朝阳区法院本部，就是并排设立两个大小一样的门，分别供法官和老百姓出进。

北京市朝阳区法院，供当事人进出的门　　　　北京市朝阳区法院，供法官进出的门

　　法院定点开门，开门之前，当事人只能在门外等。如果恰遇烈日、暴雨、狂风、腿软，怎么办？通常没办法，你只能等着到点了，里面哗啦一声，一个面无表情的人开了门，你就算有救了。

　　但也有例外。比如深圳市福田区法院，门口设了椅子，上面有玻璃挡板，在风和日暖的日子里，还不算受罪。

深圳市福田区法院，门口有椅子，头上有玻璃

　　相比之下，江苏省南通市中院设置了遮挡更好一点的门外等候区，虽略显简陋，但很实用。

江苏省南通市中院，简单而实用

　　而2014年成立的北京知识产权法院，则在院里设置了几个亭子，相当于为当事人撑了几把大伞。

北京知识产权法院，为当事人设立亭子

　　进了院子后，在进房子之前，条件好的法院都设立了高高的台阶。曾经问过为啥要这么做，有好事者答曰：为了体现对法律的尊重和敬畏。每当我拎着一箱子的证据一瘸一拐地攀登此类台阶，心里确实充满敬畏。

法院门口高高的台阶，据说代表尊重和敬畏

　　或有人曰，这种设计是全世界法院通例。我看也不见得。比如下图是美国一家联邦地方法院，就在一个写字楼里，无院子、无台阶。

美国一家联邦地方法院，无院子、无台阶

进了法院大楼，常去的地方就是法庭和厕所。现在法庭条件都比较好了，灯火通明，座椅整洁。但厕所通常是不配备纸的。所以，我们律师通常都知道要随身多带名片。

但也有例外。下图是深圳市南山区法院，不仅有纸，而且有洗手液和擦手纸，让人顿时感觉人民法院，名不虚传！

深圳市南山区法院，细心地准备了手纸

八

据说，任何生物，无论动物还是植物，一个核心的本能，就是拼着命要延续和扩散自己的 DNA。

这一点，我是有点相信的。单看那院子里的牵牛花，只要活到秋天，来年就一定是四处撒籽，不必借助任何人事，单靠大自然的阳光、风、空气，连水泥缝里都能长出来。你要是讨厌它，将它的嫩苗斩草除根式地拔出，以为从此清净了。隔三五天一看，它又前仆后继地原地茂盛起来，那朝天生长的带有攻击性的藤子尖苗，仿佛在张牙舞爪地说：我要活……人家就要儿孙满堂嘛……

在牵牛花包围中的草莓，是犬子的最爱，眼巴巴地等着它结出个果子，又是围着拔杂草，又是不断撒尿。结果，草莓在短暂返青之后，还是不可挽回地逐渐枯萎，终于成为牵牛花的肥料。

总有一种生命，像草莓一样，在社会的张牙舞爪中，无声地退却了，没有引起任何注意，连一声微弱的再见都没有，便从这个世界消失了，化作一粒尘土，或一缕青烟，转眼就被人遗忘。

刚做律师时，代理过河北三河一家农户果园因修路被毁的案子。那时血气方刚，少不更事，不明白强拆强征的深浅，便接了此事。坐长途车到达县城，老农的儿子骑自行车来接我，目的地是一片果园中一间简陋的小棚，便是他们的家。弯着腰进了门，唯一的一张有靠背的高脚椅子让给我坐，其余人在低矮的小板凳上，齐刷刷地仰面看我。

时值酷暑，坐下来刚喝口水，农妇便皱着眉头迫不及待地倾吐其冤屈。男主人黝黑瘦弱，搓着手满面堆笑，不时暗示农妇不要急着说，让律师喝口水。他们虔诚期待的目光中，完全把我视为解放军。

了解了大概情况，农妇马上安排儿子骑自行车去买肉。肉香伴着烟火，让果园里的小窝棚顿时有了生机。农妇的儿子，就是骑自行车接我并去买肉的那位，硬要陪我喝啤酒。几杯酒下肚，脸红耳热，听我把那些不知天高地厚的事实分析和法律适用一一展开，小窝棚里顿时充满乐观主义的气氛，一直满脸苦大仇深的女主人，也开始面露喜色。他们丝毫没有想到，这顿酒肉是在进一步扩大的损失。

将取证的事情一一安排妥当，农妇的儿子又提议骑自行车带我去附近镇上打乒乓球。那时候还没有捏脚的地方，打乒乓球大约就相当于全身按摩规格的招待了。极力推辞，因为打得不好，坐上长途车颠簸回京。

在经过剧烈拼搏和众多戏剧性事件后，案子自然是输了。又到了窝棚里，气氛是高度的垂头丧气。我对享用上顿酒肉以及酒后的法律分析深感愧疚，提出免费帮他们打二审。老农夫妇坚决要求放弃，说不能再惹他们了，认了算了，只有那个儿子满脸不平，怂恿继续打，被老农喝退。无奈，主动把大部分律师费退给他们。老农略加推辞，接着是千恩万谢地接受了。

十多年后，强拆强征来到了我位于农村的故乡，风格也变了，以一堆农村闲散人员组成的武力机构为后盾，没人敢请律师。问了县里的熟人，据说不挨打就算不错了。

这些无数的卑微的小人物，他们可能是三河县黝黑的果农，可能是某个穷乡僻壤的山村坐在门口缝织的老妪，可能是城市某个工地脚手架上的少年，他们在自己的世界里编织着自己的梦想。不曾想，突然，社会"发展"了，他们成了受害者。法律织成的那张网，以为能保护他们，跑去一碰，才知道是个电网，立刻缩了回来，在被强行缩小的世界里继续编织自己的梦想，直到某个未知的年月，他们无声无息地消失，化作一粒尘埃，随风飘落，无可寻踪，似乎从没存在过。

三河县果园里的那个小窝棚，不知现在还在否。

九

本人讼师职业二十年，基本一直从事知识产权业务。

其实，讼师业务范围甚广。在一般公众眼中，办理刑案者，多有臂纹青龙、胸毛甚密之人，出入人罪，所涉均为徒、斩之刑，作风硬朗，惊险刺激。而办资本、房地产等业务者，则出入富贵堂皇之所，结交达官贵人，至不济者亦可与土豪挥金如土，风光无限。

而办知识产权者，多结交白面书生，嘴尖而自负，面有菜色；其事多艰涩古怪，付费则悭吝寡淡，彼此于咬牙切齿间互相活命而已，所谓苦大仇深也。

泛泛而言，大抵如此，亦不尽然。

本人曾代理强生公司、西安杨森公司应诉佛山市圣芳（联合）有限公司提出的亿元索赔。彼此争"采乐"商标近二十年，跌宕曲折，不一而足。本人所代理案件，仅为最后一役。

探寻前案情况时，赫然发现广东肇庆市高要区人民法院（2015）肇要法刑初字第 8 号刑事判决书，判词载明，佛山市圣芳（联合）有限公司起诉西安杨森制药有限公司等不正当竞争案件，佛山中院知识产权庭庭长余某某收受贿赂 20 万元为圣芳公司谋取利益，最终获有期徒刑 3 年，并处罚金 20 万元。

在本人代理最后一役案件中，曾收到匿名举报信，称圣芳公司最终取得"采乐"商标，皆因佛山中院知识产权庭前任庭长霍某某充当掮客，找高官斡旋，金额甚巨。举报所述内容真伪不明。然余某某获刑判决书载明，收受圣芳公司 20 万元，乃由霍某某牵线介绍。

由此推断，霍某某庭长应有更大手笔。

据广东省佛山市中级人民法院（2017）粤 06 民终 10110 号民事裁定书等所透漏信息，时有"荣华月饼"商标之争，一为佛山"荣华月饼"，一为香港"荣华月饼"。其时，霍某某已从庭长位退休，乃成立"佛山市缘华知识产权代理服务事务所有限公司"以继续为知识产权事业"发挥余热"，佛山荣华月饼为打败香港荣华月饼，遂找其咨询，据佛山荣华月饼称向其支付"咨询费"共计 645 万元。

此案双方亦长期扭打缠讼，一地鸡毛，不足为外人道也。

霍某某获刑如何，尚不得知，仅从肇庆市人民检察院官网获知，其案被称为"疑难复杂犯罪数额超亿元的原佛山市中院法官霍某某受贿、利用影响力受贿案"（http://www.zqjcy.gov.cn/xwzx/zjyw/201807/t20180705 _ 31439. shtml），仅此可见霍庭长乃老当益壮，"影响力"甚巨也。

以上所述佛山中院知识产权庭两任庭长情形，仅为特例，料非普遍情形。录此案例，乃为澄清知识产权业务亦有达官贵人、巨富土豪之例，以正视听，鼓舞士气。然总体仍以清汤寡水、油盐不进者居多，有不能为、不敢为者也。

圣芳公司经最后一役一击而溃，其商标"运作"血本无归，盖因欲以投机获暴利，固非知识产权正途也。从业者均应引以为戒：君子爱财，取之有道，有所取有所不取，无道取财而致身败名裂，使祖先九泉受辱、子孙世代蒙羞，非智者所为也。

商标诸事多受诘难，网络举报络绎不绝，或称上下其手于驰名商标认定、商标授权确权，或称买卖商标信息而致不法之徒暗中窥视、未卜先知，甚至明码标价。沉疴积重，广为人知而不治，几成陋规，终为取祸之道也。

十

回首讼师职业二十年，尝试图从职业沉淀中寻找闪光颗粒，却甚了了。

所历诉讼案件，归结起来，不外乎如同"张家的狗追咬李家的鸡打飞了赵家的碗"之类情节，结果上也无非零和博弈之时胜时负，细想起来终究甚是琐碎无趣。所写专业文章，不过是将这些琐碎无趣之事进一步掰开揉碎以示人，乃无趣中之无趣。

倒是办理的跨境技术转移项目，如 AMD 向中国转移 x86 CPU 最新技术，卢森堡某公司向中国转移炼钢炉技术，至今实实在在地在国家产业中发挥作用，改变了行业态势，作为参与者，或可聊以自慰。

二十年间，间或写有一些闲文，时有激愤之语，至今读来仍觉可笑可叹。人至中年仍怀激愤，甚至仍可见一丝童趣痕迹，可笑乎，可贵乎？我知道，这些闲文，并非自己多有见识洞察，其理可能人人皆知，只是自己少些心眼，甚至到达缺心眼程度，故无畏无虑付诸表达而已。但于众人诺诺中发一人谔谔，虽无见地，人微言轻，但勇气可嘉，故仍抱残守缺，敝帚自珍。

古人谓立德、立功、立言。红尘滚滚，江河日下，讼师所处本势利场，立德可望不可即。于讼师而言，事功不外乎案件，诉讼也好，非诉也好，讼师不过当事人辅助角色，且事过境迁则均烟消云散，无功可言。而学识偏狭，见识短浅，谋生于社会一隅而不知其余，不谈立言。

然二十年光阴，除养家糊口，竟无可叙述？也不宜如此妄自菲薄，致丢失讼师群体颜面。

本人所崇尚，乃中国传统知识分子精神，一谓家国情怀，一谓士人风骨。精神不倒，则人虽处逆境仍可自立自强。

所谓家国情怀，有陆游"位卑未敢忘忧国"，范仲淹"处江湖之远则忧其君"，左宗棠"身无半亩，心忧天下"，大约是至卑而忧国，至贫而济民。此等境界，非我等讼师所能企及。我所谓家国情怀，不是收回钓鱼岛方案，亦非联俄抗美战略，此类大事自有"肉食者谋之"。鄙人所谋，不过是自扫门前雪后，多一点对公共事务的关注，竭力清洁环境，即街巷所谓"多管闲事""吃饱撑的"之类。遇闾巷无赖横行而止之，见停车挡道者而劝之，恶社会行业痼疾而直言，闻他人冤狱而鸣不平，仅此而已。一室不扫，固不可扫天下，仅扫一室而放任周遭邋遢肮脏，则一室终亦不可扫。就此，本人曾撰文《我们正在自食不关心公共事务的恶果——评枪杀马法官案》以剖析。

所谓士人风骨，无非前人所言"自由精神，独立人格"。保守人之廉耻良知，不致全失本性。为稻粱谋，不以觥筹勾兑为业，不以人格尊严货与权贵。上下其手，出入人罪，不义之财，虽甚巨而不取也。不谀不怯，虽浅陋而持定见，不逢迎而趋利，不献媚以邀宠。晚清名臣胡林翼曾言，"今天下之乱不在盗贼，而在人心"，"天下惟要脸者不招人爱，而不要脸者，偏爱之矣"。当下一些奇闻怪案不绝于耳，社会多戾气，盖确需收拾人心。而人心向善，首当使人人"要脸"。前述境界，鄙人虽不能及，实心向往之，故"不招人爱"之事也做了不少，"招人爱"之事却常懵懂无知。

在中国古代诉讼文化下，"狱讼繁多"总与"民生日蹙"联系在一起，"健讼成性"则必"蔑然于宪典"，亦即，诉讼兴则国运衰颓，好讼成性则必法律不彰，总之，诉讼不是好事，所谓"讼者，凶事也"。

而讼师则属"挑拨是非、离间乡里、坏人心术"之人，"倚刀笔作生涯，无本而殖。颠倒是非，飞片纸能丧数人之命；变乱黑白，造一言可破千金之家"。虽也有"以三寸毛锥子，鸣不平于人间者"，但总体好人偏少，应是古代讼师群像。

现代讼师自与古代讼师有本质区别，关键在于法治理念更新，且制度上司法、行政分开，技术上司法裁判辨别是非能力远强于过去官员，故古代讼师之弊虽未可尽除，其本源已有实质差异。

然千年流毒，不可一日肃清。讼师仍需惕惕于心，反躬自省，以守正不阿、洁身自好示人，勿存"变诈百出，翻乱是非"之念。

故鄙人对现代讼师职业定位为十二字：非官非商非学，亦官亦商亦学。通官非为打通关节、以曲为直，行商非为奸诈取利、见利忘义，为学非为沽名钓誉、哗众取宠。

如何避免古代讼师之弊？鄙人以为，现代讼师可考虑健全完善个人如下三个体系：专业知识体系，逻辑思维体系，人格心智体系。欲为好讼师，先为好人。欲为好人，先正心术。

以此自警自勉。

作者简介

　　杨安进　执行合伙人、律师、专利代理师、商标代理人。于 1993 年从华中科技大学应用电子技术专业毕业后，多年在国有大型企业从事电路设计和研发等技术工作。1997 年取得律师资格，1998 年于中国人民大学法学院毕业后，至今一直专门从事知识产权法律业务，先后从事商标代理、专利代理和知识产权律师工作，迄今已逾 20 年。2008 年发起创立维诗律师事务所，是中国早期具有技术背景的知识产权律师之一。工作语言为中文、英文。

　　担任的社会职务包括：中国国际经济贸易仲裁委员会仲裁员，中国国际经济贸易仲裁委员会域名争议解决中心专家，中国法学会案例法研究会理事，中国仲裁法学会理事、知识产权仲裁专家委员会专家成员，国际商会（ICC）中国国家委员会委员，北京知识产权法研究会常务理事、专利法专业委员会主任，北京大学国际知识产权研究中心客座研究员，北京理工大学法学院兼职教授，首都经贸大学法学院校外硕士生导师，北京师范大学法学院校外硕士生导师，第十一届北京市律师协会律师代表，第十一届北京市律师协会行业规则委员会副主任，第三届北京市东城区律师协会理事、律师惩戒委员会副主任。

　　2005 年被评为北京市优秀律师，2013 年被评为北京市"十佳知识产权律师"，2019 年被《商法》杂志（China Business Law Journal）评为中国市场"The A – Lists 法律职业精英"榜单 100 位中国业务优秀律师。

　　服务的客户既包括大型跨国公司，如谷歌公司（Google Inc.）、强生公司（Johnson & Johnson）、敦豪公司（DHL）、惠普公司（HP）等，也包括大型国有公司，如中钢集团（SinoSteel）、中国南车（CSR）、中国航天科工集团、中国国际航空公司（Air China）、中国旅游集团等，还包括私营高新技术企业，如海尔（Haier）、奇虎（Qihoo 360）、西电捷通、联想（Lenovo）、中科曙光（Sugon），以及其他数量众多的专业型外资企业和民营企业。

从业多年，为这些客户提供的法律服务包括：知识产权侵权诉讼、技术转移项目谈判、技术合同纠纷处理、知识产权策略与管理等方面，均取得很好的效果。比如，在代理谷歌公司（Google Inc.）处理有关拼音输入法专利侵权诉讼、恶意代码诉讼、恶意点击诉讼等典型案例中，在代理联想公司处理计算机主板设计和手机视频软件侵权纠纷中，以及在代理西电捷通公司与索尼移动公司关于无线局域网安全接入的标准必要专利侵权案件中，均取得胜诉。

同时，在 AMD 向中国转移 x86 架构的 CPU 技术转移项目中，在中欧关于炼钢炉炉顶技术的技术转移项目中，作为中方的首席代理律师，促进了项目的成功。

此外，还为若干客户提供知识产权市场运营和内部管理体系建设咨询服务，通过长时间对客户以及市场环境的了解，为客户制订符合其自身特点的知识产权运营和内部管理方案，为客户未来的知识产权工作打下很好的基础，使得知识产权对客户的竞争力提升持续产生积极价值。

除公司客户外，还长期为国家知识产权局、北京市知识产权局等政府部门提供法律服务，承担政府专项课题十余件，涉及全局性和重要产业的知识产权问题，为政府决策提供依据。2005 年，被国家知识产权战略制定工作领导小组聘为国家知识产权战略课题评审专家，成为律师中极少数参与国家知识产权战略制订工作的人员之一。2008 年，国家知识产权战略纲要正式发布。

主要研究成果包括：《国际特许指南》（合译，2000，法律出版社），《著作权——战略 管理 诉讼》（合著，2008，法律出版社），《与印刷电路板有关的知识产权问题》《中国软件和互联网企业的商业方法专利策略》《如何在现行法律制度框架下保护计算机软件设计思想》《互联网搜索中的商标合理使用问题研究》（合著，2011，北京大学出版社），《从苹果应用商店著作权纠纷看跨国公司的中国知识产权策略》《作品与数字化的有关法律问题》（合著），《网络域名：终结泡沫，回归本色》《互联网关键词搜索中的权利纠纷和服务商责任问题》《互联网技术措施的合法性问题探讨》《中国的数字化音乐网络传播：不仅仅是法律问题》《中国互联网产业的法律规则：国际化借鉴与本土化创新》《互联网百科的知识产权保护》（中国知识产权报，2014 年 10 月 17 日），《互联网案件——在熟悉法律与洞悉行业之间》（人民司法，2014/20），《从苹果案看跨国公司的知识产权战略》（全国律协知识产权委员 2013 年会）。

李翔 **高级合伙人、专利代理师、诉讼代理人**。2002 年毕业于济南大学机械电子工程专业后，于 2003 年在北京交通大学机电学院攻读硕士学位。2006 年硕士毕业至今一直投身于知识产权法律服务行业，其间于 2014 年在北京大学法学院获法律硕士学位。任中华全国专利代理师协会会员、北京市专利代理师协会行业交流促进委员会委员、首都知识产权服务行业师资库讲师、首都经济贸易大学产业发展与知识产权研究中心特邀研究员、最高人民法院知识产权案例指导研究（北京）基地专家咨询委员

会专家、国际保护知识产权协会（AIPPI）会员。主要业务领域为专利挖掘与布局、专利申请、专利复审与无效以及知识产权战略规划。工作语言为中文和英文。在 10 余年的专利代理师工作经历中，为国内外大中型客户及中小型创新型企业提供多层次的知识产权法律服务，包括专利申请、专利复审、专利无效、专利侵权分析、专利挖掘布局和专利信息分析等。例如，由其精心挖掘布局并撰写的发明专利（福田汽车的"用于发动机冷却系统的副水箱和发动机冷却系统"）于 2014 年获得北京市第三届发明专利奖中唯一的特等奖。此外，与国内外知识产权界同行有着较多的沟通和交流，并建立了全球合作网络。2013 年 7 月，曾赴法国斯特拉斯堡大学知识产权中心（CEIPI）接受欧洲知识产权培训。近年来，多次参加德国慕尼黑举办的 IP Service World 的行业展会，并以英文作主题演讲。

徐永浩 **专利代理师**。1997 年毕业于延边大学理工学院机械系，之后多年在 LG 等合资企业从事产品设计研发等技术职务，于 2008 年至今一直从事专利申请及专利侵权代理工作。在多年的专利领域工作中积累了丰富的实践经验，从专利检索、专利挖掘、专利布局到专利申请，从侵权风险分析、规避设计、专利无效到专利侵权，为客户提供多方位的应对策略。曾处理过大量专利申请案件和专利挖掘、布局业务，以及专利侵权规避设计业务，服务的客户包括

国内、国外众多公司，例如，中国南车、中钢设备、天津LG、空中客车、瓦里安半导体、东芝照明、台积电等。曾处理过多起专利无效、专利侵权纠纷、专利侵权风险分析案件，例如，代理芬兰某专业设备公司无效竞争对手的两项专利；为国内某风电设备公司提供弹性支撑产品在欧洲销售的侵权风险分析报告，并为该公司提供了规避设计方案及无效分析报告。还为若干客户提供专利申请咨询服务，通过长时间对客户的了解，为客户提供符合其自身特点的专利申请策略。例如，为国内某汽车设计公司提供专利检索分析、专利挖掘、国内专利申请布局、国外专利申请方案及PCT专利申请方案，为客户战略性新产品的发展奠定坚实的专利基础，取得优良的效果。

沙仁高娃　律师、商标代理人。2010年毕业于内蒙古工业大学过程装备与控制工程专业，获工学学士学位，又先后于内蒙古大学及德国柏林自由大学法学院学习法律，获双法律硕士学位。第十一届北京市律师协会外事委员会委员，首都经贸大学首经贸产业发展与知识产权研究中心特邀研究员，第三届北京市东城区律师协会青年律师工作委员会委员，第三届北京市东城区律师协会女律师工作委员会委员，中国仲裁法学研究会会员。主要业务领域为知识产权、技术交易、诉讼与仲裁。工作语言为中文、德文与英文。曾就职于德国联邦司法部下设的德国国际合作机构（GIZ），任青年法律顾问一职，负责并参与中德律师交流、中德部长级法治国家对话等多项中国和德国之间的法律交流活动。此工作经历为其在处理案件中具有国际视野打下了坚实的基础。自执业以来曾参与办理多起知识产权纠纷案件，例如，商标方面的商标异议、商标无效争议及诉讼，还包括技术合同纠纷等涉及专利及技术产业化方面的案件，积攒了丰富的实务经验。其始终积极为国内外客户进行权利维护，效果良好。服务的客户既包括跨国公司，如御利斯－凯久（JULIUS－K9 ZRT.）、谷歌公司（Google Inc.）、舒曼公司（Schuhmann GmbH & Co. KG），也包括大型国有公司，如中国中药（China TCM）、航空工业集团（Aviation Industry Corporation of China）、中国航天科工集团、陕西汽车集团、鲁能集团，以及其他数量众多的民营企业、中小型专业公司。除公司客户外，还曾参与为国家知识产权局、北京市知识产权局等政府部门提供法律服务的工作。

耿琛　律师、专利代理师。2012 年毕业于天津科技大学生物技术专业，获理学学士学位，后于北京大学法学院取得双法律硕士学位。首都经贸大学首经贸产业发展与知识产权研究中心特邀研究员。主要业务领域为知识产权、技术交易、诉讼与仲裁。工作语言为中文、英文。曾就职于中国铁路通信信号集团，任知识产权法律顾问一职。自执业以来曾参与办理多起知识产权纠纷案件，尤其是专利纠纷案件，如青岛某机械设备有限公司在最高人民法院的专利侵权纠纷再审案、南通某重型装备制造有限公

司在最高人民法院知识产权法庭的专利侵权纠纷案、北京某机电研究所在最高人民法院知识产权法庭及北京知识产权法院的专利无效行政纠纷案等。

周硕　律师、商标代理人。2006 年毕业于北京建筑工程学院，获管理学学士学位。主要业务领域为知识产权、不正当竞争、诉讼与仲裁。迄今已在知识产权领域从业十余年，服务的客户既包括新东方、西电捷通、菲仕乐、诺普信、朗新科技、厚泽担保等传统型企业，也包括知乎、摩拜、值得买、罗辑思维、闪银奇异等新兴互联网企业。为客户提供的法律服务包括技术许可项目谈判，技术合同争议解决，构建专利池，商标授权、确权争议及行政诉讼，商标侵权诉讼，不正当竞争诉讼，著作权侵权诉讼，特许经营争议解决等，均取得很好的效

果。此外，还协助客户制定商标、著作权等知识产权管理制度，为客户保护、运营知识产权打下良好基础，提高客户的综合竞争力。